21世纪工商管理精品教材

U0654104

战略管理

——理论、案例与盈利模式

Strategic Management
—— Theory，Case & Profit Model

主　编　刘志刚　谭云清

副主编　张　涛　陈　俊

上海交通大学出版社

内 容 提 要

本书采取战略管理的最新理念，分为战略管理概述、战略分析、战略制定、战略实施与控制以及盈利模式五部分共九章。每章配有学习目标、战略名言、开篇案例、企业视点、工具箱、讨论题等。

本书强调理论性与实操性，融合管理模型与孙子兵法，理论分析透彻，语言生动，案例丰富实用。本书特别创立教学支持网站(www.41jsun.com)。

本书适合经济管理类本科生、研究生阅读，以及其他对战略管理感兴趣的大众读者。

图书在版编目(CIP)数据

战略管理：理论、案例与盈利模式/刘志刚，谭云清主编.—上海：上海交通大学出版社，2010（2021 重印）
ISBN 978 - 7 - 313 - 06260 - 4

Ⅰ.①战… Ⅱ.①刘…②谭… Ⅲ.①企业管理
Ⅳ.①F270

中国版本图书馆 CIP 数据核字(2010)第 021288 号

战略管理

理论、案例与盈利模式

刘志刚　谭云清　主编

上海交通大学 出版社出版发行

(上海市番禺路 951 号　邮政编码 200030)

电话：64071208

常熟市大宏印刷有限公司 印刷　全国新华书店经销

开本：787mm×1092mm　1/16　印张：17.5　字数：377 千字

2010 年 2 月第 1 版　2021 年 6 月第 7 次印刷

ISBN 978-7-313-06260-4　定价：58.00 元

前　言

一、本书缘起

本书编著者均为高等学校在职一线教师,长期耕耘于"传道授业解惑"之台,教学过程,遇上各式《战略管理》教材。所用书籍,让我们切身感受到,不是美国原版直接翻译、缺乏中国实践,就是整体结构不够明朗、理论案例未能齐备;更难看到结合国学宝典《孙子兵法》、论及战略经典《五轮书》《战争论》等,更毋论以此为基,诠释"战略管理"了。基于此,我们组织团队,编著此教材,务求思路清晰,立足操作之法,列举实际案例,展示盈利模式。

二、本书特色

(一)道术兼修

"道术兼修"乃本书宗旨。

所谓"道",即战略管理基本概念、基本原理等,其适合一般企业,属于规律层面;所谓"术",即战略管理一般流程、基本方法等,其可为一般企业所用,属于操作层面。

"道"层面,概念科学易懂,原理简洁明了;"术"层面,流程顺畅合理,方法实用得当。每章之后,备有"工具箱"。

(二)中西合璧

"中学为体,西学为用",道出中学、西学之不同特征。

本书尝试剖析中国经典《孙子兵法》,用流程图示与注释解说,表达其十三篇之内在结构,复述其篇章之前后逻辑。《孙子兵法》主要论述战争原则,类似上文之"道"。

另外,全文基于经济学原理,介绍大量概念模型、矩阵图像,此类模型矩阵,均被过去商业实践检验,效果良好。

(三)文例并举

"文例并举"乃本文追求之另一目标。

单纯理论易致读者枯燥,为避免此类现象发生,每章开篇展示案例,文中适时插入案例,案例内容生动、时间鲜活。

特别地,为成就本教材,编著团队组织大量人力物力,构思、撰写"盈利模式设计"(详见第 9 章),不但分析当下市场需求,提出创新盈利模型,同时,展示现有成功商业模式。阅读此章,必将带领读者踏进真实的商业世界,启发读者体悟实务的战略管理。

三、未来展望

因作者水平所限、时间精力不足,本教材仍有如下方面亟待改进。

(一) 更紧密链接战略经典

除初涉《孙子兵法》外,对战略经典《五轮书》、《战争论》,正文几乎没有论及。《五轮书》与《孙子兵法》、《战争论》并称"世界三大兵书"。《孙子兵法》注重整体谋略,《五轮书》突出个人一招制胜的生存实战,《战争论》总结以往战争(特别是拿破仑战争),运用德国古典哲学辩证法,考察战争问题。但纵览三大战略经典,正如《五轮书》宫本武藏所言,"真正兵法,适用于一切领域"。

《五轮书》乃日本"第一剑圣"宫本武藏(1584～1645 年)所著。宽永二十年(1643)十月,武藏隐居灵岩洞,执笔写作轮书。该著既为剑法,亦为兵法。宫本武藏至 29 岁时,与人决斗累计 60 余次,未尝一败;尤其最后一战,与岩流剑道高手佐佐木小次郎决斗,可谓震烁古今。《五轮书》亦是这位剑道家对其一生决战经历的临终总结。其中,详细介绍了他一招必杀的决斗秘技、独特的兵法诡道,融合了日本剑道、武士道、禅道等文化精神,因此,它既为一本兵法谋略大全,又称一部日本文化百科,可与《日本四书》(《菊与刀》、《武士道》、《日本论》及《日本人》)并列;甚至有人认为,其影响力远超《日本四书》,是探寻日本精神真正本源的第一书。

《五轮书》不仅对武士具有指导意义,对商业竞争同样有效。作者一生处于丰臣秀吉统一天下到德川封建制度的圆熟时期,那时社会经济环境,与当下自由开放的商业环境类似;可以说,武藏克敌制胜策略,同样适用于当下商业竞争。宏观方面,武藏透彻论断了如何面对竞争、迎战危机、获取机会,如何一击必杀、如何一招制胜,凡此种种,可有效指导战略管理。微观方面,书中包含武士道、剑道和禅道思想,可成为领导者之修炼法则,亦回答了成败何以"决定于细节"。

全书分为五卷(地、水、火、风、空等)。地之卷概览全书,以武士、农夫、工匠、商人作比喻,说明士、农、工、商的活动,殊途同归,有迹可寻。水之卷,说明二天一流派;以水为范本,则心灵拥有水之特质;水之形,能随容器形体,或方或圆,小如雨滴,大如汪洋。火之卷,记载战斗与胜负之事;以火之卷来谈战争,是因火可大可小,其威势惊人。风之卷,记载当世其他兵法、其他流派。在汉字里,"风"即"风格"。空之卷,讲述如何进入自然而然的真实之道;即使悟出道理,亦勿要为道理所缚。

《战争论》之作者卡尔·冯·克劳塞维茨，为普鲁士军事理论家，西方近代军事理论奠基者。参加过欧洲反法联盟对拿破仑的战争。历任骑兵军参谋长、军团参谋长、柏林军官学校校长等职，获少将军衔。他先后研究了1566～1815年间所发生的130多个典型战例，总结了自己亲身经历的普法战争和法俄战争的丰富经验；以此为基，写出一部体系庞大、内容丰富的军事理论著作《战争论》。克劳塞维茨本人也因此被视为"西方近代军事理论的鼻祖"。

《战争论》论述了战争的方方面面。无论战争有多么不同，其目的一样，认识了战争之目的，就认清了战争之本质，因此，克劳塞维茨给战争作了这样的界定："战争无非是国家政治通过另一种手段的继续"，"战争是迫使敌人服从我们意志的一种暴力行为"。战争最显著的特点是使用暴力。"暴力用技术和科学的成果装备自己，对付暴力。暴力所受国际法惯例的限制，微不足道，这些限制与暴力同时存在，但实际上并不削弱暴力的力量。暴力，即物质暴力（因为除了国家和法的概念以外，就没有精神暴力了），它是把自己的意志强加于敌人作为目的。为确保达到目的，必须使敌人无力抵抗，因此，从概念上讲，使敌人无力抵抗是战争行为的真正目标。"克劳塞维茨没有从道义上论述战争，他抛弃了道德的温情主义和道德上的虚伪，从本体论的高度对战争作出界定，从而，赤裸裸地揭露了战争及其本质。

（二）更合理运用最新理论

"全球化浪潮"、"电子商务"、"保护自然环境"几乎成为时代之主题，本册教材许多地方论及，但力度不够。

企业经营之全球化、电子商务化，不是要不要的问题，而是一种必然选择。2009年12月19日，在经历了复杂曲折的协商后，哥本哈根气候变化会议发表《哥本哈根协议》，昭示企业必须主动承担责任，保护自然环境。下一版教材将于外部分析、公司层战略、市场营销、人力资源、生产运营等方面，更多结合此类趋势。

在处理市场营销问题上，如何利用营销调研技术、计量经济软件，加强市场细分，着重市场定位，寻找"企业蓝海"，避开"企业红海"，执行"蓝海战略"，为下一版教材浓彩重墨之域（在一定意义上，蓝海即新的目标市场，新的市场定位）。

另外，如何将长尾理论、互联网技术与现实商业实践有机结合，乃下一版教材面对的有趣问题。

长尾（The Long Tail）这一概念是由"连线"杂志主编克里斯·安德森（Chris Anderson）在2004年10月的《长尾》一文中最早提出，用来描述诸如亚马逊和Netflix之类网站的商业和经济模式。"长尾"实际上是统计学中幂律（Power Laws）和帕累托分布（Pareto）特征的一个口语化表达。Chris认为，只要存储和流通的渠道足够大，需求不旺或销量不佳的产品共同占据的市场份额，就可以和那些数量不多的热卖品所占据的市场份额相匹敌甚至更大。

长尾市场也称"利基市场"。"利基"一词是英文"Niche"的音译，意译为"壁龛"，有拾遗补缺或见缝插针的意思。菲利普·科特勒在《营销管理》中给利基下的定义为：利基是更窄地确定某些群体，这是一个小市场并且它的需要没有被服务好，或者说"有获取利益的基础"。

通过对市场的细分,企业集中力量于某个特定的目标市场,或严格针对一个细分市场,或重点经营一个产品和服务,创造出产品和服务优势。商业和文化的未来不在于传统需求曲线上那个代表"畅销商品"(hits)的头部;而是那条代表"冷门商品"(misses)经常为人遗忘的长尾。

传统的市场曲线是符合80/20铁律的,为了抢夺那带来80%利润的畅销品市场,我们厮杀得天昏地暗,但是我们所谓的热门商品正越来越名不副实。比如说黄金电视节目的收视率,几十年来一直萎缩,若放在1970年,现在的一档最佳节目恐怕连前10名之列都难以进入。简言之,尽管我们仍然对大热门着迷,但它们的经济力量已今非昔比。那么,那些反复无常的消费者们,已经转向了何方?答案并非唯一。他们散向了四面八方,因市场已分化成了无数不同的领域。长尾理论已成为不少企业的不二法门,Google就有相当比例的利润来自小公司的广告,互联网的出现改变了这种局面,使得99%的商品都有机会进行销售,市场曲线中,那条长长的尾部(所谓的利基产品)咸鱼翻身,成为我们可寄予厚望、新的利润增长点。

(三) 更广泛涉足战略内容

本版教材,对于战略协同、虚拟经营、国际化战略、博弈理论等战略领域,涉猎广度不够;对于并购重组、战略联盟等战略方法,诠释深度尚浅;此为下一版教材努力方向。

四、教学辅助

为提高教师教授效果,提升学生学习兴趣,编著者特别创立教材支持网站(www.41jsun.com),进入网站,不仅可下载配套讲义(PPT),还可注册登录、浏览论坛、讨论案例、建言献策,发表教材改进的建议等。编辑经典经济管理书籍、摘取鲜活社会经济观点、收集专业中学西学视频,聚拢战略研究人气、丰富战略教学内容,乃网站打造之宗旨;"一花独放不是春,万紫千红春满园",乃我们希求之景象。

五、特别致谢

感谢团队成员的精诚合作,分工如下:刘志刚负责整体架构设计、《孙子兵法》部分,书写前言,编写第1章,指导第9章,并作全书最后统稿,建设教材支持网站;谭云清主要编写第3、4、7、8章;张涛主要编写第5、6章;陈俊主要编写第2章。

另外,特别感谢如下老师之善举。

上海交通大学申瑞民教授、张伟教授、王福胜博士、刘路喜教授、刘冬暖副研究员、刘天鸣博士,高瞻远瞩、设立员工发展基金,才使教材编著得以经费保障。

上海交通大学出版社经济管理图书编辑提文静博士,虽要处理繁忙的出版事务,但拨冗安排出版计划,关心教材出版。

另外,上海交通大学余海博士、李才老师、罗旭博士、王琴园老师、虞利文老师、曹萍老师对于教材出版，给予了大力协助。上海交通大学史玉婷博士，指导本校国际营销 FY0718 班级 54 位同学（胡以顺、吉劼、张利华、孟庆华、张俊伟、包剑军等），调研信息、构思模式、撰写案例，为本书第 9 章"盈利模式设计"成稿，付出了辛勤劳动，一并表示感谢。

刘志刚

2010 年 1 月 25 日

参考文献

[1] （德）克劳塞维茨.战争论[M].王小军,译.西安:陕西师范大学出版社,2008.

[2] （日）宫本武藏.五轮书[M].李津,译.北京:企业管理出版社,2006.

[3] （韩）W·钱·金,（美）莫博涅.蓝海战略:超越产业竞争,开创全新市场[M].吉宓,译.北京:商务印书馆,2005.

[4] （美）安德森.长尾理论[M].乔江涛,译.北京:中信出版社,2006.

[5] （美）安德森.长尾理论 2.0[M].乔江涛,石晓燕,译.北京:中信出版社,2009.

目　　录

【第一篇】

战略管理概述

············ 第 1 章　战略管理性质

孙子兵法与战略管理

一、《孙子兵法》与战略管理之关系

下图形象展示了"孙子兵法与战略管理"之关系。

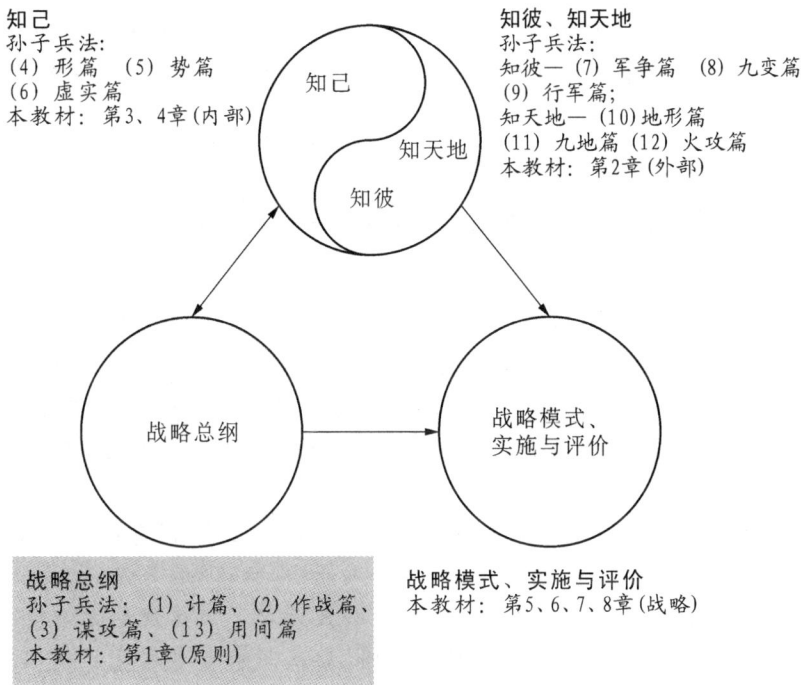

知己
孙子兵法:
(4) 形篇　(5) 势篇
(6) 虚实篇
本教材:第3、4章(内部)

知彼、知天地
孙子兵法:
知彼—(7) 军争篇　(8) 九变篇
(9) 行军篇;
知天地—(10) 地形篇
(11) 九地篇　(12) 火攻篇
本教材:第2章(外部)

知己

知天地

知彼

战略总纲

战略模式、
实施与评价

战略总纲
孙子兵法:(1) 计篇、(2) 作战篇、
(3) 谋攻篇、(13) 用间篇
本教材:第1章(原则)

战略模式、实施与评价
本教材:第5、6、7、8章(战略)

图　孙子兵法与战略管理关系

孙子兵法十三篇:(1)计篇、(2)作战篇、(3)谋攻篇、(4)形篇、(5)势篇、(6)虚实篇、(7)军争篇、(8)九变篇、(9)行军篇、(10)地形篇、(11)九地篇、(12)火攻篇、(13)用间篇。

最上端圆形图,类似"易是无极、无极生太极、太极生两仪"中的"两仪",包含阴、阳。《易经》阐明世界三种变化之道,其皆围绕阴阳展开。即:

变易:万事万物之变化都有必然性,阴阳两种力量,在相互推动中产生变化,发生交感作用,故推动发展,此乃必然性、普遍性之理。

不易:事物发展有其规律,表现出原理和法则。天道、地道乃自然之道,人效法自然之道,追随自然规律得以和谐,天和地、阴和阳实乃同一整体之两面,阴阳变化有整体规律。

简易:事物发展隐含规则,能掌握此规则,解决问题就有实践原理可依。

因《孙子兵法》主要论述战争原则，类似揭示战争（商战）之"道"；故，其十三篇分布于本书"战略管理概述"（第一篇）和"战略分析"（第二篇）。上图亦有展示。

"阴"类似知己，正如《孙子兵法》之"形篇、势篇、虚实篇"，本教材以"内部分析和愿景、使命与目标"（第3、4章）为题进行讲述。

"阳"类似知彼、知天地，正如《孙子兵法》之"知彼-军争篇、九变篇、行军篇，知天地-地形篇、九地篇、火攻篇"，本教材以"外部分析"（第2章）为题进行讲述。

阴阳之互动，决定战略总纲（战略原则），类似《孙子兵法》之"计篇、用间篇，作战篇、谋攻篇"，本教材以"战略管理概述"（第1章）为题进行讲述。

我们还看到，"阴阳互动"与"战略总纲"两大圆圈之间，画上双箭头，表示他们之间互为影响关系。双方共同决定"战略模式、实施与评价"即本教材"战略制定、实施与评价——第5、6、7、8章"。

《孙子兵法》全文，请看本书附录。

二、《孙子兵法》之"计篇、用间篇，作战篇、谋攻篇"与战略管理

"计篇、用间篇，作战篇、谋攻篇"，指明战略总纲，体现战略管理原则。

"一曰道，二曰天，三曰地，四曰将，五曰法。""凡此五者，将莫不闻，知之者胜，不知之者不胜。"。企业如不尊崇经济规律（即道），不分析其所面临之外部环境（即天），不理解其所处之市场地位（即地），没有适合之人力资源（即将），没有严明之内部制度（即法），将无法取胜；企业须与员工不断沟通，告知其企业之"五者"（道、天、地、将、法），此将大大增强胜算之可能。

"夫未战而庙算胜者，得算多也；未战而庙算不胜者，得算少也。多算胜少算，而况于无算乎！"企业必须重视未行动、先计划，所谓"运筹帷幄，决胜千里"。多谋划胜于少谋划，谋划可能取胜，不谋划必败无疑。战略规划之重要性，不言自明。"间之事，主必知之，知之必在于反间，故反间不可不厚也。"现在商战，虽不一定使用"间谍"，但在管理企业时，及时、常态收集竞争对手信息，依然为战略管理原则之一。"故兵贵胜，不贵久"。用兵贵在速胜，不宜持久。强调企业须在短时间内，集中精力，发挥优势。因为优势难以持续太久，很快会被竞争对手模仿。

第三篇"谋攻篇"论述，"夫用兵之法，全国为上，破国次之；全军为上，破军次之；全旅为上，破旅次之；全卒为上，破卒次之；全伍为上，破伍次之。"强调整体战略成功（全国为上）强于战术成功（破伍次之）。"是故百战百胜，非善之善也；不战而屈人之兵，善之善者也。故上兵伐谋，其次伐交，其次伐兵，其下攻城。攻城之法，为不得已。"概括出不同战略层次，从最高"上兵伐谋"至最低"不若则能避之"（如表所示）；整体战略层次决定具体战略方案。精密谋划或提高实力，实现不战而屈人之兵之例，不胜枚举。如"《三国演义》诸葛亮安居平五路，郭嘉遗计定辽东"乃其一矣。

《孙子兵法》之战略层次

孙子兵法	战略层次
上兵伐谋	计谋取胜
其次伐交	外交取胜
其次伐兵	武力取胜
其下攻城	攻坚取胜
十则围之	围困取胜
五则攻之	主动进攻
倍则分之	分而食之
敌则能战之	积极迎战
少则能逃之	主动退却
不若则能避之	避免冲突

第1章

战略管理性质

学习目标

通过学习本章,你应能够做到:

1. 理解什么是战略以及它所具有的挑战。
2. 熟悉战略管理的演化过程以及在此过程中涌现出来的流派。
3. 掌握战略管理的内容和特点。
4. 理解孙子兵法与战略管理之关系。
5. 掌握什么是战略决策者以及他们在战略管理中的任务。
6. 熟悉战略管理中的商业道德。

战略名言

人无远虑,必有近忧。

——孔子

做正确的事远胜于高效地做事。

——彼得·德鲁克

计划制定比计划本身更重要。

——戴尔·麦康基

开篇案例

来自新兴市场的跨国企业正改变世界竞争格局

新兴市场跨国企业的视野是全球性的,运作是全球性的,思维是全球性的,管理是全球性的。可以毫不夸张地说,第三世界的一些国家会重新崛起成为自第一次工业革命以来未来世界的一流经济强国。在未来25~30年的发展时间里,这些新兴市场国家的国内生产总值(GDP)会超过现在成熟发达国家的国内生产总值,全球的经济重心会发生一次巨大的转移——从发达国家转向新兴市场国家。

根据高盛集团的预测,到2040年的时候,实力最强大的4个新兴市场国家(即我们熟知的金砖四国——中国、巴西、印度和俄罗斯)的经济规模会超过目前经济实力最为强大的7个工业化国家(即现在七国集团,包括英、美、德、法、意、加、日)。到21世纪中叶的时候,中国的经济规模不仅是世界最大的,而且还会成为世界经济的支柱——既是全球领先的出口大国,也是引领经济发展潮流的大国。中国不仅在区域经济中占据主导地位,而且还会成为海外的重要投资者。

一些经常在外地做商务旅行的人会知道,全球经济脉动中心已经从伦敦、巴黎和纽约等国际大都市转移到上海、孟买、首尔、墨西哥等新兴国家的大都市。现在,许多新兴市场国家还是相对贫穷的,但它们的中产阶层消费人群要远远地高于西方发达国家,他们的综合购买力、受教育水平和信心都在与日俱增。

一些新兴市场跨国企业在这场巨变中会发挥着关键性的作用,可以毫不夸张地说,它们中间的一些企业可以算得上是世界一流的企业。新兴市场企业的时代已经不再是制造简单的低成本、低技术含量产品的时代,这种时代已经慢慢地走向终点。在这些新经济体国家中,一种与众不同、活力四射的创新精神正在慢慢成长,而且这些企业经常是作为发达国家经济体的竞争伙伴和商业伙伴而存在的。

这些新兴市场跨国企业的优势不只是在于价格和成本,还在于对产品质量和设计的不懈追求,对品牌创建的执着,对市场变化的适应能力强于竞争对手,对信息技术的倚重始终优于竞争对手,非同寻常的思维模式。它们代表的是新兴市场未来发展的"经济明星"。

2007年,《财富》杂志评选出的世界顶级500强企业中,已经有58家企业的总部位于新兴市场国家和地区,这些企业的利润绝不低于它们在美国、欧洲和日本的同行。这些新兴市场国家的一流企业通常具备以下特点:在它们的产业领域,它们的"一流"地位已经得到了全球认可,而不只是区域性的认可。它们的产品出口领域已经具备了全球性的特点;作为全球经济的参与者,它们在一些国家的市场份额已经位居前三名;它们的优势不限于产品价格,还包括产品质量、技术含量、产品设计和企业管理等方面;它们的产业能力已经达到了全球最好最大的水准。

10年前,按照以上标准,我们在新兴市场国家还很难找到一家这样的企业,但在今天可以轻松地找到25家世界一流的新兴市场企业,在未来10年,我预计这样的数字将会达到100家。正如工业革命之后,美国的崛起使美国企业从模仿者变成创新者一样,今天,新兴市场国家的跨国企业也会走和美国同样的路。三星企业是这方面绝佳的案例,最初它依靠高效低价的产品打开市场,而现在,它给人的印象是高质量的产品形象、世界一流的技术和吸引公众设计获得市场对它品牌的认可。中国的海尔集团和其他一些中国企业一样,也在走类似的发展道路。

一些美国的跨国企业,如通用电气、宝洁企业、杜邦企业和通用汽车企业,都清醒地意识到它们未来一多半的生产增长要依靠新兴市场的份额。在过去几十年的时间里,新兴市场不过是这些传统跨国企业的外围市场,但在以后的十多年时间里,传统跨国企业想要获得利润的增长来满足股东需求,就必须借重新兴市场的开拓。通用电气的首席执行官杰夫·伊梅尔特曾经认为,通用电气到 2010 年在新兴市场的收入会翻一番,也就是从现在的 15%(250 亿美元)提高到 30%。

在 10 年之前,许多美国和欧洲的商界精英就积极发表言论,他们包括时代华纳的前董事会主席史蒂夫·凯斯和维旺迪环球集团的詹-克劳德·梅西耶,他们认为世界一流的企业都会来自新兴市场国家。如今,当世界经济的轨迹渐趋清晰的时候,我们可以预计会有相当多的世界一流企业来自亚洲、拉丁美洲和东欧等经济体——甚至包括中东和非洲的企业。

在过去几年时间里,由新兴市场跨国企业发起的并购案也呈现愈演愈烈的趋势,这些企业对并购案投入大量资金,而且非常希望能够获取技术、品牌和产品设计方面的优势。仅仅在 2005 年,新兴市场的跨国企业就投入了创纪录的 420 亿美元并购欧洲的企业,这一数字是一年前的 2 倍;在美国市场,新兴市场跨国企业投入的并购资金是 140 亿美元,在 2000 年上一个并购高峰时期,这一数字也只有 100 亿美元。

新兴市场跨国企业也不再仅仅局限于中国、韩国和墨西哥的企业,它们的视野是全球性的,运作是全球性的,思维是全球性的,管理是全球性的,当然经济增长也是全球性的。许多新兴市场跨国企业已经被全世界的股东所拥有,比如三星电子企业的 52% 的资本属于国际性投资,鸿海的资本属于国际性投资的比例则高达 57%,平均而言,新兴市场跨国企业的资本中国际资本的比例大约为 50%。

而且,新兴市场跨国企业正在越来越多地在美国和欧洲雇佣它们的员工,这些企业对美国和欧洲的商学院毕业生、设计人员和科技人员也有非常强大的吸引力。墨西哥水泥巨头西麦克斯企业在美国和欧洲雇佣了 3 万名员工,这一数字超过了西麦克斯企业在墨西哥的雇佣人数,类似的故事也正在中国的联想企业和宏碁企业中上演。

作为长期关注新兴市场的投资者,我曾经目睹了新兴市场跨国企业在危难、打击面前勇于开拓,终于生存下来的诸多事实;我也目睹了新兴市场跨国企业在我面前从小型、二流的廉价产品生产商发展成为一流的、规模巨大的、管理严格的、具有全球竞争性的企业,这些企业的管理者都是这个行业和市场的顶级管理人物。以后麦当劳、通用和微软这样的企业更有可能产生于新兴市场国家,而不是在美国、西欧和日本。

(资料来源:安东尼·范·阿格塔米尔,《新兴市场的世纪》)

本章案例说明,21 世纪,全球经济一体化和知识经济浪潮势不可挡,公司面临的内外部环境日趋复杂,竞争日渐激烈。面对新环境、新挑战,公司管理人员需要重新认识战略管理。

1.1 战略起源与定义

1.1.1 战略起源

在我国,"战略"一词自古有之,先是"战"与"略"分别使用。"战"是指战斗和战争,"略"乃筹略、策略、计划。《左传》和《史记》中已使用"战略"一词,西晋史学家司马彪曾有以"战略"为名的著述。在西方,战略一词来源于希腊文"Strategos",其含义是"将军"。当时这个词的词义是:指挥军队的艺术和科学。可以说,战略一词原是个军事方面的概念。

在中国,它起源于兵法,指将帅的智谋。西方的战略概念起源于古代的战术,原指将帅本身,后来指军事指挥中的活动。战略一词引入到企业管理中来也只有几十年的时间。

1.1.2 战略定义

在企业管理这个范畴中,究竟什么是战略,目前尚无一个统一的定义。不同的学者与经理人员对战略赋予不同的含义。

为企业战略下定义的第一个人是钱德勒(Alfred Chandler)。在其《战略与结构》(1962)一书中,他将战略定义为"确定企业基本长期目标、选择行动途径和为实现这些目标进行资源分配"。7年以后,哈佛大学教授安德鲁斯(Kenneth Andrews)为战略下了一个类似的定义。安德鲁斯认为:"战略是关于企业宗旨、目的和目标的一种模式,以及为达到这些目标所制定的主要政策和计划;通过这样的方式,战略界定了企业目前从事什么业务和将要从事什么业务,企业目前是一种什么类型和将要成为什么类型。"他们两人提出的是广义的战略定义。根据他们的定义,战略管理者必须设计一系列展现企业经营领域的目标和计划,以及达到这些目标的方法。

在钱德勒与安德鲁斯之间,安索夫(Igor Ansoff)于1965年出版了《企业战略》一书。在这部著作中,安索夫提出了一个既具有分析性又具有行动导向的企业战略的狭义定义。他认为,企业战略是贯穿于企业经营与产品和市场之间的一条共同经营的主线,决定着企业目前所从事的或者计划要从事的经营业务的基本性质。这条共同经营主线由4个要素构成:

(1) 产品与市场范围,是指企业所生产的产品和竞争所在的市场;

(2) 增长向量,是指企业计划对其产品——市场范围进行变动的方向;

(3) 竞争优势,是指那些可以使企业处于有利竞争地位的产品和市场的特性;

(4) 协同作用,是指企业内部联合协作可以达到的效果。

战略就是将企业活动与这4个方面连接起来的决策规则。

奎恩(Quinn)将战略定义为:"一种将企业的主要宗旨、目标、政策和行动次序结合为一个有内聚力的整体之机制或计划。"

战略管理大师迈克尔·波特认为,战略的本质是抉择、权衡和各适其位。

安东尼(R. N. Anthony)在《经营管理系统的基础》一书中认为,经营战略应包括战略计划、管理控制、业务控制。战略计划是决定企业目标和实现企业所需的资源以及处理这些资源应遵循的方针。

威廉纽曼教授认为:"企业战略是确定企业长远任务,以及为完成这一任务而采取的主要行动。"

美国管理学家彼德斯等提出企业管理"7S"框架,即战略(Strategy)、结构(Structure)、体制(Systems)、作风(Style)、技术(Skills)、人员(Staff)、共同价值观(Share values)等。在7个环节中,战略属于首位。

明茨博格(H. Mintzberg)对于战略定义有独特认识。他的五个定义都是对战略从不同角度而进行的充分阐述。他认为,人们在不同的场合以不同的方式赋予战略不同的内涵,说明人们可以根据需要来接受各种不同的战略概念。只不过在正式使用战略概念时,人们只引用其中的一个罢了。明茨博格借鉴市场学中四要素(4Ps)提法,即产品(Product)、价格(Price)、地点(Place)和促销(Promotion),提出战略从五个不同方面的定义,即:

——战略是一种计划(Plan);

——战略是一种计谋(Ploy);

——战略是一种模式(Pattern);

——战略是一种定位(Position);

——战略是一种观念(Perspective)。

值得指出的是,战略为定位的概念引进了"多方竞争"以及超越竞争的含义。也就是说,企业活动中既可以考虑与单个竞争对手在面对面的竞争中处于何种位置,也可以考虑在若干个竞争对手面前自己在市场中所处的地位。甚至企业还可以在市场中确定一个特殊的地位,使得对手们无法与之竞争。

这种定义强调战略是一种概念的内涵,即所有的战略都是一种抽象的概念,它存在于需要战略的人们的头脑之中,体现于战略家们对客观世界固有的认识方式。例如,有的企业是进取的、开拓的,创造新技术,开发新市场;而有的企业则一成不变,固守于早已建立的市场上。这说明企业的经营者对客观世界的不同认识会产生不同的经营效果。战略是一种观念的重要实质在于,它同价值观、文化、理想等精神内容一样为企业成员所共享。因此,研究一个企业的战略,需要了解和掌握该企业的期望如何在成员间分享,以及如何在共同一致的基础上采取行动。

我国的《辞海》对"战略"一词做了比较完整的诠释:

(1)军事名词,对战争全局方略的筹划与指导;

(2)泛指对全局性、高层次的重大问题的策划与指导。

从以上各种关于企业战略的说法我们可以看出,一是关于企业战略的名称,有企业战略、企业经营战略、战略决策、战略等不同的称谓,但基本上指的都是同一事物。所以,从名称上来严格区分战略并不是件容易的事,也不是十分必要的事。

关于战略的定义,可以看出每人多少都有一些比较明显的时代性或者内容解释性倾向,严格意义上的定义并未建立。但有一些基本要件可以说已经成为大家的共识：

一是企业战略是涉及全局性的、系统性的、长远性的决策或行为指导。

二是战略必须依赖于管理以及目标和方针的达成来达成。

三是战略必须借助各种企业资源才能完成。

四是战略以现在为起点，着眼于未来，有远景的性质。

一般来讲，一个完整无缺的企业发展战略，需要回答以下 8 个主要经营管理问题：

(1) 企业将来发展成为什么(即愿景)；

(2) 企业将来需要实现的目标是什么(即长远、年度目标)；

(3) 企业现在和将来应该从事什么业务(即使命)；

(4) 企业应该采取什么样的策略，于预定的时间内实现设定的目标；

(5) 在预定的时间内，企业将变成什么样子；

(6) 企业发展中可能存在的主要风险是什么；

(7) 这些风险应该如何加以控制；

(8) 企业实现目标所需要的战略性资源是什么。

1.2 战略管理特点与理论发展

1.2.1 战略管理特点

1) 战略管理具有全局性

企业的战略管理是以企业的全局为对象，根据企业总体发展的需要而制定的。它所管理的是企业的总体活动，所追求的是企业的总体效果。虽然这种管理也包括企业的局部活动，但是这些局部活动是作为总体活动的有机组成在战略管理中出现的。具体地说，战略管理不是强调企业某一事业部或某一职能部门的重要性，而是通过制定企业的使命、目标和战略来协调企业各部门自身的表现，是它们对实现企业使命、目标、战略的贡献大小。这样也就使战略管理具有综合性和系统性的特点。

2) 战略管理主体是企业的高层管理人员

由于战略决策涉及一个企业活动的各个方面，虽然它也需要企业上、下层管理者和全体员工的参与和支持，但企业的高层管理人员介入战略决策是非常重要的。这不仅是由于他们能够统观企业全局，了解企业的全面情况，而且更重要的是他们具有对战略实施所需资源进行分配的权力，有利于战略管理的顺利实施。

3) 战略管理涉及企业资源的配置问题

企业的资源，包括人力资源、实体财产和资金，或者在企业内部进行调整，或者从企业外部来筹集。在任何一种情况下，战略决策都需要在相当长的一段时间内致力于一系列的活动，而实施这些活动需要有大量的资源作为保证。因此，这就需要为保证战略目标的实现，对企业的资源进行统筹规划，合理配置。

4) 战略管理从时间上来说具有长远性

战略管理中的战略决策是对企业未来较长时期(通常 5 年以上)内，就企业如何生存和发展等进行统筹规划。虽然这种决策以企业外部环境和内部条件的当前情况为出发点,并且对企业当前的生产经营活动有指导、限制作用,但是这一切是为了更长远的发展,是长期发展的起点。从这一点上来说,战略管理也是面向未来的管理,战略决策要以经理人员所期望或预测将要发生的情况为基础。在迅速变化和竞争性的环境中,企业要取得成功必须对未来的变化采取预应性的态势,这就需要企业做出长期性的战略计划。

5) 战略管理需要考虑企业外部环境中的诸多因素

现今的企业都存在于一个开放的系统中,它们影响着这些因素,但更通常地是受这些不能由企业自身控制的因素所影响。因此在未来竞争的环境中,企业要使自己占据有利地位并取得竞争优势,就必须考虑与其相关的因素,这包括竞争者、顾客、资金供给者、政府等外部因素,以使企业的行为适应不断变化中的外部力量,企业能够继续生存下去。

1.2.2 战略管理理论发展历程

企业战略理论研究时间并不长,自 20 世纪 60 年代到现在仅有半个世纪。从时间跨度来看,主要经历了以下几个发展阶段。各个阶段之"理论学派",如图 1-1 所示。

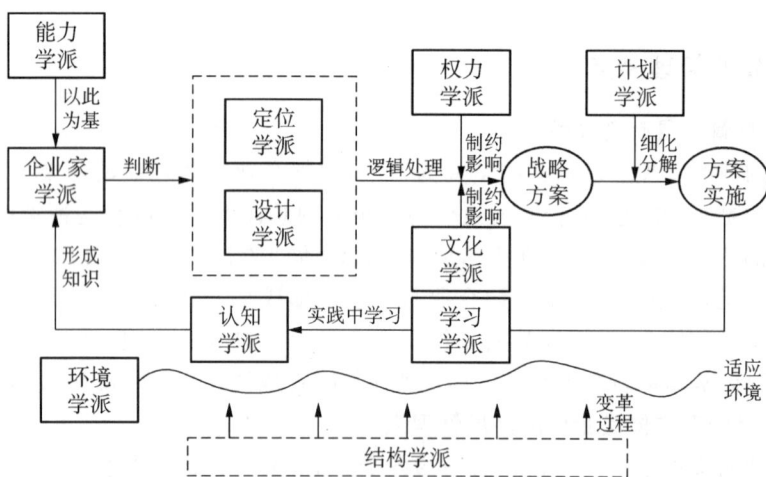

图 1-1 战略管理之"理论学派"

1) 60、70 年代的设计学派和计划学派

20 世纪 60 年代初,美国著名管理学家钱德勒《战略与结构:企业史的考证》一书的出版,首开企业战略问题研究之先河。钱德勒在这本著作中,分析了环境、战略和组织之间的相互关系,提出了"结构追随战略"的论点。他认为,企业经营战略应当适应环境——满足市场需求,而组织结构又必须适应企业战略,随着战略的变化而变化。因此,他被公认为环境—战略—组织理论的第一位企业战略专家。

在此基础上,关于战略构造问题的研究,形成了两个相近的学派:设计学派和计划学派。设计学派以哈佛商学院的安德鲁斯教授为代表。设计学派认为,首先,在制定战略的过程中要分析企业的优势与劣势、环境所带来的机会与威胁。其次,高层经理人应是战略制定的设计师,并且还必须督导战略的实施。第三,战略构造模式应是简单而又非正式的,关键在于指导原则,优良的战略应该具有创造性和灵活性。

几乎与设计学派同时产生的另一个学派是计划学派。计划学派以安索夫为代表。安索夫在 1965 年出版的《企业战略》一书中首次提出了"企业战略"这一概念,并将战略定义为"一个组织打算如何去实现其目标和使命,包括各种方案的拟订和评价,以及最终将要实施的方案"。"战略"一词随后成为管理学中的一个重要术语,在理论和实践中得到了广泛的运用。计划学派主张,战略构造应是一个有控制、有意识的正式计划过程;企业的高层管理者负责计划的全过程,而具体制定和实施计划的人员必须对高层负责;通过目标、项目和预算的分解来实施所制定的战略计划,等等。

不难看出,尽管这一时期学者们的研究方法和具体主张不尽相同,但从根本上说,其核心思想是一致的,主要体现在三个方面:①企业战略的出发点是适应环境。环境是企业无法控制的,只有适应环境变化,企业才能生存和发展。②企业的战略目标是为了提高市场占有率。企业战略要适应环境变化,旨在满足市场需求,获得足够的市场占有率,这样才有利于企业生存与发展。③企业战略的实施要求组织结构变化及与之相适应。经典的企业战略实质是一个组织对其环境的适应过程以及由此带来的组织内部结构变化的过程。因而,在战略实施上,势必要求企业组织结构要与企业战略相适应。

2) 80 年代的定位学派

定位学派的创始人是哈佛大学商学院的迈克尔·波特教授。波特认为,企业战略的核心是获取竞争优势,而影响竞争优势的因素有两个:一是企业所处产业的盈利能力,即产业的吸引力;二是企业在产业中的相对竞争地位。因此,竞争战略的选择应基于以下两点考虑:

(1) 选择有吸引力的、高潜在利润的产业。不同产业所具有的吸引力以及带来的持续盈利机会是不同的,企业选择一个朝阳产业,要比选择夕阳产业更有利于提高自己的获利能力。

(2) 在已选择的产业中确定自己的优势竞争地位。在一个产业中,不管它的吸引力以及提供的盈利机会如何,处于竞争优势地位的企业要比劣势企业具有较大的盈利可能性。而要正确选择有吸引力的产业以及给自己的竞争优势定位,必须对将要进入的一个或几个产业结构状况和竞争环境进行分析。

定位学派主要经历了三个发展高峰,尤其在 20 世纪 80 年代以后,以波特为代表的定位学派通过创建分析工具使战略分析走向了简单化、规范化的研究过程。定位学派更注重外部环境分析、成熟产业研究,而相对忽视企业内部资源/能力分析以及对不成熟行业、不稳定行业、相对垄断性行业研究还不系统。

定位学派认为,企业在制定战略的过程中必须要做好两个方面的工作:一是企业所处行业的结构分析;二是企业在行业内的相对竞争地位分析。

定位学派将战略分析的重点第一次由企业转向了行业,强调了企业外部环境,尤其是行业特点和结构因素对企业投资收益率的影响,并提供了诸如五种竞争力模型（供应商、购买者、当前竞争对手、替代产品厂商和行业潜在进入者）、行业吸引力矩阵、价值链分析等一系列分析技巧，帮助企业选择行业并制定符合行业特点的竞争战略。

3）90 年代早期的能力学派

90 年代来，信息技术迅猛发展，导致竞争环境日趋复杂，企业不得不把眼光从外部市场环境转向内部环境，注重对自身独特的资源和知识（技术）的积累，以形成企业独特的竞争力（核心竞争力）。1990 年，普拉哈拉德和哈默在《哈佛商业评论》发表了《企业核心能力》。从此，关于核心能力的研究热潮开始兴起，并且形成了战略理论中的核心能力学派。

该理论的理论假设是：假定企业具有不同的资源（包括知识、技术等），形成了独特的能力，资源不能在企业间自由流动，对于某企业独有的资源，其他企业无法得到或复制，企业利用这些资源的独特方式是企业形成竞争优势的基础。

该理论强调的是企业内部条件对于保持竞争优势以及获取超额利润的决定性作用。这表现在战略管理实践上，要求企业从自身资源和能力出发，在自己拥有一定优势的产业及其相关产业进行经营活动，从而避免受产业吸引力诱导而盲目进入不相关产业进行多元化经营。

但是，核心能力理论在弥补了注重企业外部分析的波特结构理论的缺陷之同时，本身也存在其固有的缺陷。由于过分关注企业的内部，致使企业内外部分析失衡。为了解决这一问题，1995 年，柯林斯（David J. Collins）和孟哥梅里（Cynthia A. Motgomery）在《哈佛商业评论》上发表了《资源竞争：90 年代的战略》一文。该文对企业的资源和能力的认识更深了一层，提出了企业的资源观（Resourses-based view of the firm）。他们认为，价值的评估不能局限于企业内部，而且要将企业置身于其所在的产业环境，通过与其竞争对手的资源比较，从而发现企业拥有的有价值的资源。所谓的企业资源是企业在向社会提供产品或服务的过程中能够实现企业战略目标的各种要素组合。企业可以看作是各种资源的不同组合，由于每个企业的资源组合不同，因此不存在完全一模一样的企业。只有企业拥有了预期业务和战略相匹配的资源，该资源才最具价值。企业的竞争优势取决于其拥有的有价值的资源。

4）90 年代后期战略管理理论的新发展

20 世纪 90 年代以前的企业战略管理理论，大多建立在对抗竞争的基础上，都比较侧重于讨论竞争和竞争优势。时至 90 年代，战略联盟理论的出现，使人们将关注的焦点转向了企业间各种形式的联合。这一理论强调竞争合作，认为竞争优势是构建在自身优势与他人竞争优势结合的基础上的。但是，联盟本身固有的缺陷，以及基于竞争基础上的合作，使得这种理论还存在许多有待完善之处，企业还在寻求一种更能体现众多优越之处的合理安排形式。

进入 90 年代中期，随着产业环境的日益动态化，技术创新的加快，竞争的全球化和顾客需求的日益多样化，企业逐渐认识到，如果想要发展，无论是增强自己的能力，还是拓展新的市场，都得与其他企业共同创造消费者感兴趣的新价值。企业必须培养以发展为导向的协作性群体。在此背景下，通过创新和创造来超越竞争开始成为企业战略管理研究的一个新焦点。

美国学者摩尔（James F. Moore）1996年出版的《竞争的衰亡》标志着战略理论的指导思想发生了重大突破。作者以生物学中的生态系统这一独特的视角来描述当今市场中的企业活动，但又不同于将生物学的原理运用于商业研究的狭隘观念。后者认为，在市场经济中，达尔文的选择似乎仅仅表现为最合适的企业或产品才能生存，经济运行的过程就是驱逐弱者。而摩尔提出了"商业生态系统"这一全新的概念，打破了传统的以行业划分为前提的战略理论的限制，力求"共同进化"。摩尔站在企业生态系统均衡演化的层面上，把商业活动分为开拓、扩展、领导和更新四个阶段。商业生态系统在作者理论中的组成部分是非常丰富的，他建议高层经理人员经常从顾客、市场、产品、过程、组织、风险承担者、政府与社会等七个方面来考虑商业生态系统和自身所处的位置；系统内的企业通过竞争可以将毫不相关的贡献者联系起来，创造一种崭新的商业模式。在这种全新的模式下，作者认为制定战略应着眼于创造新的微观经济和财富，即以发展新的循环以代替狭隘的以行业为基础的战略设计。

5）其他学派

明茨伯格（H. Mingtzberg）、阿尔斯特朗（Bruce Ahlstrand）和拉蒙珀（Joseph Lampel）等，将战略管理的各种理论梳理成十大学派，即设计学派、计划学派、定位学派、企业家学派、认识学派、学习学派、权势学派、文化学派、环境学派和结构学派。各学派的代表人物都从不同视角对战略管理提出了各自的主张，见仁见智，莫衷一是。明茨伯格认为，战略管理的真谛其实就像一头大象，十大流派只是从不同的侧面看到大象的局部，只有综合集成各派的观点，才能对大象有整体的认识和体悟。下面对其他学派进行简要的介绍。

（1）企业家学派（Entrepreneur School）。

企业家学派把战略形成看作是一个预测的过程，一个构筑愿景的过程；也是企业家对企业未来图景的洞察过程。企业家学派认为，战略是企业家个人价值观念的体现，企业家通过发挥自己个人的影响力和能力，决定战略的选择及行动；战略制定的主要任务是积极寻找新的机遇。该学派不仅将战略形成过程集中在一个领导身上，而且强调领导人与生俱来的心理状态和人格特质，强调战略远见、个性化领导能力、前摄等概念。该学派的主要代表作有：富兰克·奈特（Frank Hyneman Knight）的《企业家精神：处理不确定性》（1967年）、熊彼特的《经济发展理论》，以及柯林斯和摩尔（Colllins，Moore）撰写的《组织的缔造者》。

（2）认知学派（Cognitive School）。

认知学派把战略形成看成一个心智过程，其实是将认知心理学作为理论基础，采用心理学的理论解释战略家的思想。认知学派认为，如果想要了解战略的形成，最好同时了解人类的心理和大脑。该学派注重战略形成过程的特殊阶段，特别是战略初始概念形成阶段。认知学派有两个分支：一个分支倾向实证主义，将知识的处理和构建看成是试图勾画客观世界的结果；另一分支则认为，所有的认知活动都是主观的，战略其实是对世界的解释。认知学派的代表作有：赫伯特·西蒙（Herbert Alexander Simon）的《行政管理行为》（1945年）、《组织》（1958年）和《思想模型》（1979年）。

（3）学习学派（Learning School）。

学习学派把战略形成看作是一个应急的过程,将战略视为一个复杂的、进化的、渐进的和想象的过程,注重分析战略在组织中实际上是怎样形成的。学习学派认为,环境是复杂并不可预测的,只有通过组织学习,企业才能应对环境的不确定性;战略决策者的职责不是制定战略,不是预想深思熟虑的东西,而是管理组织学习的过程。因此,学习学派认为战略是一个学习及自然形成的过程,战略的基础是描述性的而不是说明性的。学习学派还强调文化、政治等在战略形成过程中的作用,这些观点为高层管理人员的决策提供了更全面的视野。学习学派的代表作主要有:查理·林德布罗姆的《"蒙混过关"的科学》(1959年)、詹姆斯·布雷恩·奎因的《应变战略:逻辑渐进主义》(1980年)和彼得·圣吉的《第五项修炼》(1990年)。

（4）权力学派（Power School）。

权力学派把战略形成看作是一个协商的过程,强调在战略形成过程中,必须考虑权利即政治方面的因素。权力学派认为,企业内外存在着各种正式和非正式的利益团体,他们会利用各自的权力对企业战略施加影响。因此,战略制定过程是各种正式或非正式利益团体运用权力、施加影响、不断谈判、相互控制和折衷妥协的过程。战略制定不仅要注意经济、行业及竞争因素,而且应当注意决策过程中的政治因素,注重均衡考量各利益相关者的利益诉求,同时,在战略制定与实施过程中,化解和排除来自组织内外部的个人或利益集团的牵制和干扰。权力学派的代表作主要有:麦克米兰（MacMillan）的《论战略形成:政治概念》(1978年)、普费弗和萨兰西克的《组织的外部控制》(1978年)。

（5）文化学派（Culture School）。

文化学派将战略形成看作一个集体思维和社会交互的过程,它把个体的集合连接到组织这个整合实体之中,着眼于共同利益,确立了组织风格与个人风格的同等地位,有利于建立整体观念。该学派认为,文化是社会成员随着时间推移而创造的一种共享意向,它的形成不仅通过纯粹的社会活动,还有赖于成员之间的相互关系以及所使用的资源。该学派指出,企业文化及背后价值观念,对于战略的形成具有重要的影响。观念植根于集体意向之中,并在深藏着资源或潜能的组织模式中反映出来。文化学派赞成战略管理的连贯性,强调传统的传承性、变化的丰富性和舆论的复杂性。文化学派的代表作主要有:艾瑞克·莱恩曼的《长远规划的组织理论》(1973年)、罗伯特·沃特曼（Robert H. Waterman）与汤姆·彼得斯（Tom Peters）合著的《追寻卓越》(1982年),以及博格·沃纳菲尔德的《资源为本理论》(1984年)。

（6）环境学派（Environmental School）。

环境学派把战略的形成过程看作是企业对外部环境的反应过程,环境作为一种综合力量,成为企业战略形成过程的中心角色。该学派将注意力转移到组织外部,重点研究组织所处外部环境对战略制定的影响,注重描述特定环境与组织特殊属性之间的关系,应用组织生态学、社会网络分析等方法研究企业战略理论。环境学派以源自"权变理论"（contingency theory）的偶然性理论为核心,强调环境对于企业战略的至关重要性,认为企业必须适应环境,并在适应环境中才能找到自己生存和发展的位置。环境学派的代表人物是 Hannan 和 Freeman,主要研究组织进化过程、组织种群的变化与环境选择的结果。

(7) 结构学派(Configuration School)。

结构学派将战略的形成看作一个变革的过程。该学派认为,企业战略应从两方面去定义,才能真正反映企业战略的性质和特点。一方面,战略在一定时期需要稳定,形成某种需要从多个角度认识的架构;另一方面,战略变革又穿插于一系列相对稳定的战略状态之间,因而战略架构也需要变革。结构学派提供了一种调和不同学派的方式,认为不同学派都有自己的时间和位置,由此为战略管理的研究带来了秩序。"选择合适的结构程度是一种复杂的平衡行动,经理们即必须避免平庸和避免结构太少的混乱,同时还不能过于迷恋结构。"结构学派的代表作是:普拉迪普·坎德瓦拉、亨利·明茨伯格和米勒合著的《"里卡洛斯"的悖论》(1990 年)。

1.2.3 战略管理理论发展趋势

通过对战略理论演进内在规律的分析,我们可以大致把握在企业面临新的经营环境的条件下,战略管理理论将会呈现如下特点和发展趋势:

(1) 制定企业战略的竞争空间在扩展。

行业的界限、企业间的界限日趋模糊,竞争战略的谋划将不再只限于既定的行业内市场份额的竞争、产品或服务的竞争,而更多的是在无边界的范围内对商业机会的竞争。这一竞争必然导致竞争参与者之间,在塑造未来产业结构方面展开争夺。竞争的概念基本上是界定于不同的联盟之间、不同的商业生态系统之间。竞争的物理空间也由区域性范围扩大到全球。由于竞争已不在某一特定的地理区域或行业界限内进行,企业必须从全球的角度、从跨行业的角度来考虑配置自身的资源,在资金、人力资源、产品研发、生产制造、市场营销等方面进行有机的组合,以获得最佳的管理整合效果。

(2) 企业的战略具有高度的弹性。企业面临的经营环境快速变化,无法预知和确定。

在不确定的风险之下,在要求企业的竞争战略与外部变化节奏保持同步的条件下,企业要具备快速的反应能力,必须依赖于战略的弹性而伸缩自如。战略弹性是基于企业自身的知识系统对不断变化的不确定情况的应变能力。它应该包括:组织结构的弹性、生产能力和生产技术的弹性、市场营销的弹性、管理的弹性和人员构成的弹性。由于它是来自于企业内部的知识和能力,因此,员工的知识构成及其组合的方式和机制是战略弹性的核心部分。战略弹性一旦建立起来,企业内部的协调系统也就确定下来,从而导致对整个系统的模仿或复制的可能性极其微小,由此就形成了企业的战略优势。

(3) 不过多考虑战略目标是否与企业所拥有的资源相匹配,而是较多地追求建立扩展性的目标。

因为在未来的市场竞争中,制胜的手段正逐渐发生变化,由单纯地寻找稀缺资源过渡到与寻找稀缺智力和由此而产生的稀缺知识的结合,寻找的范围不仅局限于企业边界内部,而是着眼于对离散的创造价值的活动的识别与整合,通过这种方式来为价值增值或扩大稀缺价值的产出。这种战略要求企业不能平均分配资源,而是要创造性地通过各种途径来整合资源,通过与知识的组合来克服资源的限制,从而为顾客创造价值。

(4) 由企业或企业联盟组成的商业生态系统成为参与竞争的主要形式。

竞争力的研究对象不再仅局限于单独的企业个体,而是以企业作为基本研究单元发展到企业与其所处的商业生态系统并举的阶段。在未来变幻莫测的环境中,任何一个企业都不可能,也没有实力单独参与竞争,因为整个商业活动的主体是以一个或多个企业为核心的生态族群,即未来的竞争是不同商业群落之间的竞争。对于一个单独的企业个体来讲,竞争更体现在加入或营造有影响力的、能为自己带来实际价值的企业生态系统,并且在一个系统中寻求一个更为有利的地位,当然也包括争取作为整个群体的领导。在竞争与合作的和谐环境中,使优势和潜能充分发挥,降低经营成本和经营风险。

(5) 制定战略的主体趋于多元化。

制定战略可能不光只是企业高层决策人员的特权,普通员工也不再仅仅是战略的接受者与执行者。战略制定这一工作将变得更为普遍化,由于信息技术的日益发展和应用,使得组织结构向扁平化方向演化,信息的传播手段和渠道也变得大众化和多样化,这就导致了在整个企业内部拥有信息的权力趋于平等。信息传播方式决定了每一个个体在整个网络系统中都是信息传播的一个节点,高层主管不再居于信息传播的中心,普通员工可以有更多的机会参加企业的战略制定,他们具有既是决策参与者又是决策执行者双重身份的特征。

(6) 战略的制定从基于产品或服务的竞争,演变为在此基础之上的标准与规则的竞争。

企业在产品或服务时期,对外部环境采取的是一种规避风险、抓住机遇的做法。通过内部积极主动的行动——扩大产量、提高质量、降低成本、加强营销,利用高效的组织机构等取得规模效益。在对外和对内的行为方式上,被动应对色彩更为浓厚一些。而当企业跨入以标准为核心的竞争阶段后,对外部环境的认识则完全变了,企业除了对外界变化会积极主动地做出反应外,可能还会有意识地制造变革,与行业中具有重要影响的对手或企业联盟共同合作,创造和制定指导整个行业的技术标准或者是竞争规则。通过对标准或规则的掌握来获取高额的利润,确定企业的优势地位。总之,企业要在塑造未来产业结构方面的竞争给与更多的注意力,并力求有所作为。

战略聚焦　企业视点

GE重构在华投资版图

11月15日和17日,GE分别与中航工业、神华集团、南车集团以及中国铁道部达成了合作协议,合作方向直指航空、能源和交通运输等基础设施领域。18日,在广东经济发展国际咨询会前夕,GE还宣布了一系列与广东方面的合作项目,包括与广州本地科研机构合作开发新能源技术,建立GE在中国首个地区级的采购中心,以及启用华南区总部。值得关注的是,GE在华业务开始从产品输出向资本、技术输出转变。在此次 GE 签署的四项合作协议中,除了与铁道部的合作备忘录,其他协议内容均体现了设立合资企业的意向。

重中之重

对 GE 而言,能源基建业务是如今其全球业务架构的重中之重。在伊梅尔特看来,上述合约有一个共同的特点——都将带来快速增长、推进清洁科技应用和创造高科技工作机会。"无论是拓展现有的航空、能源、交通领域的合作伙伴关系,或是技术合作,都将为 GE 带来新的商业发展机会。"

2009 年已是 GE 与南车集团合作的第四个年头。早在 2005 年 10 月,GE 运输系统集团就与南车威墅堰机车有限企业(下称南车威墅堰企业)正式建立了战略合作伙伴关系。即将成立的合资企业会让双方的关系更加亲密。这家总投资额达9 000 万美元、双方各占 50% 股份的合资企业,将在中国开发、制造 GE Evolution(r)系列机车柴油发动机并提供服务,以及向其他新兴市场提供出口。GE 运输系统集团中国区总裁兼首席执行官史威德(Tim Schweikert)说,南车威墅堰企业在制造技术领域的领先地位,结合 GE 运输系统集团先进的技术开发能力和全球市场经验,双方的合作将形成新的竞争优势。

双方将面临的是中国铁路现代化发展的历史契机。中国政府在今、明两年计划拨款近 900 亿美元用于铁路建设,这还不算,今、明两年每年用于机车采购的资金也高达 150 亿美元。尔后还可能面临美国市场的契机。据了解,未来 5 年内美国预计将有超过 130 亿美元资金投入到铁路提速和新高铁建造。GE 与中国铁道部已将目光投向未来的美国高铁市场,双方承诺在寻求参与美国时速 350 公里以上的高速铁路项目方面加强合作。

与神华达成成立合资企业的意向,则是 GE 在中国洁净煤技术市场上获得的最新进展。按照协议,两家企业将开展战略合作扩大煤气化技术在中国工业领域的应用,包括在清洁煤新技术方面展开研究,旨在进一步提高气化和整体气化联合循环发电(IGCC)技术商业运用的经济性与性能表现;并共同推动和促进带有碳捕捉与封存(CCS)技术的 IGCC 商业应用项目。IGE 之外,道达尔集团等其他跨国能源巨头也在和包括神华在内的中国煤炭企业接洽,希望能在这个潜力巨大的市场获得机会。GE 的优势在于,其与神华的合作将有望获得美国贸易发展署(USTDA)的支持。出于对推广 IGCC 技术商业应用的支持,美国贸易发展署承诺选择一个 GE 在华建设的 IGCC 电厂项目,向其提供早期资金。

战略调整

GE 的四大支柱业务中,金融、医疗保健以及媒体业务依然没有完全走出衰退,只有能源基建业务还在保持增长。GE 集团的内部人士承认,在 GE 与南车合作的早期,双方依然没有脱离"市场换技术"商业模式的窠臼。彼时的合作方式为,GE 运输系统集团和中国铁道部签署战略合同,向南车出售 300 台 Evolution 系列中国主干线机车的组件,南车威墅堰企业负责在国内进行组装。至今南车威墅堰企业已经生产了超过 100 台中国主干线机车,并投入使用。但随着时间的推移,伊梅尔特等 GE 高管开始认识到,更符合 GE 利益的做法是和中国行业领先企业建立合作伙伴关系,让双方的优势资源互补,一同参与全球市场的竞争。

GE 的内部人士告诉本报记者,GE 与南车建立的合资企业,将同时具备 GE 在铁路货车领域领先的技术优势和中国方面的制造优势,从而改变了产品输出的短期行为,让 GE 技术的附加值得以体现。该人士还表示,GE 航空和中航工业建立航空电子合资企业等合作,也是这一战略的体现。通过建立合资企业,共同开发下一代航空电子技术和产品,并参与国际民用航空市场的竞争,这已经超越了以往仅仅提供发动机产品的业务层次。

GE 市场策略的变化,与其中国合作伙伴的国际化战略暗自契合。工业和信息化部总工程师朱宏任对记者表示,希望双方可以考虑在发动机系统、机械系统、工业产品等领域,能够开展更为广泛的合作。中航工业副总经理张新国则进一步指出,以合资企业形式建立大客飞机系统发展的商业模式,是立足中国面向美国、欧洲和国际市场,将来要参与到国际民机市场整个竞争环境之中。这或许是 GE 在未来市场中获得的先机。

(资料来源:21 世纪经济报道,2009 - 11 - 20)

1.3　战略决策者

"管理就是决策"的著名论断是 1978 年诺贝尔经济学奖获得者西蒙提出的。此论断充分体现决策渗透在战略管理中的重要地位。

战略决策者的构成包括企业的董事会、高层管理者、各事业部经理、职能部门管理者、专职计划人员。

高层管理人员是指对整个组织的管理负有全面责任的人。他们的主要职责是制定组织的总目标、总战略,掌握组织的大政方针。中层管理人员是指处于其主要职责是贯彻高层管理人员和基层管理人员之间的一个或若干个中间层次的管理人员,其主要职责是贯彻执行高层管理人员所制定的重大决策,监督和协调基层管理人员工作。基层管理人员亦称第一线管理人员,是组织中最低层次的管理者,他们的主要职责是给下属作业人员分派具体工作任务,直接指挥和监督现场作业活动。

企业高层管理者:制定企业的任务和战略;确定企业各事业部的任务;按照任务给各部门分配资源。批准各事业部的计划、预算和主要投资;考核各事业部的工作,保证整个企业按照战略规划顺利运作。

事业部主要管理者:向企业高层管理者提出本事业部执行企业总体战略的事业部战略;制定本事业部的经营计划并获得上级批准;为取得最佳利润率和业务增长率而经营;按照企业方针、政策与程序进行管理。

职能部门管理者:参与制定企业战略;制定企业范围的方针、政策与标准,通过考核与监督,保证执行的一致;就各事业部的任务、战略、经营计划与预算问题,向企业高层管理者提出建议;就各事业部的职能部门工作,向企业高层领导者提出专门性的意见;制订职能部门系统的战略、目标和职责;对于关键岗位的任命工作标准的设置,以及考核评价,提出建议;在需要的地方提供职能方面的任务。

1.4 战略管理过程与益处

1.4.1 战略管理过程

战略管理是对一个企业的未来发展方向制定决策和实施这些决策的动态管理过程。一个规范性的、全面的战略管理过程可大体分解为三个阶段(如图1-2):

——战略分析阶段;

——战略制定阶段;

——战略实施与控制阶段。

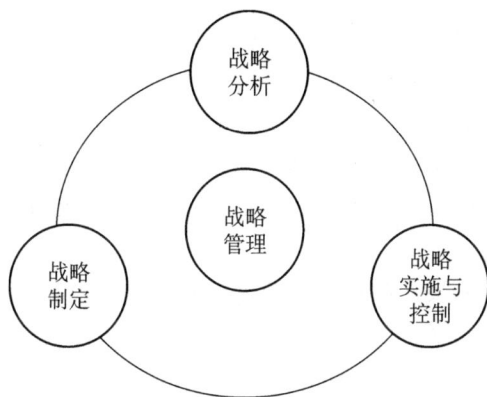

图 1-2 战略管理过程

1) 战略分析

战略分析包含研究企业外部环境、透析企业内部环境、制定企业愿景、使命与目标等三部分。本书第二、三、四章将详细介绍。

研究企业外部环境,即分析企业外部客观因素,预测这些因素发展趋势,以及该趋势对企业造成的可能影响与影响方向。外部分析告诉企业"可以干什么",目的是适时寻找有利于企业发展之机会,以及企业所面临之威胁,做到"知天地、知彼",以便企业利用机会、规避威胁。企业外部环境一般包括如下因素或力量:"政治法律、经济、社会文化、技术、人口统计学与自然"等宏观环境,以及"投资者、供应者、中间商、消费者、竞争对手与公众"等微观环境。

透析企业内部环境即盘点企业本身所拥有的条件,也即企业所拥有的资源和基本要素。内部分析告诉企业"能够干什么",目的是知晓企业自身优势劣势,做到"知己",以便企业发挥强项,改善不足。企业内部环境涉及生产经营活动的各个方面,如基础管理、生产运营、市场营销、财务会计、人力资源等。

制定愿景、使命与目标,即指明企业前进目的地,明确未来业务,提出企业长期发展方向,构建具体业绩目标。愿景、使命与目标分析,展示企业"想干什么",目的是描绘企业将要实现之图景与进入之事业,从而统一企业行动,分解整体愿景,最终达成目标。

2）战略制定

战略制定即战略决策过程,即对战略方案进行探索、选择,包括公司层战略、整体实现路径及经营层战略等。本书第五、六章将详细介绍。

一个跨行业经营的企业,在选择战略时,应解决三大基本问题:

一是企业之整体前行方向,是追求成长、保持稳定,还是选择收缩。

二是企业方向之实现路径,一旦追逐成长,如何增长?是内部慢慢拓展,还是外部兼收并购。如果稳定或收缩,又如何实现。

三是企业竞争优势之获取。在某一特定经营领域,企业如何保持竞争优势?即要确定企业提供的产品或服务,以何为基,超出竞争对手,持续保持优势。

3）战略实施与控制

企业战略方案确定后,必须通过实际行动,履行战略、实现目标。战略执行过程,一般基于两大"基石",即基础管理与营销、人力资源、生产、财务等。为保证战略实施不偏离既定目标,需要战略控制,主要包括事前控制、事后控制和随时控制。本书第7、8章将详细介绍。

基础管理包含:公司治理、组织结构、领导层、企业文化、管理信息系统等。而另一"基石"由企业四大职能构成,如营销、人力资源、生产、财务等。这些职能需要横向协调,实现共同目标。

在战略实施过程中,要对战略实施进行控制。即比较考核的实际成效与预定的战略目标,如二者偏差显著,就应采取有效措施,纠正实际的战略方案。若因原来分析不当、判断有误,或是内、外部环境发生重大变化,虽企业已正确、高效执行战略,但依然存在偏差,可考量目标设立是否合理,以便在新一轮战略管理过程中,确立适宜目标。

1.4.2　战略管理益处

战略管理益处,可从财务收益和非财务收益两个角度考察。

从财务角度看,研究证明:运用战略管理观念的企业比那些不采用战略管理观念的企业更能盈利、更为成功。高绩效公司趋向于进行系统化的计划,以适应未来内部和外部环境的变化。其计划系统更加遵循战略管理理论的公司,一般在产业中均表现出高水平的长期财务业绩。

相对于可见的财务收益,非财务收益更容易让管理层忽略。

从非财务收益角度看,战略管理一般可以提供如下益处:

（1）使人们认识、重视和利用机会。

（2）使人们客观地看待管理问题。

（3）加强对业务活动的协调和控制。

（4）将不利条件和变化的作用减至最小。

（5）使重要决策更好地支持已建立的目标。

（6）使时间和资源更有效地分配于已确定的目标。

（7）使企业将更少的时间和资源用于纠正错误或专项决策。

（8）建立企业内部人员沟通的环境与条件。

（9）将个人的行为集合为整体的努力。

（10）为明确个人的责任提供基础。

（11）鼓励前瞻式思维。

（12）提供对待问题和机会合作的、综合的工作方法和积极的工作态度。

（13）鼓励对变化采取积极的态度。

（14）加强企业管理的纪律与正规化。

1.5　企业获取超额利润的模式

1.5.1　行业组织模式

迈克尔·波特的行业组织模型揭示了外部环境对企业战略行为决定性的影响，即一家企业所在的行业比管理者做出的组织内部决定对企业的影响更大。企业的业绩主要决定于所在行业的特征，包括规模经济、市场进入障碍、多元性、产品差异化以及企业集中度。

行业组织模型（如图1-3）要求企业必须选择最具吸引力的行业进入，只有当企业找到潜在利润最高的行业，并学会如何根据行业的结构特点来利用企业拥有的战略资源实施具体战略时，企业才会获得竞争力。竞争的五种力量模型可以帮助企业理解行业的利润前景和行业结构特点，从而采取相应的战略，确定竞争地位。行业组织模型指出，企业超额利润是由外部环境特点所决定的，而不是企业独有的内部

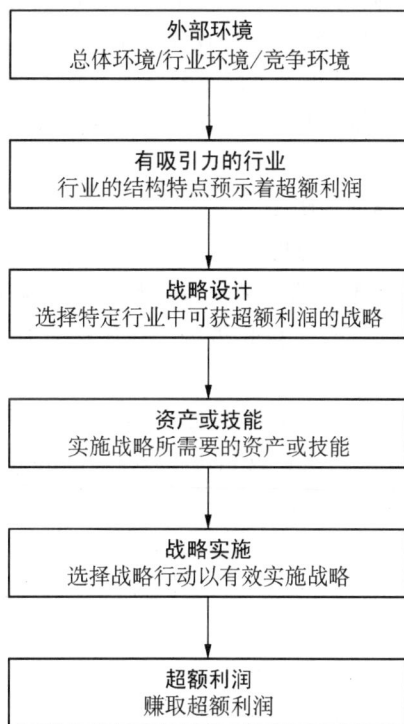

外部环境
总体环境/行业环境/竞争环境

↓

有吸引力的行业
行业的结构特点预示着超额利润

↓

战略设计
选择特定行业中可获超额利润的战略

↓

资产或技能
实施战略所需要的资产或技能

↓

战略实施
选择战略行动以有效实施战略

↓

超额利润
赚取超额利润

图1-3　行业组织模型图

资源或能力。企业只有在实施了适用于整体环境或行业、竞争环境的战略后,才能获得超额利润。

行业组织模型具有四个前提条件:

(1) 外部环境的压力和限制决定了获取超额利润的战略选择。

(2) 大多数企业在某一行业或某一领域内互相竞争,因此它们掌握着类似的相关战略资源,并因此而采取相似的战略。

(3) 战略实施所需要的资源可以自由地在企业间流动。基于此,任何企业间的资源差异都不会持续太久。

(4) 组织的决策者是理性的,并致力于为企业谋取最大利益,追求利润最大化。

行业组织模型的思路如下:

(1) 研究外部环境,尤其是行业环境。

(2) 选择超额利润潜力巨大的行业。

(3) 找出该行业赚取超额利润所需的战略。

(4) 培养或购买实施战略所需要的资产或技能。

(5) 利用企业的优势实施战略。

1.5.2　资源基础模式

资源基础模型认为,任何一家组织都是资源与能力的独特组合,这些资源和能力是组织战略的基础。在 21 世纪的竞争格局下,一个企业是不断变化的能力整合体,它通过动态的管理来获取超额利润。

根据这一模型,企业不同时期表现的差异是由它们独特的资源和能力的组合所引起的,并非行业的结构特征所致。这个模型同时认为,一家企业可以不断获取不同的资源,发展独特的能力。因此同一行业的企业并非都会拥有同样的战略资源和能力。这个模型的另外一个特点是,资源不一定会在企业间自由流动。资源的差异性带来了不同的竞争优势。

超额利润的资源基础模型如图 1-4。

(1) 资源——企业生产过程的投入。

企业对自身的认识和了解极为重要。要能够找出企业所拥有和所能使用的资源,研究其相对于竞争者而言的优势和劣势。在中国古代兵法中常常提到知己知彼,讲的就是这个道理。

(2) 能力——将众多资源结合运用来完成一项任务或活动的才能。

在营销活动中,会经常谈到整合营销。事实上,营销整合工作仅仅是企业提高竞争力的一部分内容,针对如今的新市场、大市场的竞争,许多企业更愿意整合企业所有资源,来实现企业拥有更加强劲的实力来完成一项任务或活动的才能。众多资源的结合运用,需要企业具有战略意识和先进的理念,只有资源整合到位,才能充分发挥资源的可增值性,创造突破性价值,完成工作任务。

(3) 竞争优势——企业战胜竞争对手的能力。

从上述两点来看,企业资源的合理配置及众多资源的综合作用,就可能形成企业的竞争优势,来实现战胜竞争对手的能力。事实上,并非所有企业的资源和能力

```
┌─────────────────────────────────┐
│              资源                │
│      企业生产过程的投入           │
└─────────────────────────────────┘
                 │
                 ▼
┌─────────────────────────────────┐
│              能力                │
│   将资源结合运用以完成任务的才能  │
└─────────────────────────────────┘
                 │
                 ▼
┌─────────────────────────────────┐
│            竞争优势              │
│      企业战胜竞争对手的能力       │
└─────────────────────────────────┘
                 │
                 ▼
┌─────────────────────────────────┐
│           有吸引力行业           │
│   利用公司资源能力发掘有机会的行业 │
└─────────────────────────────────┘
                 │
                 ▼
┌─────────────────────────────────┐
│         战略设计和实施           │
│   选择能够获取超额利润战略行动    │
└─────────────────────────────────┘
                 │
                 ▼
┌─────────────────────────────────┐
│            超额利润              │
│        超额利润的赚取            │
└─────────────────────────────────┘
```

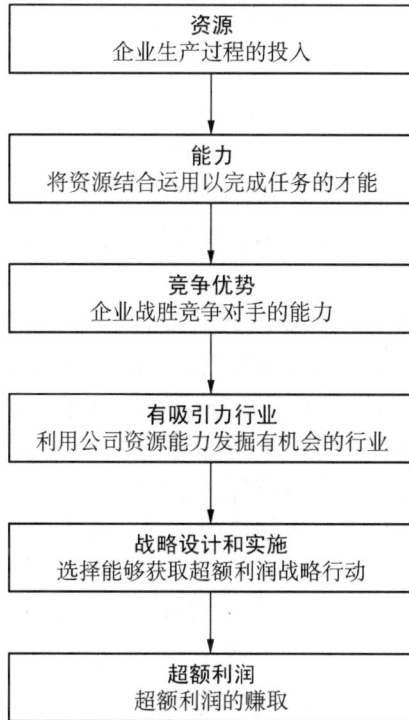

图 1-4　超额利润的资源基础模型图

都可以转化为竞争优势。只有当这种资源和能力是有价值的、稀缺的、难以模仿、无法替代的时候,它才有可能成为竞争优势。何谓有价值的、稀缺的、难以模仿、无法替代?当企业可以借助某种资源或能力挖掘外部机会或避免威胁的时候,这种资源或能力便是有价值的;当只有现有的或潜在的少数竞争者掌握它们的时候,它便是稀有的;当其他企业无法获取这种资源或能力,或是需要付出多得多的成本才能得到时,它便是难以模仿的;而当没有与其相类似的资源或能力时,这便是无法替代的了。

(4)有吸引力的行业——利用企业资源和能力发掘有机会的行业。

(5)战略设计与实施——采取能够获取超额利润的战略行动。

这时企业就要选择能使企业最大限度地利用其资源和能力来发掘外部环境的机会战略。也就是企业资源和能力达到以上四个标准时,就会形成核心竞争力。核心竞争力是指作为企业战胜其竞争者的竞争优势来源的资源和能力。

1.6　商业道德与战略管理

道德是人与人之间不成文的、无形的行为规范和准则,它更是一种价值观念。道德虽然没有法律的强制性,但它是一种无形的力量,从某种意义上讲,它的调节范围及影响力远大于法律,道德的标准比法律高。人类社会需要用道德来维系,企业行为也应该在一定的道德氛围中进行,并遵循一定的商业道德标准,否则,可能得逞于一时,却会严重损伤企业的公众形象,甚至置企业于死地。所以,企业要获得生存的空间,进而长久立足于社会,更是需要树立企业商业道德观念。

企业商业道德是指企业在商业活动中所应遵循的道德规范和行为准则。商业道德和社会道德的不同在于:前者必须以可生存、有利可图的经济基础为前提的一种共同遵守的道德约束和行为规范。它是建立良好有序、多赢的经济关系的基础。社会前进的过程中,企业、市场都必须共同面对种种的风浪。浮躁、急功近利、追求短期利润最大化、投机等等行为会伤害企业本身、行业和市场,结果是前进中的整个社会都要为之付出巨大的成本。

当前,不少企业缺乏良好的商业道德。如生产过程中的制造假冒伪劣商品;流通过程中利用欺骗手段进行交易、商业贿赂、买卖不合格商品;促销过程中的虚假广告、欺骗性的有奖销售悬赏、诋毁对手信誉、不合法的促销手段;商品定价的不道德行为,利用消费者对商品和价格不了解牟取暴利、以排挤竞争对手为目的的低于成本价格销售商品;还有窃取商业秘密等等屡见不鲜。

企业自然要赚钱,最好变成一台赚钱的机器。但是聪明的企业会努力体现自己的社会责任感,树立良好的商业道德观念。这是一个战略问题。正因为当今很多企业都患了只追求利润,忽略了商业道德的“近视症”,深受广大消费者的谴责,甚至使消费者对该行业信心下降。所以,一个具有良好商业道德的企业的出现必会把消费者吸引过来并提高消费者对该企业的忠诚。具有良好商业道德的企业与同患“商业道德近视症”的企业相比,这就是个差异化,这就是核心竞争力。优秀的商业道德是成功的战略管理的前提。对商业道德的进一步认识与重视正成为决定企业竞争力的核心组成部分。商业道德的提出是以企业作决策时抱有对社会负责的态度为前提的。同时它会优化企业的公众形象,利于获得客户、组织和政府的信任和赞许,获得更多有利的社会资源,还会改变人们对企业的看法,间接地促进企业的声誉、形象以及销售等。美国一项对469家不同行业的企业的调查表明:资产、销售、投资回报率均与企业的社会形象有着不同程度的正比关系。换句话说,如果社会上的多数企业都具备良好的商业道德观念,不做有损社会利益的事情的同时还对社会做出回馈,那么这些企业都不会轻易做出违背商业道德的行为。

占据全球药品食物链顶端的美国默克企业,很多时候就在竭力使消费者从自己身上产生关于道德的联想。早在近一个世纪以前,默克企业的创始人乔治·默克就为默克勾勒出一幅协调了利润赚取与道德追求的素描。他说,默克的第一目的是用医学上的创始造福人类,赚取丰厚的利润只是圆满完成使命的附带结果。乔治·默克二世是这样解释如何调和理想与实际利益之间的矛盾的:“本企业同仁所必须遵循的原则,简要地说就是我们要牢记药品旨在救人,不在求利,但利润会随之而来。如果我们记住这一点,就绝对不会没有利润;我们记得越清楚,利润就会越大。”而事实也证明这种理想主义并没有阻碍默克源源不断地赚取利润。纵观中国药品流通环节里回扣泛滥的事实,企业家们需要更大的耐性和韧性,良好的商业道德和社会责任感,而不是铺天盖地的广告。如果企业家一切商业活动仅立足于为了获取更大的蛋糕,而忽略了商业道德和最基本的社会责任,就等同于忽略了企业的长远利益从而走向灭亡。

1.7 本书结构

图1-5为综合战略管理模型,清晰展示了本书的结构。模型明确了战略管理过程主要要素之关系,以后各章将基于不同视角体现此种关系。

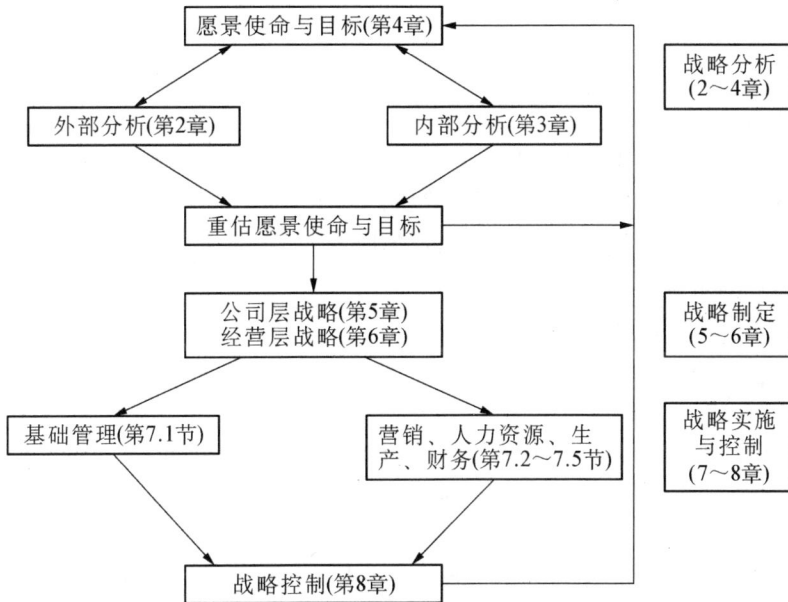

图1-5 综合战略管理模型

1.8 本章小结

在企业管理这个范畴中,什么是战略,目前尚无一个统一的定义。多少都还是有一些比较明显的时代性或者内容解释性倾向,但有一些基本要件可以说已经成为大家的共识。战略管理主要包括五项相互联系的管理任务,三个基本阶段。

企业战略理论研究时间并不长,自20世纪60年代到现在仅有半个世纪。明茨伯格(H. Mingtzberg)等,将战略管理的各种理论梳理成十大学派,即设计学派、计划学派、定位学派、企业家学派、认识学派、学习学派、权势学派、文化学派、环境学派和结构学派。各学派的代表人物都从不同视角,对战略管理提出了各自的主张,见仁见智,莫衷一是。明茨伯格认为,战略管理的真谛其实就像一头大象,十大流派只是从不同的侧面看到大象的局部,只有综合集成各派的观点,才能对大象有整体的认识和体悟。

战略决策者的构成包括企业的董事会、高层管理者、各事业部经理、职能部门管理者、专职计划人员。高层管理人员是指对整个组织的管理负有全面责任的人。他们的主要职责是制定组织的总目标、总战略,掌握组织的大政方针。

工具箱

1. 战略管理过程
2. 超额利润的行业组织模型
3. 超额利润的资源基础模型
4. 孙子兵法与战略管理模型

讨论题

1. 什么是战略？
2. 战略管理的主要任务是什么？
3. 战略管理通常可以分为哪三个阶段？
4. 什么是战略决策者？其主要任务是什么？
5. 简述战略管理理论的十大流派。
6. 孙子兵法与战略管理。

本章参考文献

［1］ Michael A. Hitt，R. Duane Ireland. Strategic Management：Competitiveness and Globalization：Concepts；6 editions，South-Western College Pub.

［2］ http://oxford. icxo. com/htmlnews/2005/01/24/558951. htm.

［3］ www. jznu. edu. cn/news/jingpin/2004/gudaihy/lunwen/lwxb/xintupo. doc 吕文郁.《孙子兵法》研究的新突破.

［4］ 迈克尔·波特. 竞争战略［M］. 北京：华夏出版社，1988.

［5］ 加里·哈默，等. 战略柔性［M］. 北京：机械工业出版社，2000.

［6］ 安德鲁·坎贝尔，等. 战略协同［M］. 北京：机械工业出版社，2000.

［7］ 小乔治·斯托尔克，等. 企业成长战略［M］. 北京：中国人民大学出版社，2001.

［8］ 迈克尔·科特，加里·哈默，等. 未来的战略［M］. 成都：四川人民出版社，2000.

［9］ 黄丹，余颖. 战略管理：研究注记与案例［M］. 北京：清华大学出版社，2005.

［10］ 傅朝. 孙子兵法详解（第一版）［M］. 呼和浩特：内蒙古科技出版社，1999.

［11］ 王方华，陈继祥. 战略管理［M］. 上海：上海交通大学出版社，2003.

［12］ 希特，爱尔兰，等. 战略管理（第四版）［M］. 吕巍，译. 北京：机械工业出版社，2002.

［13］ （美）戴维. 战略管理（第十版）［M］. 李克宁，译. 北京：经济科学出版社，2006.

战略分析

【第二篇】

战略管理——理论、案例与盈利模式

孙子兵法与战略分析

一、《孙子兵法》与战略分析之关系

《孙子兵法》之(4)形篇、(5)势篇、(6)虚实篇等篇章,主要论述如何"知己",相当于战略分析之"内部分析"(包含企业内部优劣势判断,企业愿景、使命与目标确定等);(7)军争篇、(8)九变篇、(9)行军篇等篇章,主要指导如何"知彼",而(10)地形篇(11)九地篇(12)火攻篇等篇章,主要告知如何"知天地",相当于战略分析之"外部分析"(涉及理解企业外部环境,发现机会威胁。)

二、《孙子兵法》"知己、知彼、知天地"对战略分析之启示

"知彼知己者,百战不殆;不知彼而知己,一胜一负;不知彼不知己,每战必殆"乃科学论断,其揭示了正确之战争规律,指导战略管理与现代商战。

《孙子兵法》关于"作战方针、作战形式、作战指导原则"等之论述,均以"知彼知己,百战不殆"思想为基础。作战指导,最重要在于清晰认识敌我双方;明于知己暗于知彼,或明于知彼暗于知己,都将失败,古今中外许多战争实例,充分证明了这一点。请看如下案例。

第三次中东战争 以色列空袭战

1956年第二次中东战争结束不久,中东形势发生了一系列的变化。1958年7月14日,伊拉克发生军事政变,上台的新政府宣布退出巴格达条约组织。1965年5月,巴勒斯坦解放组织宣布成立。1966年2月23日,叙利亚发生军事政变,新政府加强了同苏联的联系。面对着一系列变化,以色列感到国家的安全又一次受到威胁。进入1967年4月后,形势的变化使以色列领导人更加确信自己的看法。1967年5月1日,埃及总统纳赛尔宣布同意向叙利亚派遣军队,对付以色列。5月15日,纳赛尔警告以色列不要冒险,并向西奈半岛增派两个师的兵力。次日,埃及要求联合国紧急部队从西奈半岛撤走。5月30日,约旦国王侯赛因访问埃及,两国签订了双边军事协定。

面对当时形势,以色列决定发动战争。以色列分析了当时各国情况,发现埃及、叙利亚、约旦三国共有飞机969架,其中作战飞机650架;三个阿拉伯国家已动员的总兵力为32.8万人。而以色列空军仅有354架飞机,其中作战飞机196架。以色列国土狭小,资源短缺。这些都使以色列在新的一次中东战争中很难对付阿拉伯国家的进攻。以色列军方领导人经过对敌我双方形势的分析,认为处于劣势的以色列要想打败阿拉伯国家,只有先夺取制空权。而夺取制空权,只凭以色列的196架作战飞机去抵抗阿拉伯各国650架作战飞机的袭击显然是不行的。现实迫使以色列军方作

出了一个大胆的决定,只能以先发制人的战略去击败阿拉伯国家。

为了保证这一计谋的成功,他们在突然性和准确性上做很大准备,并且要求要最大限度地实现迅速摧毁埃及空军的目标。以色列还动用了其情报组织摩萨德,了解到埃及空军的以下特点:第一,埃及空军每天拂晓仅有 2 架米格机在空中巡逻。埃及人认为这段时间以色列突袭的可能性最大,过后 2~3 小时埃及空军基地的雷达就关上了。第二,埃及高级将领通常每天上午 9 点上班。根据这两点,以军将其空袭的时间选在 6 月 5 日以色列时间上午 7 时 45 分,这时埃及空军戒备最松,将领也都在上班的路上。以色列还认为,拂晓时尼罗河多雾,7 时 30 分雾可消失,以军在 7 时 45 分进攻时,正好阳光明亮,对于轰炸机场极为有利。5 月 25 日,以色列先发制人的作战方案被正式批准,进入了紧张的准备阶段。

1967 年 6 月 5 日上午 7 时,埃及时间上午 8 时,40 架以色列"幻影"和"神秘"飞机从以色列起飞,由地中海上空向西飞行。几分钟后,第二批 40 架飞机起飞。以色列先后出动近 200 架飞机。这些飞机中途改变航向向南飞行,于埃及时间上午 8 时 45 分抵达埃及机场上空。正如以色列人所预料的那样,埃及空军戒备此时最松。以色列经过 3 个多小时的轮番轰炸,使埃及 10 个机场被炸毁,损失近 95% 的作战飞机。中午 12 时 15 分,以色列空军对安曼机场进行了空袭,下午 3 时又对舒丽雅的阿弗拉克机场和大马士革机场进行狂轰。仅一天时间,以色列就完全夺取了制空权,为其第三次中东战争的胜利奠定了基础。

第2章

外部分析

学习目标

通过学习本章,你应能够做到:

1. 理解外部环境的重要性。
2. 掌握外部环境分析框架。
3. 掌握外部环境分析工具。

战略名言

一个成功的决策,等于90％的信息加上10％的直觉。

——美国企业家 S・M・沃尔森

If you understand everything, you must be misinformed.

——Japanese Proverb

开篇案例

比亚迪进入电动汽车领域

无论是巴菲特还是胡润,都非常看好比亚迪高调进入的电动汽车领域。"我投资比亚迪的原因很简单,就是它能把我前进的梦想重复充电 2 000 次。"巴菲特曾如此评价比亚迪。胡润的说法则更直接,"王传福的比亚迪新能源汽车,张茵家族的废纸循环再利用,都显示了中国在相关领域的成就。"

比亚迪 F3DM 自 2008 年 12 月 15 日上市以来,在过去的大半年时间里,仅向政府及企业团体销售了 100 辆左右;而今年前 7 个月,全球最成熟的新能源车丰田普锐斯在美国销量已逼近 7.5 万辆。F3DM 原定 9 月向普通消费者销售的计划,如今也已推至 10 月,这与其之前轰轰烈烈的造势相比,显得过于"雷声大雨点小"。尽管 F3DM 及纯电动车 E6 在今年 1 月亮相北美国际汽车展的主展厅,并吸引了巴菲特的到场助阵,但王传福随后即更改了其出口美国的计划:出口时间由 2010 年改为 2011 年,车型则由 F3DM 调整为 F6DM。

对于比亚迪这样急于在电动车领域博得一席之地的"抢跑者"而言,计划的变更,亦显示了其所遇到的巨大难题。比亚迪公司新闻发言人、比亚迪汽车销售公司副总经理王建均对《环球企业家》表示,中国之前几乎没有这方面的任何积累,所以,即使在一些最基础的配件方面,比亚迪也需要亲力亲为。比如,他们必须在深圳为自己生产的电动车建设充电桩。此外,F3DM 的价格也令人瞠目,尽管其 14.98 万元的价格仅相当于丰田普锐斯的一半,但却又高出同类传统燃油汽车约一倍。"F3DM 的理想售价大约为 10 万元。"清华大学汽车工程系车用动力研究所所长裴普成对《环球企业家》说。即使购买 F3DM 能享受新能源汽车整车的 5 万元政府补贴,消费者仍需支付比传统汽车高出 2 万至 3 万元的价格,凭什么?王传福也曾提出,只有政府出台电动车优惠政策,公司产量能够提高,电动车的价格才能下降;而量产规模,则为"5 万辆"。

(资料来源:节选自《巴菲特错误的赌注》,摘自《环球企业家》2009.10)

企业乃社会有机构成,并与外部环境动态交互。本案例说明,分析外部环境、适应外部环境是公司成功的关键因素。

2.1 外部分析性质与框架

领导层需要在动态外部环境中,做出满意的战略决策,引领组织长远、健康地发展。企业面临纷繁复杂的外部环境,难以控制,企业应对外部环境策略有:研究并适应(仔细研究环境,提出行动举措)、放弃并离开(放弃该环境下的市场)、努力并改变(企业加大影响,改变环境,但难度极大)。

开篇案例中,中国民营汽车企业"比亚迪",在电动汽车运营方面所处的外部环境——包括投资者巴菲特的认可,竞争对手丰田的压力,来自中美消费者的需求,是否成熟的技术,政府政策优惠与否,胡润等公众的评价。此外,金融危机的经济环境、爱环保"乐活族"的社会文化环境、与汽车零部件供应商的关系、销售汽车环节中间商的合作与冲突等因素,都会对战略决策与执行的质量产生影响。图2-1模型,指出了本章在战略管理过程中的位置。

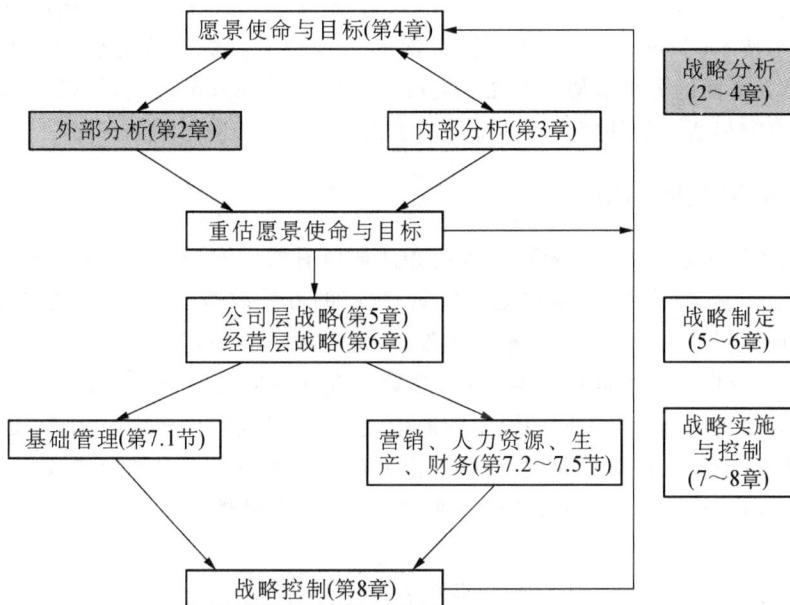

图2-1 综合战略管理模型

因此,在战略制定前,需对组织所处的外部环境进行考察和分析,了解各个外部因素对组织的影响及其轻重缓急,从而制定出与环境相适应的战略,方可助其抓住机遇(Opportunities)、规避风险(Threats)。对外部环境分析学习,框架非常重要,如图2-2所示,分析内容包括宏观环境、微观环境两大部分。

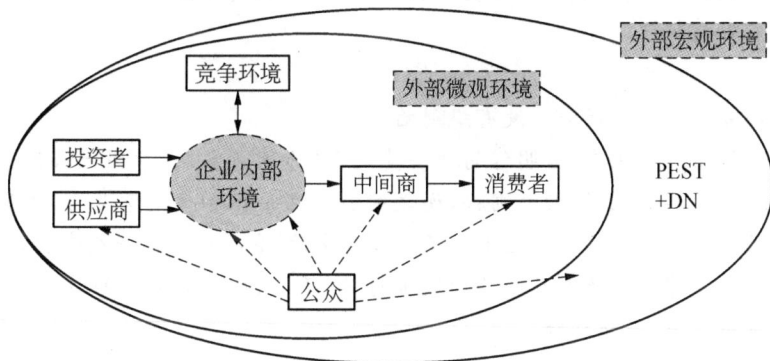

图2-2 企业外部分析框架

2.2 外部宏观环境

外部宏观环境,也称为一般环境,看似与组织的运营没有直接的关联,但实际上有着最为本质、最为实质的影响。如果把握住了"大方向",企业的发展如虎添翼;而如果判断错了"大方向",决策的错误也将是毁灭性的。因此,在战略制定之前,扫描外部宏观环境,深入考察关键因素,非常必要。

外部宏观环境,常用 PEST 的框架进行分析。PEST 分析是利用环境扫描分析总体环境中的政治法律(Politics & law)、经济(Economy)、社会文化(Society & culture)与技术(Technology)等四种因素的一种模型。综合实际情况考虑,加上 DN,是最为全面的分析框架。即加上人口统计学(Demography)、自然(Nature)环境之后,方可穷尽所有的外部宏观环境影响因素。

2.2.1 政治法律环境

研究政治因素时,将涵盖政治、政府和法律所有的因素,包括了一个国家的社会制度、政治体制、经济体制、执政党的性质、政府的方针政策法令、政府的管制、税法的改变、环境保护法、产业政策、投资政策、与重要大国关系,等等。国家的政策法律因素,具有"导向性",不同的社会性质、社会制度在不同的时期、不同的外部环境之下,国家对组织活动有着不同的限制和期望,会在法律政策中体现。比如,政府欲大力扶持房地产行业、汽车行业之时,给予相关企业及消费者优惠的税费政策;而政府欲控制房地产行业的价格或大排量车的销量之时,又撤销优惠的税费政策,甚至提高税收。

政策法律环境,小到对一个行业的影响,大到对整个国家商业形态的影响。2008 年,是中国改革开放 30 周年,财经作家吴晓波的《激荡三十年》一书里就显示了这一影响:

尽管任何一段历史都有它不可替代的独特性,可是,1978~2008 年的中国,却是最不可能重复的。在一个拥有 13 亿人口的大国里,僵化的计划经济体制日渐瓦解了,一群小人物把中国变成了一个巨大的试验场,它在众目睽睽之下,以不可逆转的姿态向商业社会转轨。

……

第一部分 1978~1983 没有规则的骚动

面对汹涌的就业压力,最明智的做法莫过于"开闸放水"。中国经济民营化的必然性,在 1979 年毕露无遗,顺之则存,逆之则亡。在法律和政策意义上,中国民营公司的合法性,是在 1979 年被确定下来了。在两年后,它将遇到第一个考验,而它要构成一个完整的法律保护还要断断续续地进行 20 年。但是,新的故事真的开始了,尽管开始得不情不愿,磕磕绊绊。

……

第二部分 1984~1992 被释放的精灵

1992 年的春天,给喜好"大历史阐述"的中国人留下了太深的印象,以至于在后来的很多记忆中,这一年整个儿都是春天。邓小平异乎寻常的南巡旋风,不但在政治上造成了空前的震动,同样在经济上形成了强烈的号召力。那些谙熟中国国情的人,都从中嗅出了巨大的商机,很显然,一个超速发展的机遇已经出现了。这时候,需要的就是行动、行动、再行动。

......

（资料来源：吴晓波《激荡三十年》）

2.2.2 经济环境

经济环境，反映了供需关系，它对于国家、企业、个人的资源分配起着决定性的作用，主要包括宏观和微观两个方面的内容。宏观经济环境层面，反映了一个国家劳动力、货币等的供需关系及资源配置的手段；微观经济环境层面，反映了企业层面和消费者个人的资源配置。

它体现在 GDP 及其增长率、贷款的可得性、可支配收入水平、居民消费（储蓄）倾向、利率、通货膨胀率、规模经济、政府预算赤字、消费模式、失业趋势、劳动生产率水平、汇率、证券市场状况、外国经济状况、进出口因素、不同地区和消费群体间的收入差别、价格波动、货币与财政政策等经济指标之中。

除了国家宏观经济数据之外，经济环境也体现在一个国家参与投资的热情以及对于国外投资的吸引力。比如，联合国贸易和发展会议（Unctad）的数据显示，2008年流入新兴市场和发展中国家的外国直接投资（FDI）总额为 7 300 亿美元，约占全球 FDI 总额的 43％。哥伦比亚大学（Columbia University）的 Vale Institute 表示，如果 2009 年一季度的趋势延续下去，流向新兴市场和发展中国家（有时被称之为"南部地区"）的 FDI 就有望超过流入"北部地区"成熟市场的直接投资。这种趋势反映出许多新兴市场和低收入国家强劲的基本面和良好的政策——这些政策帮助这些经济体度过了危机，并迅速复苏。

同时，外部经济环境的变化，对于某些行业，尤其是价格不菲的特殊品，有着直接的影响。据《金融时报》报道，全球两个增长最快的新兴市场——印度和中国——2009 年 11 月的乘用车销售情况进一步表明，汽车业的发展势头正在转向亚洲。中国 11 月份的汽车销售量同比增长近一倍。在经济回升和汽车金融市场复苏的支撑下，印度 11 月份的汽车销售量增长 61％。

2.2.3 社会文化环境

社会文化环境包括某地区或者某个群体的宗教信仰、风俗习惯、审美观点、价值观念等，指引着人们对于是非对错、善恶美丑的判断和态度。比如，对政府的信任度、对政府的态度、对时间的态度、对工作的态度、对性的态度、对种族平等的态度、对退休的态度、对质量的态度、对娱乐休闲的态度、对服务的态度、对外国人或产品的态度，等等。

每当出现一些事件，让一些人认为合适、另一些人认为不合适时，我们习惯上就称为"文化差异"。当差异出现，有时我们一笑了之，比如不同文化中对于时间的态度、对于衣着款式和颜色的态度；而有时，由于对社会文化环境缺乏了解，会触犯一些禁忌，比如涉及国家、民族尊严，从而引起对该企业该产品的敌意的严重后果。

比如，2005 年在西安各麦当劳店，出现了一则中国人下跪麦当劳的广告。与此同时，西安的公交车上则播放了一则中国人在音像店门口跪求老板延长价格优惠期限的广告，并配上"画外音"——"幸好麦当劳了解我错失良机的心痛，给我 365 天的优惠……"。

这两则广告播出后，不仅麦当劳国内市场部有关人员极力解释这是一场"误会"，认为"下跪的细节是为了让广告显得轻松和幽默，绝对没有诋毁消费者的意思"；也有人将其定义为"中西文化差异"，希望大家宽容对待。因为，中国的文化重视共性，强调整体，非常重视家庭与亲情；而西方文化则重视个性，反映了他们以自我为中心的文化，强调个体的独立和主体作用，个性张扬。

虽然从广告效果而言，张扬个性的风格更能张扬品牌个性、让人过目不忘，但这必须建立在对于尊重广告受众的社会文化背景的基础之上。不然，广告效果适得其反，品牌形象功亏一篑。

2.2.4 技术环境

技术环境除了要考察行业相关技术的发展、变化，如该领域技术发展动态和研究开发费用总额、技术转移和技术商品化速度之外，还应及时了解技术相应的政策背景，如对科技开发的投资和支持重点、专利申请及其保护情况等等。这样的技术环境，对于处于产品生命周期导入期的产品尤为重要，因为这一阶段，企业负担着高昂的研发费用。

如下节选的案例之中，环境中行业的技术、企业的技术发展，与企业产品相关的核心技术、有关专利的申请和保护的情况以及政府的相关政策，都对企业战略的制定与执行起着重要的影响。

比亚迪的王传福理想的策略是，利用电动轿车的低门槛进入市场。在他看来，电动轿车只采用基本的马达和变速箱，零部件相对较少。从制造的角度看，省去了汽油机系统，跨越了机械传动的难题，让无级变速、四轮驱动这些中国汽车业至今仍无法掌握的复杂技术可以很容易地实现，只有一点——必须把电池做得更好。

这似乎不难。王认为自己有两大优势：第一，比亚迪是"电池大王"，还是唯一一家横跨电池、汽车两大领域的制造商；第二，他们有低成本制造的经验。由此，这位新能源汽车领域的"堂·吉诃德"偏执地认为，借助这种电池的产业衍生优势，他能够改变全球汽车产业格局。

但问题在于，比亚迪能够将其手机电池制造的低成本能力平移到汽车动力电池上吗？"两者对生产工艺和质量的要求简直是天壤之别。"天津力神副总经理许刚对《环球企业家》说，比较而言，后者更接近于传统笔记本电池，只不过笔记本电池通常只有六个组成串联电池组，而汽车电池则复杂得多。

由于同一类型、规格、型号的汽车电池在电压、内阻、容量方面存在差别，性能表现很难一致，其性能指标往往达不到单个电池原有的寿命和性能。磷酸铁锂电池也充分体现了这些难题，在其制造过程中，电池极板厚度、活性物质活化程度等细小差别都会影响电池性能；电池通常需要在长期震动高温强电流的环境下作业，在车厢内每个电池的温度、通风条件、自放电程度、电解液的密度会有差别，也会极大增加电池电压、内阻和容量的不一致性。如果不能对电池单体进行及时维护，电池组的寿命将缩短为单体电池的几分之一甚至几十分之一。实际上，F3DM电池模块就由100块电池串联而成，这就像100个水管联在一起，假如有一个水管堵住了，另外99个可能也无法工作。许刚甚至认为，一致性的要求将完全摧毁比亚迪之前通过分解自动化设备，利用"人海战术"所建立的竞争优势。

让王传福头痛的，还有无可回避的专利问题。电池行业的职业选手们已为比亚迪日后的扩张构造了一道无形的铜墙铁壁。这些强有力的竞争者包括：拥有原料专利及Carbon Coating制程专利的加拿大企业Phostech Lithium公司（德国南方化学下属子公司）；美国A123公司则是Small Particle Size制程专利的最佳代表；取得了部分Carbon Coating制程专利的美国Valence公司。其中以Phostech最为活跃，他们早已对中国市场明察秋毫。

（资料来源：节选自《巴菲特错误的赌注》，摘自《环球企业家》2009.10）

2.2.5 人口统计学环境

人口统计学，也被称为人文因素，是对于与人口相关特征的统计，包括妇女生育率、人口结构比例、性别比例、结婚数、离婚率、人口出生死亡率、人口预期寿命，等等。不同年龄、不同性别、不同婚姻状况的人群，往往有不同的消费需求、不同的心理特征，因此对人口统计学环境的分析，可以识别出一些消费需求，从而捕捉行业的机会；同时，这样的分析可以更好地了解消费者的心理特征，从而更准确地与消费者沟通。

人口统计学的分析能够帮助识别行业的机会。例如2009年，婚庆作为一个新兴行业，在全国已到了火爆的程度。北京、上海、广州、深圳，婚庆公司如雨后春笋般涌现。尤其是上海婚庆协会的成立，正式标志婚庆行业正朝专业化、正规化的方向发展。婚庆产业正逐渐成长为一个新的朝阳产业，婚庆消费市场的婚纱礼服、婚纱摄影、婚礼服务、婚宴、珠宝首饰等行业的发展日趋成熟，并与新婚消费的其他行业如家电、家具、床上用品、室内装修、房地产、汽车、银行保险等40多个关联行业，逐步形成令人瞩目的婚庆产业链，充满了巨大潜在商机。同样，婚龄高峰之后育龄高峰、早教高峰、幼儿入学高峰等等，接踵而来，商机不断，都可以通过人口统计学分析预测到。

人口统计学的分析能够帮助制定出正确的整合营销传播的策略。例如2009年10月《巴伦周刊》封面文章的观点是，美国作为一个以消费带动经济增长的国家，不应忽视婴儿潮一代的消费情形。已有的各种专业研究结果表明，这批人数众多的庞大市场是值得企业认真对待的。如今年龄在45～63岁的婴儿潮一代已处于权力顶峰期。他们之中有人已入主白宫，而另一些也进入美国大企业、军队、法院、媒体以及社会各方面的顶层。但对崇尚年轻消费群体的广告业而言，这一代人被快速遗忘。广告和市场营销商现在越来越忽视这7700万人的存在，取而代之的是18～49岁的一代。他们被认为是更具强烈消费愿望的人群。然而，现实总是在变的，任何忽略此点的企业在未来十多年里会处于危险境地。年龄在50以上的美国人口比重在快速增加。当全部婴儿潮人群2015年达50岁以上时，50～75岁年龄段的人口占成人消费市场的比重将从当前的36.8%升至40%。然而，广告和市场营销商似乎仍将90%的精力放在18～49年龄段上，放在50岁以上消费者的精力只有10%。有在线营销商和研究机构认为,凡是步入 50 岁后的消费者就等于死亡。然而,有学者认为这种看法实属荒唐。他们认为,消费欲望强的年轻群体需得到关注,但企业从自身利益考虑应将这种不平衡的比重至少降至接近 60%～40%。

2.2.6 自然环境

自然环境,包括一个地区的气温、气候、地理等自然环境。对于自然环境考察的必要性体现在:不同自然环境下的消费者,对于产品会有不同的要求;产品在不同的温度、气压、湿度下,性能会发生变化;全球的气候环境,也会对各个行业的发展提出新的要求与限制。

2009 年 12 月 7 日起,192 个国家的环境部长和其他官员们在哥本哈根召开联合国气候会议,商讨《京都议定书》一期承诺到期后的后续方案,就未来应对气候变化的全球行动签署新的协议。这是继《京都议定书》后又一具有划时代意义的全球气候协议书,毫无疑问,对地球今后的气候变化走向产生决定性的影响。这是一次被喻为"拯救人类的最后一次机会"的会议。

期间,全球多数大型邮政公司同意,在 2020 年之前,将其温室气体排放量削减20%。这项协议由行业协会国际邮政公司(IPC)牵头促成,是首批在行业主要成员之间达成的减排协议之一。迄今已有 20 家邮政运营商加入该协议,同意在 2008 年的基础上减排五分之一。这些运营商占全球邮件业务量的 80%。这项承诺在哥本哈根气候大会上宣布。各国政府正努力在此次会议上达成新的全球框架,以控制温室气体排放。

国际邮政公司董事长、法国邮政(Groupe La Poste)首席执行官让-保罗·巴伊(Jean-Paul Bailly)表示,邮政运营商是服务业中第一个宣布此类全行业减排目标的。"这是一个重要时刻,不但对我们邮政行业如此,对整个企业界也是如此",他说。航空业最近宣布了到 2050 年排放量减半的目标,船运公司也在考虑类似的方案。巴伊说:"我们证明了各个机构通力合作所能取得的成果。遏制二氧化碳排放量事关整个行业,全行业共同协商解决方案是有意义的。"一些人认为,以行业为基础制定减排协议,将行业内大部分主要成员都纳入其中,是一种有吸引力的做法,因为它在企业之间设置了一个公平竞争的环境。联合国气候变化事务负责人、哥本哈根会议召集人伊沃·德布尔(Yvo de Boer)表示,邮政行业的协议是"一个榜样,展现了各个层面应对气候变化所必需的远见和领导力"。

哥本哈根会议讨论推广此类行业协议的途径,但会谈可能不会达成多少切实的决议。相反,与会代表可能会认为,这一思路应进一步研究,并将在 2010 年各国政府采取行动,将哥本哈根达成的协议变成完全具有法律约束力的条约时,再继续讨论其前景。被认为有可能达成全行业减排协议的行业包括铝、钢铁、煤炭和汽车制造业。

2.3 外部微观环境

外部微观环境,也称为任务环境,与企业的运营环境直接相关。外部微观环境包括:供应链的上游(投资者、原材料供应者);供应链的下游(中间商、消费者);企业的竞争对手(来自各个层次);公众(如潜在消费者、口碑的传递者)。如图 2－2 内圈的图示。企业通过整条供应链,将产品和相关服务的整体价值传递给目标市场的消费者们,所以外部微观环境中供应链上的要素,对于企业的产品质量、成本控制起着决定性的作用;此外,外部微观环境中,行业内竞争者的行为、公众的口碑与消费的预期,同样影响着企业战略的决策与执行。

2.3.1　投资者

投资者为企业的运营和发展提供资金的支持:谁出资,谁决策,谁收益,谁承担风险。因此,企业主要的投资者是企业战略决策的参与者。因此,了解投资者的情况,从而选择合适的外部投资者、处理好与投资者之间合作的关系,至关重要。

比如,在与投资者的合作方式上,即便对于巴菲特抛来的绣球,比亚迪公司王传福也曾讨价还价过:巴菲特最初打算买下比亚迪公司 25％ 的股份,但王拒绝了。他虽然希望与巴菲特开展业务上的合作,借此提高自己品牌的声誉并打开进军美国的大门,但又不愿让比亚迪股份的出让比例超过 10％。

而每当外界商机或者危机呈现,企业间收购与兼并的行为,会导致作为企业决策主体的股东发生变化。

全球两个增长最快的新兴市场——印度和中国——11 月份的乘用车销售情况进一步表明,汽车业的发展势头正在转向亚洲。中国 11 月份的汽车销售量同比增长近一倍。在经济回升和汽车金融市场复苏的支撑下,印度 11 月份的汽车销售量增长61％。这两个市场的强劲增长数据公布前,在亚洲刚刚达成了一笔具有里程碑意义的交易。通用汽车(GM)本周宣布,将把其在中国蓬勃发展的乘用车合资公司的多数控股权让与上海汽车(SAIC)。国有的上海汽车是通用汽车在这家公司中的中方合资伙伴。这两家总部分别位于上海与底特律的集团,将共同出资 6.5 亿美元组建一家新的合资公司,在印度生产低成本汽车。上述交易正是这项举措的一部分。这一股权变动可能标志着,美中两国汽车制造商之间的实力平衡出现了具有象征意义的重要转变。

(资料来源:节选自《中国印度 11 月汽车销售量强劲增长》,摘自英国《金融时报》2009.12)

2.3.2　供应商

供应商作为生产原材料、半成品的供应者,对于企业的产品质量、运营成本、相关技术,有着重要而又直接的影响。因此,在外部微观环境中,企业也应关注如何选择供应商、选择怎样的供应商、供应商的情况以及如何与供应商合作等问题。

比如,比亚迪电动车业务的电池,在或者自主研发或者选择供应商的抉择中,首先遇见了专利的壁垒——电池行业的职业选手们已经为比亚迪构造了一道无形的铜墙铁壁(详见 2.4 之技术环境),同时掌握相关技术的制造商都不愿意卖设备给比亚迪;其次遇见了国内电路板供应商质量不过关、依赖进口又成本太高的难题:

"即使是电路板这种用麻袋装的基本部件,国内器件除非一件件测试才能保证良品率,但用麻袋装的东西你无法测试,要保证一致性,就不得不用进口的。"精进电动科技(北京)有限公司首席执行官余平对《环球企业家》说,余是863计划"车用驱动电机系统产业化集成技术研究"项目专家之一。而如果想达到电动汽车量产的标准,其故障率必须降低到百万分之几十以下,而电机制造成本需要降低至现有产品的三分之一到五分之一。

在余平看来,抛去可靠性不谈,高度依赖进口会导致两个致命问题,首先是无法控制成本,其次是不理解核心元器件的基础设计,没有能力去改动设计,也不可能根据实际使用需要将控制器持续优化。放眼全球,即使在控制系统独占鳌头的日本公司也都采用了亲力亲为的方式,例如丰田、日立等公司,"日系优势明显,欧美也做不到这一点,我们更不行。"

(资料来源:节选自《巴菲特错误的赌注》,摘自《环球企业家》2009.10)

2.3.3　中间商

企业的中间商,作为企业的销售渠道,承担着信息沟通、产品促销、售后服务、融资等功能。同时中间商的行为,也对企业形象的建立、销售量的提升和市场份额的拓展,起着非常重要的作用。可以说,优秀的中间商,可以使企业的发展、销售额的增长、品牌形象的建立,事半功倍;而反之亦然。

著名的全球奢侈品集团Gucci的某任全球CEO,曾开展一趟全球范围内的"终止者"之旅,关掉了非常多的Gucci专卖店。这些被关掉的专卖店,有些销量还不错,被关掉的原因是"它们不能很好地传递出Gucci的品牌形象"。而值得深思的是,专卖店少了之后,Gucci的销量不将反升,这一渠道策略成为公司整体扭亏为盈的源动力之一。

可见,作为传送商品和产品价值的渠道,中间商起着重要的作用,甚至亦为产品价值的重要组成要素。消费者通过比较从产品中得到的利益和为之付出的成本,衡量产品的价值,从而做出购买决策。其中,中间商可以通过提供良好的购物环境、放心的售后服务等,提高消费者从产品中获得的利益;同时,中间商可以通过密集型分销的策略、送货上门的服务,降低消费者购买产品的时间成本、体力成本。

2.3.4　消费者

消费者是具有某种欲望、需求的群体,企业通过满足特定群体,即目标消费者的需求而获取利润。企业战略制定的任务之一,便是识别、预测消费者的需求,并整合内部的资源,满足其需求,从而把握市场机会。因此,通过科学的市场调研,了解消费者的需求,对于企业战略的制定有着最为本质的意义。

比如在对婚庆行业的调研中发现,整个行业都在为满足当代青年多元化、时尚化、个性化、追求浪漫服务的需求而努力,婚庆产业大的产业链正在逐步形成。在新婚消费方面,88.4%的新人需要拍摄婚纱照;49.14%的新人计划请婚庆公司为他们举办婚礼;78.74%的新人准备到酒楼举办婚宴;36.83%的新人要为新娘购买婚纱;67.66%的新人安排蜜月旅游。这样的调研数据,对于企业产品战略的制定、资源的分配,具有指导性的作用。

再比如,外部政策引导下发展起来的民营出版业,把准了消费者市场的脉搏,获得了长足的发展:

图书的需求其实是无限大的,因为世间万物,衣食住行,所有的东西都可以变成图书,而所有的人,都有潜在的阅读需求。举个例子,一本《明朝那些事儿》,让多少从来不看历史书的人成了历史书的读者啊;一本《货币战争》,让多少以前从来不看财经书的读者成了财经书的拥趸啊;一本《求医不如求己》,让多少以前不看书的人,从此见了中医健康养生书就买啊;一个郭敬明,让多少本来是不会看书的青少年,从此一本一本地买书看啊。这个行业的需求,完全是被激发出来的。出版商研发的能力越强,需求就越大。在畅销书,尤其是大众传播度最广的畅销书领域(少儿类图书除外),民营图书和带有民营色彩的出版商起码占据了90%的市场份额。

(资料来源:节选自《中国民营出版,春天还是噩梦?》,摘自英国《金融时报》2009.12.11)

2.3.5 竞争对手

竞争对手与企业提供类似、相近或者具有可替代性的产品。主要分成四个层次:第一,品牌层次的竞争对手,是最为直接的竞争对手,其提供的产品与本企业非常相似、价位也非常相似,唯一的区别就是品牌,比如可口可乐和百事可乐;第二,行业层次的竞争对手,其与本企业同处一个行业,提供同类产品,但不同特性、不同价位,面对此行业内不同的细分市场,比如宝马的325型汽车与奇瑞的QQ车;第三,形式层次的竞争对手,其与本企业不属于同一行业,但是产品的功能具有可替代性,比如奇瑞的QQ车与自行车或出租车行业之间的竞争关系;第四,一般层次的竞争对手,同样与本企业不处于同一行业,其产品也可能毫无关联,只是目标消费者的另一种消费选择,比如消费者有5万元的闲钱,可以买辆QQ,也可以去投资股票基金,所以某种程度上,证券公司是汽车企业的竞争对手。

在外部微观环境中,消费者和竞争对手的因素,对于企业战略的市场表现起着最为直接的影响。因此,企业要仔细考察各个层次的竞争对手,思考:消费者为什么要买这个产品?为什么要买这个价位?为什么要买这个品牌?从而对本企业的竞争优势有更为全面的认识。

比如2009年底,贺岁片扎堆:《2012》、《三枪拍案惊奇》、《十月围城》、《刺陵》、《熊猫大侠》等等,从电影制片、导演,到各条电影院线,无不琢磨着如何建立、保持自己在竞争对手面前的优势。其竞争对手包括与自己题材类似,唯导演、主角不同的品牌层次的竞争对手;与自己不同题材的行业竞争对手;观众们可以买张片子在家观看、网络下载观看,DVD和视频网站属于形式上可以替代的形式层次的竞争对手;以及观众可以用卖电影票的钱,去聚餐、去K歌、去买衣服等等,这些产品或服务的提供者,便是一般层次的竞争对手。

2.3.6 公众

企业的公众环境,包含与企业相关的各个群体,是企业运营的软环境。公众环境,除了外部微观环境中的各因素外,还包括潜在消费者——他们对企业的产品感兴趣、有购买的欲望与经济实力,在不久的将来就会成为企业的顾客;知晓公众——他们知道企业的存在,可能并不打算成为其顾客,但是他们会讨论该企业该产品,是重要的口碑传递者。许多被热议的危机公关事件,如东航的返航门、王石的捐款门等等,参与讨论的公众未必是它们的顾客或潜在顾客,但作为企业的知晓公众,他们会口口相传企业的口碑。

此外,企业的相关公众还包括企业所在的社区、银行、媒体、政府、行业等等。比如企业所在的社区街道,可能看似与企业运作没有多大关联,很少往来,但如果主动和社区街道做一些互动,就可以在产品推广、获得潜在客户名单方面得到重要的支持;同样,一些口碑好的、社会形象好的企业,比较容易得到各方面的支持,企业发展方可顺风顺水。可以通过运用公共关系这一门学科的理念,处理好和外部公众的关系,同时也可以运用新闻报道、赞助、制造公众事件等公关手段,吸引公众的注意,培养企业和其产品的美誉度。

2.4 外部环境分析工具

2.4.1 外部因素评价(EFE)矩阵

EFE矩阵可帮助战略制定者,归纳、评价"政治法律、经济、社会文化、技术、人口统计学与自然"等宏观环境,以及"投资者、供应商、中间商、消费者、竞争对手与公众"等微观环境之影响因素。

建立EFE矩阵的五个步骤如下:

(1)列出在外部分析过程中所确认的外部因素10个到20个之间,包括影响企业和其所在产业的机会和威胁。

(2)依据重要程度,赋予每个因素以权重(0.0~1.0),权重标志着该因素对于企业取得成功影响的相对重要程度,0.0为不重要,1.0为非常重要。

(3)按照企业现行战略对各个关键因素的有效反应程度为各个关键因素打分,范围0~4分,"4"代表反应很好,"3"代表反映超过平均水平,"2"代表反映为平均水平,"1"代表反应很差。

(4)每个因素的权重乘以它的评分,即得到每个因素的加权分数。

(5)将所有的因素的加权分数相加,以得到企业的总加权分数。

一个企业所能得到的总加权分数,最高为4.0分,最低为1.0,平均加权分数为2.5分。总加权分数为4.0说明企业在整个产业中对现有机会与威胁作出了最为出色的反应。或者说,企业的战略有效地利用了现有机会,并将外部威胁的潜在不利影响降至最小。而总加权分数为1.0则说明公司的战略不能利用外部机会或回避外部威胁。

下表中是一个UST公司EFE矩阵的例子,总加权分数2.10,说明UST在利用外部机会和回避外部威胁方面低于平均水平。

表 2 - 1　UST 公司外部因素评价矩阵 EFE

	机　会	权重	评分	加权分数
1.	全球无烟烟草市场实际上还没有被开发	0.15	1	0.15
2.	禁烟活动导致的需求增加	0.05	3	0.15
3.	惊人的网上广告的增加	0.05	1	0.05
4.	我们是折扣烟草市场的领先公司	0.15	4	0.60
5.	更大的社会禁烟压力使吸烟者转向替代品	0.10	3	0.30
	威　胁	权重	评分	加权分数
1.	不利于烟草工业的立法	0.10	2	0.20
2.	对烟草业的限产加剧了生产竞争	0.05	3	0.15
3.	无烟烟草市场集中在美国东南部地区	0.05	2	0.10
4.	粮食和药物管理局进行的不利公司的媒体宣传	0.10	2	0.20
5.	克林顿政府的政策	0.20	1	0.20
	总　计	1.00		2.10

2.4.2　波特五力模型

"波特五力模型"的概念最早出现在波特于 1979 年发表在《哈佛商业评论》中题为《竞争力如何塑造战略》(How Competitive Forces Shape Strategy)的论文中。该论文的发表,历史性地改变了企业、组织乃至国家对战略的认识,被评为《哈佛商业评论》创刊以来最具影响力的十篇论文之一。在他 1980 年出版的《竞争战略》一书中,波特通过对行业和竞争对手的分析方法工具,发展和完善了这个模型。

行业中存在着决定竞争的规模和程度的五种力量,这五种力量综合起来影响着产业的吸引力,决定了某产业中的企业获取超出资本成本的平均投资收益率的能力。它是用来分析企业所在外部微观环境的一种有效的工具。在该模型中涉及的五种力量包括:新的竞争对手入侵,替代品的威胁,买方议价能力,卖方议价能力以及行业内的竞争者,如图 2 - 3 所示。

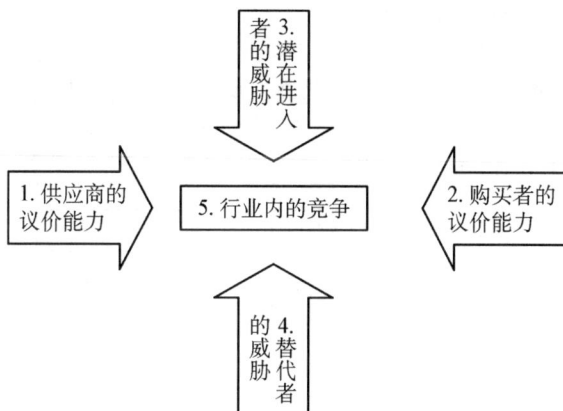

图 2 - 3　波特五力模型

第一,供应商的议价能力。

供应商主要通过其提高投入生产要素的价格、降低产品的质量、减少产品的性能等方式,来影响行业中现有企业的盈利能力与产品竞争力。简单地说,行业内的企业,希望从供应商那里采购来的原材料"物美价廉",而供应商希望把"物廉价美"的原材料供应给行业内的企业。"物美价廉"和"物廉价美"之间的讨价还价,构成了来自供应商的压力。一般来说,下列情况中的供应商,会对行业内的企业有较强的讨价还价力量:

(1)供应商的买主很多,以致于每一单个买主都不可能成为供方的重要客户,比如水、电、电信等一些具有垄断性质的供应商。

(2)供应商具有一定特色甚至不可替代性,以致于买主难以转换或转换成本太高,比如电动汽车电池的供应商。

(3)供应商能够方便地实行前向联合或一体化,而买主难以进行后向联合或一体化,比如现在许多厂商可以通过 B2B、B2C 的电子商务模式、电视直销、目录直销、建立自营的渠道,这对作为买方的经销商而言,形成了讨价还价的压力。

第二,购买者的议价能力。

来自购买者议价的竞争压力,主要通过购买者的侃价以及要求提供较高品质的产品或服务的行为,来对行业中现有企业施加压力,从而影响其盈利能力。同样,行业内的企业总是期望提供"物廉价美"的产品,增加自己的收益,而买方总是期望采购到"物美价廉"的产品。"物廉价美"和"物美价廉"之间的讨价还价,构成了来自买方的压力。一般来说,下列情况中的购买者,可能具有较强的讨价还价力量,对行业内的企业形成较大的压力:

(1)购买者的总数较少,而每个购买者的购买量较大,占了该行业内企业销售量的很大比例,比如汽车零配件行业,其买方总数少、但采购量大,议价能力强。

(2)该行业由大量相对来说规模较小的组织所组成,比如产能过剩的中国服装制造行业,在 OEM 的谈判中,鲜有优势。

(3)购买者有能力实现后向一体化,而卖主不可能前向一体化。比如"渠道为王"现象的存在,家乐福、沃尔玛、国美永乐等渠道巨头,相当程度地挤压了许多供应商所在行业的利润空间。

第三,来自潜在进入者的威胁。

行业的潜在进入者,是指有能力进入本行业、有欲望进入本行业的企业。潜在进入者的威胁,往往由进入壁垒、退出壁垒的高低决定。可以用以下的矩阵进行分析:

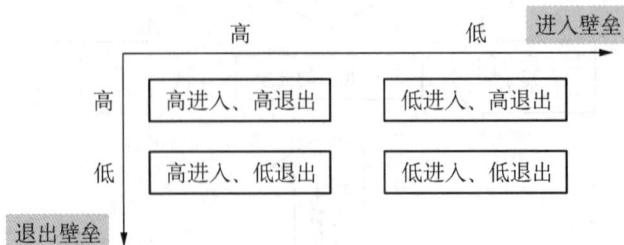

图 2-4 行业进入与退出壁垒

行业的进入壁垒,指潜在进入者入侵该行业的阻碍,包括规模经济、品牌形象、资本需要、销售渠道开拓、政府行为与政策、自然资源、技术壁垒、地理环境等方面。比如饮料行业中,巨头们以高昂的广告费用,建立起的品牌认知度,让潜在进入者望而却步;电信行业、航空业,政府政策形成了该行业较高的进入壁垒;而餐饮业或者在淘宝上开网店,进入壁垒很低,所以行业的利润率也不高。行业的退出壁垒,指前在进入者退出该行业的阻碍,包括法律合同的期限、高昂的固定资产投资、员工的遣散费等等。

第四,来自购买者的议价能力。

替代品,是指形式上、功能上或者利益上可以替代的其他行业的产品,会对本行业的盈利能力构成威胁。竞争对手(2.3.5节)要素的四层分析中,来自形式层次的竞争、来自一般层次的竞争,便属于来自替代品的威胁。在此不再赘述。

第五,来自行业内竞争者的威胁。

行业内的竞争者,即狭义的竞争者,指行业内的企业提供同一类型的产品,目标市场的选择与定位上略有不同,是影响最为直接的竞争威胁。竞争对手(2.3.5节)要素的四层分析中,来自品牌层次的竞争、来自行业层次的竞争,便属于来自行业内竞争者的威胁。在此不再赘述。

2.4.3　行业分析之 SCP 框架

SCP 理论是哈佛大学学者创立的行业组织分析理论,可用来研究行业整体状况。作为正统的行业组织理论,哈佛学派以新古典学派的价格理论为基础,以实证研究为手段,按结构、行为、绩效对行业进行分析,创建了系统化的市场结构(Structure),市场行为(Conduct),市场绩效(Performance)的分析框架(简称 SCP 分析框架)。

第一,市场结构,为对市场内竞争程度及价格形成等,产生战略性影响的市场组织的特征。决定市场结构的因素包括:市场集中程度——一个从某个特定行业或市场中卖方或买方的企业数目以及企业相对的市场规模的分布角度,来把握市场竞争状态的概念;产品差别化——同一行业内,不同企业或以不同品牌生产的同类产品,由于在质量、款式、性能、销售服务等方面存在着差异,从而导致产品间替代的不完全性的状况;进入壁垒——在特定行业中各种阻止新企业进入的不利因素或障碍。

第二,市场行为,是指企业在充分考虑市场的供求条件和其他企业的关系的基础上,所采取的各种决策行为。包括企业确定价格、产品、广告、研发、竞争的策略。

第三,市场绩效,是指一定的市场结构和市场行为条件下,市场运行的最终经济效果。主要从行业的资源配置效率和利润水平、与规模经济和过剩生产能力相关的生产相对效率、销售费用的规模、技术进步状况与 X 非效率、价格的伸缩性以及产品的品质和特性等方面,直接或间接地对市场绩效优劣进行评价。

该理论对于研究行业内部市场结构、主体市场行为及整个行业的市场绩效,有现实的指导意义,是行业经济学中分析行业组织的正统理论。在 SCP 框架中着重突出市场结构的作用,认为市场结构是决定市场行为和市场绩效的因素。分析程序是,市场结构决定企业在市场中的行为,企业市场行为又决定经营绩效。因此,改善市场绩效的方式就是通过行业政策调整市场结构。如图2-5所示。

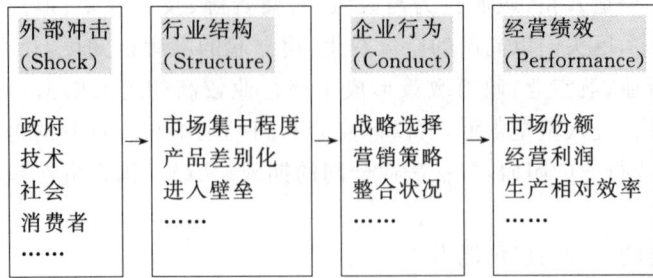

外部冲击 (Shock)	行业结构 (Structure)	企业行为 (Conduct)	经营绩效 (Performance)
政府 技术 社会 消费者 ……	市场集中程度 产品差别化 进入壁垒 ……	战略选择 营销策略 整合状况 ……	市场份额 经营利润 生产相对效率 ……

图2-5 SCP分析步骤

2.5 本章小结

外部分析即外部环境分析,包括宏观环境分析、微观环境分析两大部分。外部分析之于战略管理,意义非凡,企业决策者需时刻保持关注度与敏锐性,所谓"春江水暖鸭先知"。学习外部环境分析,框架非常重要,运用于不同类型企业,分析重点各异。如图2-2所示,通过"PEST+DN",可熟悉宏观环境研究之法;通过绘制企业供应链,加上竞争对手与公众,可学会微观环境分析之道。其中,五力模型可用来分析行业整体利润率来源、比较行业五种力量之强弱;SCP框架,对于研究行业内部市场结构,主体市场行为及整个行业市场绩效,指导意义明显。

工具箱

1. EFE矩阵
2. 波特五力模型
3. SCP框架

讨论题

1. 比亚迪的电动汽车面临怎样的外部环境?
2. 运用波特五力模型,分析比亚迪电动汽车的竞争压力。
3. 小组讨论:比亚迪电动汽车外部因素EFE。

本章参考文献

[1] J. David Hunger, Thomas L. Wheelen,. Essentials of Strategic Management[M]. 北京:中国人民大学出版社,2004.

[2] 苏东水. 产业经济学[M]. 北京:高等教育出版社,2005.

[3] (美)戴维. 战略管理(第十版)[M]. 李克宁,译,北京:经济科学出版社,2006.

[4] Michael A. Hitt, R. Duane Ireland, Robert E. Hoskisson. Strategic Management:Competitiveness and Globalization [M]. 北京:机械工业出版社,2005.

［5］ Arthur A. Thompson. Jr. , A. J. Strickland III. Strategic Management：Concepts and Cases ［M］. 北京：机械工业出版社,2005.

［6］ 郭化若. http：//www. confucianism. com. cn/html/lishi/8815045. html.

［7］ http：//oxford. icxo. com/htmlnews/2005/01/24/558951. htm.

［8］ http：//bbs. ecjtu. net/thread－315291－1－1. html.

第3章

内部分析

学习目标

通过学习本章,你应能够做到:

1. 叙述如何进行内部战略管理分析。

2. 指出如下各业务领域的基本功能与活动:基础管理与营销、人力资源、生产运营、财务等。

3. 解释如何确定企业的内部优势与弱点。

4. 描述4个用于确定资源和能力是否是核心竞争力的标准。

5. 指出财务比率分析的重要性。

6. 建立内部因素评价矩阵。

7. 解释怎样运用价值链来识别和评价资源和能力。

战略名言

有什么样的战略,就应有什么样的组织结构。然而这一真理往往被人们忽视。有太多的企业试图以旧的组织结构实施新的战略。

—— 戴尔·麦康基

战略不是能够在会议桌旁随随便便拼凑起来的东西。

—— 特里·哈勒

到目前为止,取得这样的成果,我总结了一条经验:就是预先要把事情想清楚,把战略目的、步骤,尤其是出了问题如何应对,一步步一层层都想清楚;要有系统地想,这不是一个人或者董事长来想,而是由一个组织来考虑。当然,尽管不可能都想得和实际中完全一样,那么意外发生时要很快知道问题所在,情况就很好处理了。

—— 柳传志

在任何场合,企业的资源都不足以利用它所面对的所有机会或回避它所受到的所有威胁。因此,战略基本上就是一个资源配置的问题。成功的战略必须将主要的资源用于利用最有决定性的机会。

—— 威廉·科恩

开篇案例

沃尔玛的核心竞争力

沃尔玛从建店伊始经过四十余年的发展,已经成为美国最大的私人雇主和世界上最大的连锁零售商。2002～2005年在《财富》全球500强中连续4年位居榜首。沃尔玛在长期的经营过程中,形成了自己独特的经营之道,并逐渐形成了自己的核心竞争力。其核心竞争力及其培育之道,可以归纳为以下几个方面:

一、天天平价——低成本核心竞争力的培育

零售业的关键是顾客满意度。"天天平价"作为沃尔玛长期奉行的经营宗旨,也正是沃尔玛着眼于顾客的举措。这里的平价不是定期或不定期的减价促销活动,而是长期稳定的保持商品低加价率。要保证低价格竞争战略的实施,关键是低成本核心竞争能力的培育,其前提就是要从各个环节降低成本:

1. 控制进货成本

进货成本是零售企业成本控制的关键。在进货方面,沃尔玛采取了以下降低成本的做法:一是采取中央采购制,尽量实行统一进货。尤其是对在全球范围内销售的高知名度商品,如可口可乐、柯达胶卷等,沃尔玛一般是将一年销售的商品一次性签订采购合同。集中采购提高了企业与供应商谈判中的议价能力,有利于降低商品采购成本。二是和供应商采取合作的态度。沃尔玛除宣称不收取供应商的任何进场费用之外,还主动为供应商提供必要的信息技术支持,通过电脑联网,实现信息共享。供应商可以第一时间了解沃尔玛的销售和存货情况,及时安排生产和运输。供应商因效率的提高而成本降低,沃尔玛也依靠供应链管理取得了成本优势,将从中获得的优惠让利给顾客。

2. 控制物流成本

物流成本控制是衡量零售企业经营管理水平的重要标志,也是影响零售企业经营成果的重要因素。沃尔玛建立了强大的配送中心系统,拥有全美最大的公司卫星通讯系统和最大的公司运输车队,所有分店的电脑部和总部相连,配送中心实现全自动化运行。沃尔玛正是通过信息流对物流、资金流的整合、优化和及时处理,实现了有效的物流成本控制。

3. 降低经营成本

沃尔玛的成本控制体现在任何细小的环节上。在沃尔玛的各线管理人员办公室里,看不到昂贵的办公用品、家具和地毯,也没有豪华的装饰。沃尔玛明文规定,职员因工外出时,需两人住一间汽车游客旅馆;商店里诸如照明设施、空调设备等出于节约能源和降低成本的考虑,也实行统一管理;公司还激励员工尽力为节省开支出谋划策,并不断奖励和提拔那些在损耗控制、货品陈列和商品促销有创意的员工;沃尔玛尽量减少广告费,他们认为保持"天天平价"就是最好的广告。沃尔玛的全体工作人员自上而下都要为削减成本努力,大型削减成本的措施和上百条削减成本的小技巧相辅相成,使得沃尔玛的经营成本大大低于其他同行业竞争者。正是通过这些措施沃尔玛成功地控制了成本,不断培育其低成本核心竞争力,为"天天平价"提供有力保证。

二、顾客至上——优质服务能力的培育

市场竞争的严峻事实告诉我们,任何企业如不以满足顾客需要为中心将无法生存下去。对零售业来说,则更是如此。沃尔玛即深谙此理,将"顾客至上"排在公司目标的第一位。

只要有关顾客利益,沃尔玛总站在顾客的一边,尽力维护顾客的利益。这一点反映在与供应商的关系上尤为突出。沃尔玛始终站在消费者采购代理的立场上,苛刻地挑选供应商,顽强地讨价还价,目的就是做到在商品齐全、品质有保证的前提下向顾客提供价格低廉的商品。

沃尔玛的顾客关系哲学是:顾客是老板,顾客永远是对的。每个初到沃尔玛的员工都被谆谆告诫:你不是在为主管或者经理工作,其实你和他们没有什么区别,你们共同拥有一个"老板"——那就是顾客。为使顾客在购物过程中自始至终地感到愉快,沃尔玛要求其员工的服务要超越顾客的期望值:要主动把顾客带到他们找寻的商品前,而不是仅仅给顾客指一指;主动与顾客热情打招呼,询问其是否需要帮助;员工要熟悉自己部门商品的性能优点、特点和价格高低,保证顾客趁兴而来,满意而归。

沃尔玛一贯重视营造良好的购物环境,经常在商店开展种类丰富且形式多样的促销活动。如社区慈善捐助、娱乐表演、季节商品酬宾、竞技比赛、幸运抽奖、店内特色娱乐、特色商品展览和推介等,吸引广大的顾客。在沃尔玛,每周都进行顾客期望和反映的调查,管理人员根据收集到的顾客反馈信息即时更新商品的组合,组织采购,改进商品陈列摆放、营造舒适的购物环境,使顾客在沃尔玛不但买到称心如意的商品,而且得到满意的全方位的购物享受。

公司还为顾客提供"无条件退货"保证。在美国只要是从沃尔玛购买的商品,无任何理由,甚至没有收据,沃尔玛都无条件受理退货。高品质服务意味着顾客永远是对的。沃尔玛宁可要回一件不满意的商品,而不愿失去一位不满意的顾客。

正是这种时刻把顾客需要放在第一位,对待顾客的优良服务品质,使沃尔玛赢得了顾客的信任,从而带来了巨大回报。

三、高效的物流配送系统

有效的商品配送是保证沃尔玛达到最大销售量和最低成本的存货周转及费用的核心。作为一种经过长期培育而形成的核心竞争力,高效快捷的物流配送系统为沃尔玛赢得了竞争优势,是沃尔玛成功的保证。

1969 年,沃尔玛建立了第一个配送中心。目前,沃尔玛的配送中心已经达到 62 个,为全球 4 000 多个店铺提供配送服务,整个公司销售商品的 85％ 由这些配送中心供应。沃尔玛完整的物流系统不仅包括配送中心,还有更为复杂的资料输入采购系统、自动补货系统等。如下图所示。

沃尔玛还拥有全美最大的公司运输车队,车队采用电脑进行车辆调速并通过全球卫星定位系统对车辆进行定位跟踪,保证了灵活性和为一线商店提供最好的服务,构成其供货系统的另一个无可比拟的优势。进货从仓库到任何一家商店的时间

```
┌──────────┐     ┌──────────────────────┐     ┌──────────┐
│ 商品采购 │────▶│ 资料输入采购系统生成订单 │────▶│ 配送中心 │
└──────────┘     └──────────────────────┘     └──────────┘
     ▲                                              │
┌────┴─────┐                                   ┌────▼─────┐
│ 补货系统 │                                   │ 运送商品 │
└────┬─────┘                                   └────┬─────┘
     │                                              │
┌────┴─────┐     ┌──────────────┐     ┌────────────▼─────┐
│  顾客    │◀────│  商场楼面    │◀────│  商场及会员店    │
└──────────┘     └──────────────┘     └──────────────────┘
```

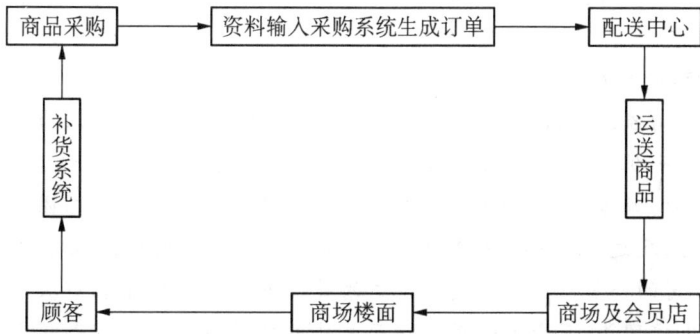

不超过 48 小时,相对于其他同业商店平均每两周补货一次,沃尔玛可保证分店货架平均每周补货两次。快速的送货,使沃尔玛各分店即使只维持极少存货也能保持正常销售,从而大大节省了存贮空间和费用。

沃尔玛的配送中心完全实现了自动化。配送中心的每种商品都有条码,由十几公里长的传送带传送商品,由激光扫描器和电脑追踪每件商品的储存位置及运送情况,传送带直接将货物传送到正确的卡车上。许多商品在配送中心停留的时间总计不超过 48 小时。配送中心每年处理数亿次商品,99%的订单正确无误。

四、管理手段的信息化

信息共享是实现供应链管理效益的基础。一条供应链要做到上中下游各环节协调,必须先在各环节主体间建立和运行高质量的信息传递与共享系统。沃尔玛公司在信息技术方面的投资不遗余力,它斥巨资建成了公司的电子信息系统,卫星通信系统,电子数据交换系统等,使自己在技术方面始终遥遥领先。利用先进的电子通信手段,沃尔玛可以保持商店销售与配送中心同步,配送中心与供应商同步。沃尔玛管理手段的高度信息化增强了公司的核心竞争力,对其成功功不可没。

20 世纪 90 年代初,沃尔玛就在公司总部建立了庞大的数据中心,全集团的所有店铺、配送中心也与供应商建立了联系。厂商通过这套系统可以进入沃尔玛的电脑配销系统和数据中心,直接从 POS 得到其供应的商品流通动态状况,如不同销售点及不同商品的销售统计数据,沃尔玛各仓库的存货和调配状况,销售预测、电子邮件及付款通知等等,以此作为安排生产、供货和送货的依据。生产厂商和供应商都可通过这个系统查阅沃尔玛产销计划,从而实现了快速反应的供应链管理。

全美最大的公司卫星通信系统,随着店铺规模的扩张发挥了极大的优势。这套系统的应用,使配送中心、供应商及每一分店的每一销售点都能形成连线作业,在短短数小时内便可完成"填妥订单——各分店订单汇总——送出订单"的整个流程,大大提高了营业的高效性和准确性。全球 4 500 多个店铺的销售、定货、库存情况可以随时调出查问。公司 5 500 辆运输卡车,全部装备了卫星定位系统,每辆车在什么位置,装载什么货物,目的地是什么地方,总部一目了然。可以合理安排运量和路程,最大限度地发挥运输潜力,避免浪费,降低成本,提高效率。

2003 年,沃尔玛又宣布与 IBM 合作,建立全球采购和物流控制的互联网统一标准平台。这意味着 Wal-Mart 从传统昂贵的放"卫星"的 EDI 信息交换方式改为更先进和便宜的互联网网络技术,Wal-Mart 的网络系统将更加细微和发达。正是在信息技术的支持下,沃尔玛才能以最低的成本,最优质的服务、最快速的管理反应进行全球运作。

五、独特的企业文化

沃尔玛一向强调忠诚努力的员工对公司经营成功的重要性,认为善待每一位员工才能善待每一位顾客。在沃尔玛,公司员工不被称作雇员,而称为合伙人或"同仁"。山姆认为,顾客、员工和股东都是公司的上帝。公司要靠员工团结一致的献身工作才能成功;反过来,公司也要照顾好它的员工,让他们感到像是在一个大家庭里,自己是公司的一员。公司对员工利益的关心并不只是停留在口头上或是几条标语式的企业文化理论,而是有一套详细而具体的实施方案。这就是沃尔玛面对竞争能够表现得极为出色的原因。

在沃尔玛公司里,所有的员工都受到平等对待。沃尔玛的每个员工想为企业的经营献计献策,都有机会充分表达出来。开放并且良好的沟通环境使每位员工都可以向经理表达他的看法,包括建议,也包括不满。

由全体员工参与的利润分享计划,规定任何一名加入沃尔玛一年以上并且在一年中至少工作1 000小时的员工,都有资格参与公司的利润分享。该计划同时为员工提供丰厚的退休金,解除了他们的后顾之忧。

雇员购股计划,让员工通过工资扣除的方式,以低于市值15%的价格购买股票。这样80%以上的员工或借助利润分享计划或直接持有公司股票。员工利益与公司利益休戚相关,实现了真正意义上的"合伙"。

根据"员工折扣规定",员工、员工配偶及其被赡养人,在沃尔玛购物时,许多种正常价格的商品可以打10%的折扣。对于那些在沃尔玛工作一年以上的员工,沃顿基金会向他们即将高中毕业的子女提供奖学金。

总之,合伙关系在沃尔玛公司内部处处体现出来,它使沃尔玛凝聚为一个整体,使所有的人都团结起来,为着公司的发展壮大而不断努力。

(资料来源:部分参考《沃尔玛核心竞争力探秘》,张瑩史伟,天津商学院管理学院)

上述案例说明,沃尔玛的核心竞争力正是扎根于顾客至上、员工满意的核心企业文化中。"天天低价"是沃尔玛对顾客长期不变的承诺。品种繁多、价廉物美的商品,方便的购物时间、免费的停车场以及微笑、友善、热情、愉快的购物环境,维系了忠诚的客户群体;对员工利益的关注激励着满意努力的员工一起行动,不断创新,比竞争者更快、更好地满足顾客需求。通过与供应商建立长久稳定、互利互惠的合作关系,并借助强大的信息网络系统管理这种关系,不仅保证了为顾客提供"天天低价"的优质产品,而且能以最快速度对顾客需求变化做出反应,从而在竞争中形成明显的竞争优势。

3.1 内部分析意义

内部分析即指内部环境分析,是指企业内部与战略有重要关联的因素,是制定战略的出发点、依据和条件,是竞争取胜的根本。在《孙子兵法·谋攻篇》中,孙子说:"故曰:知己知彼,百战不殆;不知彼而知己,一胜一负;不知彼不知己,每战必殆"。因此,企业战略目标的制定及战略选择既要知彼又要知己,其中"知己"便是要分析企业的内部环境或条件,认清企业内部的优势和劣势。

企业内部环境或条件分析目的在于掌握企业历史和目前的状况,明确企业所具有的优势和劣势。它有助于企业制定有针对性的战略,有效地利用自身资源,发挥企业的优势;同时避免企业的劣势,或采取积极的态度改进企业劣势。扬长避短,更有助于百战不殆。

从图3-1模型看出,"内部分析"与"外部分析"共同构成战略分析要素,共同构筑战略制定之基础。

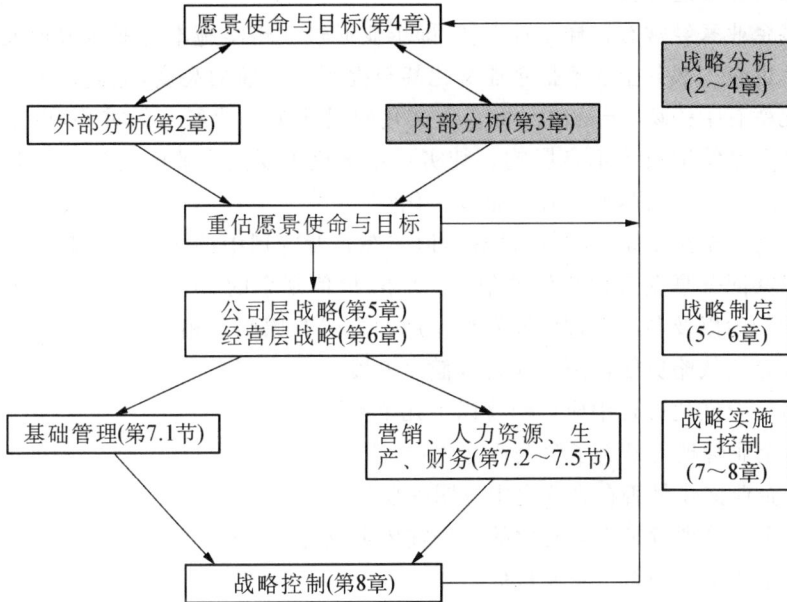

图3-1 综合战略管理模型

3.2 战略与企业文化

哈佛商学院曾经就企业文化和企业战略方面的问题调查多名企业界人士,同一个问题在一部分人士看来是属于企业文化范畴,在另一部分人士看来却是属于企业战略范畴,两者之间并没有明确的界限,且存在着一个交叉,这个交叉既属于企业文化,又属于企业战略。

这个交叉就是企业的经营理念,它同时也是企业文化和企业战略的起点。企业经营理念实质上就是企业的经营哲学,它回答了企业为什么而存在、企业凭什么而存在等企业经营管理最深层次的问题。按照彼得·德鲁克的理论,企业经营理念主要包括以下三个方面的内容:

(1)企业对于所处环境的假设,关于公司结构、市场的假设以及关于顾客和产品科学技术的假设。

(2)企业对自身根本目标的假设。

（3）企业对能够确保实现预定目标的优势的假设。

企业战略就是企业在对环境的假设、对目标的假设及对优势的假设的基础之上具体的经营思路和安排，是企业经营理论的理性的反映。

企业文化是企业对成长环境、能力、经验的归纳与整合，是企业适应变化环境的能力和让这种能力延续发展的能力，企业文化的深层次即企业经营理念，企业文化也可以说是企业经营理念的人性的反映。

企业文化通过企业经营理念决定着企业战略的制定和经营模式的选择，而企业战略的实施过程又会促进和影响企业文化的发展和创新，两者之间是相互约束、相互影响和相互促进的关系。

很多企业家经常有这样一种看法，即企业通过战略实施本身就能够形成一种企业文化。也有一部分企业家把企业文化甚至提到了空前的高度，他们认为有了好的企业文化就有了一切，于是他们将企业文化建设作为企业经营的重心，以至于对企业其他经营系统造成了不良影响。其实企业文化主要是企业经营过程的归纳和整合，没有好的经营过程，何来好的企业文化？

企业文化虽然不是一项管理职能，但它在企业管理中的作用越来越重要。它是企业成员共同分享盒带代相传的信念、期望、价值观念的集合。它影响和规范着企业成员的行为以及各项管理职能发挥作用的方式和原则。相互协调、相互促进的企业文化和企业战略更能保障企业持续健康发展。

分析企业文化过程中应该回答以下几个问题：

（1）企业管理者是否了解企业文化？

（2）企业文化是否在企业之中有明确反映？

（3）企业管理者是否有有效的方法宣传企业的文化？

（4）企业文化是否与企业目标一致？

（5）企业文化是否反映企业职工的利益？

3.3　基础管理

企业内部管理如果按照职能来分，有计划、组织、人力资源、激励和控制五个领域。企业管理的五项职能和战略管理的关系可用表 3-1 来表示。

表 3-1　管理职能与管理战略分析

职能	特　　征	在战略管理过程中的哪一阶段最重要
计划	计划包括所有为将来做好准备的管理活动，主要任务包括预测、确定组织、目标和方案等	战略制定
组织	组织包括所有建立任务和职权关系的管理活动，主要内容包括组织设计、工作设计、指挥和协调等	战略制定和实施
人力资源	人事包括人员安排和人力资源管理活动，主要包括工资、福利、人员的招聘、录用、培训、考核与奖惩等	战略实施

职能	特　　征	在战略管理过程中的哪一阶段最重要
激励	激励包括影响员工的所有活动，主要是指导、引导需求的满足、晋升提拔等	战略实施
控制	控制包括所有旨在保证实际结果和计划相一致的管理活动，主要工作有建立标准、检查绩效、制定措施、纠正行动等	战略实施

3.3.1　计划

"一年之计在于春，一天之计在于晨"道出了计划的重要性。古代孙武曾说："用兵之道，以计为首。"其实，无论是单位还是个人，无论办什么事情，事先都应有个打算和安排。有了计划，工作就有了明确的目标和具体的步骤，就可以协调大家的行动，增强工作的主动性，减少盲目性，使工作有条不紊地进行。同时，计划本身又是工作进度和质量的考核标准，对大家有较强的约束和督促作用。所以计划对工作既有指导作用，又有推动作用，搞好工作计划，是建立正常的工作秩序，提高工作效率的重要手段。

福特汽车公司的创始人亨利·福特是20世纪最伟大的企业家之一。他既是机械天才，是发明家；又是商业天才，是企业家。作为企业家的福特，和其他发明家区别的重要一点：就是他做计划。

他说："我总是以这样的方式去做事：在开始动手之前把每一个细节都计划好。否则，一个人在工作进行时却不断地做改变，直到最后还无法统一，那就会浪费大量的时间。这种浪费是不值得的。很多发明家的失败是因为他们分不清计划与实践的区别。"

计划是对未来行动的规划。它是人们的主观对客观的认知过程。广义：指制定计划、执行计划和检查计划执行情况的工作过程。狭义：指制定计划，即根据实际情况，通过科学地预测、权衡客观需要和主观的可能，提出在未来一定时期内要达到的目标及实现目标的途径。

分析企业计划过程中应该回答以下几个问题：
（1）企业是否有成熟、清楚的宗旨和目标？
（2）企业在其主要经营领域是否有明确的竞争战略？
（3）企业是否检查和预测外部环境各因素的各种变化？
（4）企业的预算过程是否有效？
（5）企业的决策是否采取了战略管理的办法？
（6）企业是否制定了应变计划？
（7）企业的宗旨、目标、战略、政策是否一致并为成员所了解？
（8）企业是否按其战略分配资源？

3.3.2　组织

组织是管理者创建一个有助于实现组织目标的工作关系结构，以使组织成员能够共同工作而实现组织目标的过程。在组织过程中,管理者要根据人们特定的工作任务将其分配到组织的各个部门,确立组织活动和职权的关系,决定如何最好地组织和协调资源,特别是人力资源。组织的结果是建立一种组织结构,通过这种结构,管理者组织和激励组织成员努力实现组织目标。

一个管理系统内的各种职能机构,是一个有机整体,就像人的身体一样,虽然各种器官、部位所起的具体作用不同,但又密切联系,互相合作,共同维系着生命的延续。就一个企业来说,建立合理的组织机构,能起到以下作用:

(1)合理的组织机构,可以把所有劳动者的智慧、才干、经验、能力高度地集中统一起来,形成一个群策群力的、为实现企业共同目标的战略集体。

(2)把企业的劳动者合理地组织起来,可以互相取长补短,发挥各方面的积极性作用。

(3)有了合理的组织机构,才能明确上下隶属关系及相互间的分工、协作关系。

(4)企业建立了合理的组织机构,无论其工作人员怎样变动,各项工作仍然能够稳定而持续地开展下去。

(5)企业可以根据不同具体职能机构的要求,合理设置职务,安排各项工作。在安排人员时,可充分考虑各人的特点,做到人尽其才、才尽其用、事得其人,以利于发挥每一个工作人员的积极性、创造性,使各职能部门充分发挥应有的职能作用,确保企业组织系统运行在一种高效率的状态之中。

分析企业组织过程中应该回答以下几个问题:

(1)企业是否有明确的组织结构?

(2)这个组织结构是否与战略相协调?

(3)企业组织结构中的管理跨度是否合适?

(4)企业组织活动中类似的活动是否被恰当地安排在一起?

(5)职能部门是否放在组织结构合适的位置?

(6)企业组织结构是否体现了统一命令的原则?

(7)企业管理者是否进行了恰当的分权?

(8)企业是否使用了岗位说明书?

(9)企业各目标的责、权关系是否明确?

3.3.3 激励

所谓激励,就是组织通过设计适当的外部奖酬形式和工作环境,以一定的行为规范和惩罚性措施,借助信息沟通,来激发、引导、保持和归化组织成员的行为,以有效实现组织及其成员个人目标的系统活动。这一定义包含以下几方面的内容:

(1)激励的出发点是满足组织成员的各种需要,即通过系统地设计适当的外部奖酬形式和工作环境,来满足企业员工的外在性需要和内在性需要。

(2)科学的激励工作需要奖励和惩罚并举,既要对员工表现出来的符合企业期望的行为进行奖励,又要对不符合员工期望的行为进行惩罚。

(3)激励贯穿于企业员工工作的全过程,包括对员工个人需要的了解、个性的把握、行为过程的控制和行为结果的评价等。因此,激励工作需要耐心。

（4）信息沟通贯穿于激励工作的始末,从对激励制度的宣传、企业员工个人的了解,到对员工行为过程的控制和对员工行为结果的评价等,都依赖于一定的信息沟通。企业组织中信息沟通是否通畅,是否及时、准确、全面,直接影响着激励制度的运用效果和激励工作的成本。

（5）激励的最终目的是在实现组织预期目标的同时,也能让组织成员实现其个人目标,即达到组织目标和员工个人目标在客观上的统一。

对一个企业来说,科学的激励制度至少具有以下几个方面的作用:

（1）吸引并留住优秀的人才。

在发达国家的许多企业中,特别是那些竞争力强、实力雄厚的企业,通过各种优惠政策、丰厚的福利待遇、快捷的晋升途径来吸引企业需要的人才。德鲁克（P. Druker）认为,每一个组织都需要三个方面的绩效:直接的成果、价值的实现和未来的人力发展。缺少任何一方面的绩效,组织注定非垮不可。因此,每一位管理者都必须在这三个方面均有贡献。在三方面的贡献中,对"未来的人力发展"的贡献就是来自激励工作。

（2）开发员工的潜在能力,促进在职员工充分发挥其才能和智慧。

美国哈佛大学的威廉·詹姆斯（W·James）教授在对员工激励的研究中发现,按时计酬的分配制度仅能让员工发挥 $20\%\sim30\%$ 的能力,如果受到充分激励的话,员工的能力可以发挥出 $80\%\sim90\%$,两种情况之间 60% 的差距就是有效激励的结果。管理学家的研究表明,员工的工作绩效是员工能力和受激励程度的函数,即绩效＝F（能力×激励）。如果把激励制度对员工创造性、革新精神和主动提高自身素质的意愿的影响考虑进去的话,激励对工作绩效的影响就更大了。

（3）造就良性的竞争环境。

科学的激励制度保含有一种竞争精神,它的运行能够创造出一种良性的竞争环境,进而形成良性的竞争机制。在具有竞争性的环境中,组织成员就会受到环境的压力,这种压力将转变为员工努力工作的动力。正如麦格雷戈所说:"个人与个人之间的竞争,才是激励的主要来源之一。"在这里,员工工作的动力和积极性成了激励工作的间接结果。

分析企业激励过程中应该回答以下几个问题:

（1）企业职工是否团结一致、齐心协力、士气高涨?

（2）职工是否感到工作的意义,有满足感和挑战性?

（3）企业是否采用了职工参与管理的形式?

（4）企业管理者是否知道企业内非正式团体的存在?

（5）企业是否鼓励创造性的活动?

（6）非正式团体的行为是否有利于企业管理?

（7）企业内是否有良好的双向沟通系统?

（8）职工的出勤率是否高?

（9）企业管理者是否是一个好的领导?

（10）企业是否有一个好的奖惩制度?

（11）企业和职工是否能适应变化?

（12）企业各部门的政策是否合理，能支持企业的目标？

（13）企业职工是否能在企业中满足个人需要？

3.3.4　控制

通过计划活动企业明确了目标和途径。通过组织活动企业建立起来一种既有分工又有协作的结构。而通过领导活动，企业营造起一种促使人们努力的氛围。而这并不就能自然而然地实现目标。因为，在实现目标的这个进程中，会受到各种各样的因素影响，会有各种各样意想不到的事情发生。这就意味着作为管理者，必须随时随地地来检测企业的运行情况。如果发生偏离，就要及时地把企业的进程拉回到一个正常的轨道上来，这就是管理的控制活动。

何谓控制，简单地说，控制就是使事情按计划进行。控制的步骤通常有三：①建立控制的标准。要有一个判断事情是否正在按计划进行的尺度，控制首先要从设定尺度和指标开始，从企业的具体工作来看，建立控制标准就是要在企业中建立起一套考评体系。②衡量实际绩效。衡量的结果一般来说有两种，或者事情正在按计划进行，或者事情的进程与计划存在着差距。③分析偏差并予以纠正。有人讲，事情没有按计划进行，存在偏差，消灭偏差就可以了。但是消灭偏差这个说法实际上是不恰当的。正确的态度是经过衡量发现偏差，不是要消灭偏差，而是要分析造成偏差的原因，从而消灭造成偏差的原因，这才是控制。只有把造成偏差的原因消灭掉了，问题才得到解决，事情才能回到正确的轨道上来。

这三个环节就构成了控制的三步曲，如图 3-2 所示。

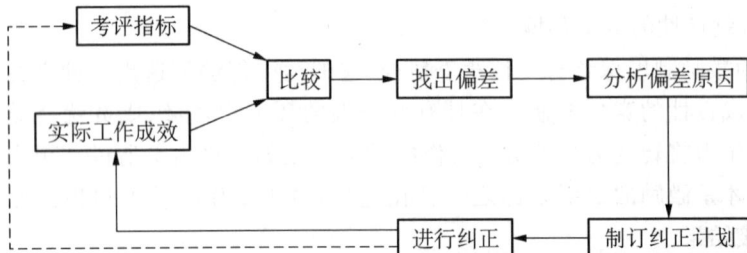

图 3-2　控制过程示意图

分析企业控制过程中应该回答以下几个问题：

（1）企业是否有有效的财务控制制度？

（2）企业是否有有效的销售控制制度？

（3）企业是否有有效的库存控制？

（4）企业是否有有效的生产控制？

（5）企业是否有有效的管理控制制度？

（6）企业是否有有效的质量控制系统？

（7）企业是否有计算机辅助控制系统？

（8）企业各部门是否有劳动生产率标准？

（9）企业是否在控制过程中经常监视有利和不利的偏差？

（10）企业是否并迅速采取纠正偏差的行动？

（11）企业的奖惩制度是否能支持企业的控制系统？

（12）企业的控制系统是否准确和全面？

3.4　市场营销

企业的市场营销能力是适应市场变化，积极引导消费，争取竞争优势以实现经营目标的能力。它是企业决策能力、应变能力、竞争能力和销售能力的综合体现。市场营销能力的强弱是影响企业战略制定和战略实施的关键。

美国著名营销学家菲利普·科特勒设计的一个旨在帮助企业高层管理人员进行市场营销分析的问卷，其具体内容如下：

市场营销系统：

（1）市场营销情报系统是否提供了有关顾客、潜在顾客、经销商、自营商、竞争者、供应者、一般消费者全面而准确、及时的信息？

（2）企业决策者是否要求进行市场研究以及他们是否使用市场研究的成果？

（3）企业是否使用了市场和销售预测的最佳办法？

（4）市场营销计划系统是否受到重视和有效？

（5）销售预测和市场潜力测定是否合适？

（6）销售目标是否建立在合适的基础上？

（7）是否有适当的控制程序以保证年度目标的实现？

（8）企业管理者是否定期分析各个产品、市场、地区的销售情况？

（9）企业管理者是否定期检查销售成本？

（10）企业是否有组织的激发、收集和选择有关新产品的建议？

（11）企业是否在投资开发新产品之前进行了恰当的概念研究和经济分析？

（12）企业在推出新产品之前是否进行了适当的产品和市场测试？

市场营销的生产率：

（1）企业是否有不同产品、不同市场和地区的销售渠道和销售利润？

（2）企业是否应该进入、扩大、收缩或撤出某一市场区域，以及相应的短期和长期的利润结果是什么？

（3）有哪些营销活动的成本过高？是否可以采取降低成本的措施？

市场营销职能：

（1）产品线的目标是什么？这些目标是否合适？目前的产品线是否符合这些目标？

（2）产品线是否应该向上、向下，或向上向下两个方面扩大或收缩？

（3）什么产品应当剔除？什么产品应该加入？

（4）购买者对企业和竞争者的产品质量、性能、风格、商标等的认识和态度是什么？产品战略在哪些方面需要改进？

（5）价格在多大程度上是由成本、需求和竞争决定的？

（6）顾客是否认为企业产品的价格与其提供的价值一致？

（7）企业管理者是否知道其产品的价格需求弹性、经验曲线和竞争者的价格以及价格政策？

（8）企业的价格政策在多大程度上和经销商、供应者和政府的要求相一致？

（9）市场分销的目标和战略是什么？

（10）企业是否有适当的市场覆盖面和任务？

（11）下列分销环节的有效性如何：经销商、自营商、厂家销售代表、经纪人和代理商，等等？

（12）企业是否考虑改换销售渠道？

（13）企业的广告目标是什么？

（14）广告花费是否恰当？广告的预算是如何确定的？

（15）广告的主体和画面是否有效？顾客和公众对广告有什么看法？

（16）广告传播工具是否选择恰当？

（17）企业内部广告人员是否称职？

（18）促销预算是否合适？是否充分和有效地利用了各种促销手段？

（19）新闻报道的预算是否合适？有关部门的人员是否称职和富于创造性？

（20）什么是销售队伍的目标？

（21）销售队伍是否达到可以完成销售目标？

（22）销售队伍是否按分工负责（地区、市场、产品）的原则很好地组织起来？是否有足够的销售经理指挥一线的销售代表？

（23）销售奖励的水平和政策是否提供给销售人员合适的鼓励和奖励？

（24）销售队伍是否表现出较高的士气、能力和努力？

（25）销售定额和绩效评价的设立程序是否合适？

（26）相对于竞争对手的销售队伍，企业销售队伍的整体水平如何？

战略聚焦　企业视点

一汽丰田营销"翻新"　新皇冠直指奥迪 A6

"2010 年新皇冠将实现 6 万台的销售目标，并再次打破高级车市场既有的格局，改变奥迪一枝独秀的局面。"10 月 30 日，在新皇冠上市仪式上，上任不久的一汽丰田销售公司总经理松木秀明将新皇冠的竞争对手明确指向奥迪 A6。

"未来新皇冠在高档豪华车市场的占有率将超过历史最高水平——27％。"一汽丰田副总经理田聪明在接受本报采访时表示，"与上一代相比，新皇冠有 50 多项改进，在主动安全、舒适性、车内控制和安全防盗等等方面，我们已经超过竞争对手。"

实际上，新皇冠的上市对于一汽丰田来说具有重要意义。2008 年底到 2009 年上半年，一汽丰田面临主力车型断档以及领导班子的交替，最终表现为销量的下滑和市场份额的丢失，虽然下半年情况所有改观，但是与竞争对手相比，成绩依然不够理想。

在 10 月中旬召开的一汽丰田经销商三季度大会上，丰田将新皇冠明确定义为旗舰车型，而且是可以为经销商和企业带来高额利润的车型。

"一汽丰田要用新皇冠与奥迪抗衡,同时要通过新皇冠提供的高端产品和高端服务,重新打造一汽丰田在中国的形象,特别是在品牌满意度和用户满意度方面,同时挽回一汽丰田在中国的颓势。"11 月 2 日,一位亲身参与大会的北京经销商告诉记者。

2009 年毫无疑问是一汽丰田成立以来最重要的一次调整年,一汽丰田能否扭转在利润丰厚的中高级轿车市场以及在整体市场上的被动,顺利完成 2009 年底的"背水一战",为 2010 年的"大逆转"打下坚实的基础,将在很大程度上依赖新皇冠的成功。

来自经销商方面的信息表明,实际上,从 2009 年 6 月份开始,一汽丰田新的领导团队已经在商务政策、网络建设、营销策略方面作出了调整。

商务政策方面,一汽丰田开始加强区域管理,出台禁止跨区销售的政策,这在以前是不管的,同时开始关注经销商销售溢价的问题。举例来说,商务政策规定北京的经销商只准在北京销售汽车,销售到外地之后,额外的佣金是没有的。

网络建设方面,一汽丰田一直支持有实力的经销商,在不增加法人的基础上,建立更多的店。管理层变化之后,一汽丰田已经开始降低在二三级市场的建店标准,原来投资几千万的 4S 店,在二三级市场的标准有所改变,投资也大幅度降低,1 000 万元左右或者更低。

另外,一汽丰田的产品定位和营销策略现在更加灵活。用经销商的话说,以前一汽丰田在价格策略上是"死扛不降",现在正通过增加配置等方法,对价格进行调整。"一汽丰田会对不同时期、不同产品的状况制定有针对性的措施。"对此,田聪明也很明确。

"马上要调整的就有兰德酷路泽 LC200,此前老皇冠和卡罗拉也变相地把价格调整下来。基本上经过一个季度,一汽丰田看到市场份额下来了,马上就进行调整,这与以前相比也是很大的不同。"一位一汽丰田北京经销商告诉记者。

不仅如此,一汽丰田为了抢占市场份额还推出很多刺激经销商的手段。"积分制已经实施几个月了,针对销售不好的锐志与追求份额的卡罗拉和威驰进行积分,然后给经销商返点,在这方面,丰田制定了很多游戏规则,而且变化多端。"上述经销商表示。

如今,新皇冠能否成功,将取决于一汽丰田新的领导团队,有没有勇气通过全新的定价策略和全面升级的内外饰配置,让新皇冠再次成为国内高级轿车市场的"性价比标杆"。

(资料来源:21 世纪网—《21 世纪经济报道》2009 年 11 月 04 日)

3.5　人力资源管理

人力资源管理(HRM)就是根据企业战略目标,通过工作分析、人力资源规划、员工招聘选拔、绩效考评、薪酬管理、员工激励、人才培训和开发等一系列手段来提高劳动生产率,最终达到企业发展目标的一种管理行为。

传统的人事管理将人看作是一种成本,是被管理被控制的对象,人事部门则是一个不能创造收益的辅助部门，重复着事务性工作；与传统的人事管理相比较，现代人力资源管理则将人看作企业中最宝贵、最有创造力的资源，既需要管理，更需要开发，人力资源部则提升到企业发展战略的高度，其工作的效率直接关系到企业的成败，人力资源战略也成为企业的核心竞争力之一。

因此，现代人力资源管理在招人时强调的是有计划地为企业招到合适的人，在用人、留人方面处处体现以人为本的管理思想，以人的能力、特长、兴趣、心理状况等综合情况来科学地安排最合适的工作，并且在工作中充分地考虑到员工的成长和价值，使用科学的管理方法。通过全面的人力资源开发计划和企业文化建设，使员工能够在工作中充分调动和发挥人的积极性、主动性和创造性，从而提高工作效率、增加工作业绩，为达成企业发展目标做出最大的贡献。

分析企业人力资源过程中应该回答以下几个问题：

（1）企业是否有专职的人事经理和人力资源部门？

（2）企业是否在认真地经过招聘、面谈、考核和选择之后聘用员工？

（3）企业给职工的福利是否合理？

（4）企业是否为职工提供培训和学习的机会？

（5）企业是否有有效的绩效评价体系？

（6）企业是否有良好的工资激励制度？

（7）企业是否有良好的办事程序？

（8）企业是否有良好的纪律规定？

（9）企业是否为职工提供了他们事业发展的规划？

（10）企业人事经理与直线部门负责人是否相互尊重和信任？

（11）职工的劳动条件是否清洁和安全？

（12）企业是否提供了平等的就业机会？

（13）企业的晋升制度是否公平？

（14）企业是否为职工解决思想和社会问题提供咨询和服务？

3.6　生产运营

3.6.1　生产运作

生产与运作管理（Production and Operation Management），是对生产运营系统的设计、运行与维护过程的管理，它包括对生产运营活动进行计划、组织与控制。运作职能的实质是在转换过程中发生价值增值，是由与生产产品或提供服务直接相关的所有活动组成。对大多数企业组织来说，运作职能是其核心。一个组织产品或服务的创造正是通过运作职能来完成的。利用投入，通过一个或多个转换过程（贮存、运输、切割）可获得制成品或服务。为确保获得满意的产出，需在转换过程的各个阶段进行检测（反馈），并与制定好的标准作比较，以决定是否需要采取纠正措施（控制）。

生产运营需要检查的问题：

（1）原材料、零部件的供应是否可靠、合理？

（2）设施、设备、机械和办公室是否处于良好状态？

（3）库存控制政策与程序是否有效？

（4）质量控制政策与程序是否有效？

（5）设施、资源和市场的布局是否符合战略要求？

（6）企业是否拥有足够的技术能力？

3.6.2　研究与开发

科研与开发能力是企业一项十分重要的能力，企业科研与开发能力分析主要包括以下几个方面：

（1）企业科研成果与开发成果分析。企业已有的科研与开发成果是其能力的具体体现，如技术改造、新技术、新产品、专利以及商品化的程度，给企业带来的经济效益等。

（2）科研与开发组合分析。企业的科研与开发在科学技术水平方面有四个层次：即科学发现、新产品开发、老产品的改进、设备工艺的技术改造。一个企业的科研与开发水平处于哪个层次或哪个层次的组合，决定着企业在科研、开发方面的长处和短处，也决定着企业开发的方向。一个好的科研或开发部门，应该能够根据企业战略的要求和实力决定选择哪一个或哪几个层次的有效组合。

（3）科研与开发能力分析。企业科技队伍的现状和变化趋势从根本上决定着企业的科研开发能力和水平。分析科研队伍的现状和趋势就是要了解他们是否有能力根据企业的发展需要开发和研制新产品，是否有能力改进生产设备的生产工艺。如果没有这样的人员，是否能在短期内找到这样的人才，否则企业就要考虑和高等院校或科研单位合作，以解决技术开发和技术改造的问题。

（4）科研经费分析。企业的科研设施、科研人才和科研活动要有足够的科研经费予以支持，因而应根据企业的财务实力做出预算。决定科研预算各经费的方法一般有三种：按照总销售收入的百分比；根据竞争对手的状况来制定；根据实际需要来确定。

同时，企业进行研究与开发分析应该回答以下若干问题：

（1）企业是否有恰当的人才进行有效的研究与开发工作？

（2）企业是否有使研究与开发工作有效所需要的设施与设备？

（3）企业是否有使企业的研究与开发工作有效的信息与资源？

（4）企业是否调查了改进老产品和开发新产品的利弊？

（5）企业是否比较了下列两种选择：开发新产品和改进老产品与开发新产品和改进生产过程？

（6）企业是否有专门的研究与开发部门？

（7）企业是否为研究与开发提供了足够的人力和资金？

（8）企业是否利用了现有的各种关于新产品的设想？

（9）在不知道成本和收益的情况下，企业是否敢于对研究与开发作长期投资？

（10）企业在研究与开发方面是否有明确的战略、目标和政策？

(11) 企业是否了解竞争对手的研究与开发战略？

(12) 企业是否考虑和其他研究机构建立合资、合作的关系？

3.7 财务

3.7.1 财务管理分析

企业财务管理者的主要任务就是管理资金。他们要保证企业有有效的资金来源、资金使用和资金控制。他们要根据企业的战略要求，决定资金的筹措方法和资金的分配；监视企业内部资金的运作；决定资金的分配。对于企业财务管理的分析，就是要看企业的财务管理人员是如何管理资金的，就是要看他们在进行下列三个重要财务管理决策时是否使用了正确的方法。

首先是筹资决策。即决定什么是企业的最佳筹资组合或资本结构。根据企业目标战略和政策的要求，企业的财务管理者要按时按量从企业内外以合适的方式筹集到所需的资金。其中一个重要的决策就是通过发行股票还是借债来筹集资金以弥补企业资金之不足。因此，企业管理人员必须了解"财务杠杆"的作用或"债务与自有资本比率的"概念。一般地说，无论用股票还是用债券（或是短期借款）来筹集资金都各有利弊。但是其实际影响性质要取决于企业的外部环境和经营状况。在经济形势好的时候或者企业产品十分畅销的时候，债务与自有资本比例高就是企业的长处，说明企业有借鸡下蛋的能力。相反，如果经济形势不好或者企业产品不适销对路，那么债务与自有资本的比例高就会成为企业的短处。

增加财务杠杆作用的好处有：

(1) 在增加投资，发展企业时可以提高企业的投资收益率。

在完成上述任务时使收益大于资本的成本；提高企业的竞争位置（降低成本、增加产品的差异性、扩大市场占有率）；扩大未来投资的选择。

(2) 如果投资收益率是给定的，扩大财务杠杆会提高自有资本的收益率。

(3) 扩大企业的持续增长率。

(4) 由于竞争地位的提高而降低风险。

(5) 降低企业的资金成本。

(6) 支付利息会降低企业的税后和税收。

(7) 利用通货膨胀，用贬值后的钱支付本金。

增加财务杠杆作用的坏处：

(1) 增加财务风险。增加了股票价格波动的可能，扩大了企业倒闭的可能。

(2) 降低了企业的借债能力。降低了企业为对付威胁或抓住机会进行进一步接待的能力，也降低了企业管理的自主权。

(3) 企业的信用评级可能会下降，利息率会上升。如果评级低于"A"，普通股票的价格就会下降。信用危机发生时，企业债券可能会被迫在场外交易。

(4) 可能导致投资过大，导致企业的收入低于资本的成本。

其次是投资决策。这个决策涉及企业的资本金在各个部门、各种产品，以及新项目间进行分配的问题。为了使这一决策更加准确,企业的财务管理人员必须掌握资本预算的技术。掌握了这种技术之后,企业财务人员就可以根据新增销售、新增利润、投资回收期、投资收益率、达到盈亏平衡的时间等来做出投资决策了。

最后是分配决策。这个决策的正确与否会影响到投资者和股东对企业的看法以及股票在股票市场上的表现。为什么企业在急需投资的情况下还要分红给股东呢?原因如下:

(1)支付利息是一种习惯。不能按时支付股息会被认为是企业的经营有问题。股息的改变被认为是一个关于企业未来的信号。

(2)股息是投资银行投资的重要决策依据。一些投资企业只买分配红利的股票。

(3)股东一般要求分红,即使企业有良好的发展机会。

(4)许多人相信分配红利会使股票价格上升。

3.7.2 财务比率分析

分析企业财务状况最为广泛使用的方法就是财务比率分析。同时,企业财务比率分析也可以帮助我们了解企业在管理、市场营销、生产、研究和发展等其他方面的长处和短处。

企业财务比率分析是根据企业主要财务报表所提供的财务数据进行的。单纯计算企业的财务比率只能反映企业在某一个时点上的情况,只有把计算出来的财务比率与以前的、与其他企业相似的、和整个行业的财务比率进行比较,财务比率分析才有意义。

财务比率分析分为偿债能力分析、资本结构分析、经营效率分析、盈利能力分析、投资收益分析、现金保障能力分析、利润构成分析。

(1)偿债能力分析:

$$流动比率＝流动资产/流动负债$$

流动比率可以反映短期偿债能力。一般认为生产企业合理的最低流动比率是2。影响流动比率的主要因素一般认为是营业周期、流动资产中的应收账款数额和存货周转速度。

$$速动比率＝(流动资产－存货)/流动负债$$

由于种种原因存货的变现能力较差,因此把存货从流动资产中减去后得到的速动比率反映的短期偿债能力更令人信服。一般认为,企业合理的最低速动比率是1。但是,行业对速动比率的影响较大。比如,商店几乎没有应收账款,比率会大大低于1。影响速动比率的可信度的重要因素是应收账款的变现能力。

$$应收账款周转率＝销售收入/平均应收账款$$

应收账款周转率影响企业的短期偿债能力。

(2)资本结构分析:

$$股东权益比率＝股东权益总额/资产总额×100\%$$

股东权益比率反映所有者提供的资本在总资产中的比重,反映企业的基本财务结构是否稳定。一般来说,比率高是低风险、低报酬的财务结构,比率低是高风险、高报酬的财务结构。

$$资产负债比率＝负债总额/资产总额×100\%$$

资产负债比率反映总资产中有多大比例是通过借债得来的。

$$资本负债比率＝负债合计/股东权益期末数×100\%$$

它比资产负债率这一指标更能准确地揭示企业的偿债能力状况,因为公司只能通过增加资本的途径来降低负债率。资本负债率为 200％ 是一般的警戒线,若超过则应该格外关注。

$$长期负载比率＝长期负债/资产总额×100\%$$

它是判断企业债务状况的一个指标。它不会增加企业的短期偿债压力,但是它属于资本结构性问题,在经济衰退时会给企业带来额外风险。

$$有息负债比率＝(短期借款＋一年内到期的长期负债＋长期借款＋应付债券＋长期应付款)/股东权益期末数×100\%$$

无息负债与有息负债对利润的影响是完全不同的,前者不直接减少利润,后者可以通过财务费用减少利润。因此,公司在降低负债率方面,应当重点减少有息负债,而不是无息负债,这对于利润增长或扭亏为盈具有重大意义。在揭示公司偿债能力方面,100％是国际公认的有息负债对资本比率的资本安全警戒线。

(3) 经营效率分析:

$$调整后每股净资产＝(股东权益－3 年以上的应收账款－待摊费用－待处理财产净损失－递延资产)/普通股股数$$

$$营业费用率＝营业费用/主营业务收入×100\%$$

$$财务费用率＝财务费用/主营业务收入×100\%$$

它们反映企业财务状况的指标。

$$三项费用增长率＝(上期三项费用合计－本期三项费用合计)/本期三项费用合计$$

$$三项费用合计＝营业费用＋管理费用＋财务费用$$

三项费用之和反映了企业的经营成本。如果三项费用合计相对于主营业务收入大幅增加(或减少),则说明企业产生了一定的变化,要引起注意。

$$存货周转率＝销货成本×2/(期初存货＋期末存货)$$

$$存货周转天数＝360 天/存货周转率$$

存货周转率(天数)表达了公司产品的产销率,如果和同行业其他公司相比,周转率太小(或天数太长),就要注意公司产品是否能顺利销售。

$$固定资产周转率＝销售收入/平均固定资产$$

该比率是衡量企业运用固定资产效率的指标,指标越高表示固定资产运用效果越好。

$$总资产周转率＝销售收入/平均资产总额$$

该指标越大说明销售能力越强。

$$主营业务收入增长率＝(本期主营业务收入－上期主营业务收入)/$$
$$上期主营业务收入×100\%$$

一般当产品处于成长期,增长率应大于10%。

$$其他应收账款与流动资产比率＝其他应收账款/流动资产$$

其他应收账款主要核算与生产经营销售活动无关的款项来往,一般应该较小。如果该指标较高,则说明流动资金运用在非正常经营活动的比例高,就应该注意是否与关联交易有关。

(4) 盈利能力分析:

$$营业成本比率＝营业成本/主营业务收入×100\%$$

在同行之间,营业成本比率最具有可比性,原因是原材料消耗大体一致,生产设备及工资支出也较为一致。发生在这一指标上的差异可以说明各公司之间在资源优势、区位优势、技术优势及劳动生产率等方面的状况。那些营业成本比率较低的同行,往往就存在某种优势,而且这些优势也造成了盈利能力上的差异。相反,那些营业成本比率较高的同行,在盈利能力上不免处于劣势地位。

$$营业利润率＝营业利润/主营业务收入×100\%$$
$$销售毛利率＝(主营业务收入－主营业务成本)/主营业务收入×100\%$$
$$税前利润率＝利润总额/主营业务收入×100\%$$
$$税后利润率＝净利润/主营业务收入×100\%$$

这几个指标都是从某一方面反映企业的获利能力。

$$资产收益率＝净利润×2/(期初资产总额＋期末资产总额)×100\%$$

资产收益率反映了企业的总资产利用效率,或者说是企业所有资产的获利能力。

$$净资产收益率＝净利润/净资产×100\%$$

净资产收益率又称股东权益收益率,这个指标反映股东投入的资金能产生多少利润。

$$经常性净资产收益率＝剔除非经常性损益后的净利润/股东权益期末数×100\%$$

一般来说,资产只能产生"剔除非经常性损益后的净利润",所以用这个指标来衡量资产状况更加准确。

$$主营业务利润率＝主营业务利润/主营业务收入×100\%$$

一个企业如果要实现可持续性发展,主营业务利润率处于同行业前列并保持稳定十分重要。但是如果该指标异乎寻常地高于同业平均水平,也应该谨慎了。

固定资产回报率＝营业利润/固定资产净值×100％

总资产回报率＝净利润/总资产期末数×100％

经常性总资产回报率＝剔除非经常性损益后的净利润/总资产期末数×100％

这几项都是从某一方面衡量资产收益状况。

（5）投资收益分析：

市盈率＝每股市场价/每股净利润

净资产倍率＝每股市场价/每股净资产值

资产倍率＝每股市场价/每股资产值

（6）现金保障能力分析：

销售商品收到现金与主营业务收入比率＝销售商品、提供劳务收到的现金/主营业务收入×100％

正常周转企业该指标应大于1。如果指标较低,可能是关联交易较大、虚构销售收入或透支将来的销售,都可能会使来年的业绩大幅下降。

经营活动产生的现金流量净额与净利润比率＝经营活动产生的现金流量净额/净利润×100％

净利润直接现金保障倍数＝（营业现金流量净额－其他与经营活动有关的现金流入＋其他与经营活动有关的现金流出）/主营业务收入×100％

营业现金流量净额对短期有息负债比率＝营业现金流量净额/（短期借款＋1年内到期的长期负债）×100％

每股现金及现金等价物净增加额＝现金及现金等价物净增加额/股数

每股自由现金流量＝自由现金流量/股数

（自由现金流量＝净利润＋折旧及摊销－资本支出－流动资金需求－偿还负债本金＋新借入资金）

（7）利润构成分析：

为了让投资者清晰地看到利润构成,可从会计制度规定必须有的损益项目：主营业务收入、其他业务收入、折扣与折让、投资收益、补贴收入、营业外收入、主营业务成本、主营业务税金及附加、其他业务支出、存货跌价损失、营业费用、管理费用、财务费用、营业外支出、所得税、以前年度损益调整等进行分析。

企业在财务比率分析中也存在着局限性。首先,财务比率的计算是以会计报表提供的数据为基础的,但是各个企业对折旧、库存、科研和开发费用支出、成本、合并、税收等的处理可能是有差异的。其次,一些大型多样化企业可能难以与各行业的平均值进行有意义的比较。第三,由于通货膨胀的因素,可能会给企业的折旧、库存、成本和利润产生很大的影响,进行企业的财务比率分析一定要十分谨慎。第四,行业经营周期以及季节性因素也会给财务比率的趋势比较分析产生一定的影响。第五,一般很难说一个具体的比率是好还是不好。比如说,现金比率很高,一方面可以说明企业的短期清偿能力高,但从另一方面来说,也说明现金管理不恰当。

为了使财务比率分析成为分析企业内部长处和短处的有效工具,下面我们提供一个企业财务状况调查表。对于填写问题的肯定或否定的回答,通常会表明企业在这一方面的长处或短处。

财务状况调查表:

第一项:清偿比率

(1) 企业的清偿比率是否呈上升趋势?

(2) 企业的清偿比率是否高过行业的平均水平?

第二项:资产债务比率(杠杆比率)

(1) 企业的资产债务比率是否呈上升趋势?

(2) 企业的资产债务比率是否高过行业的平均水平?

第三项:活动比率

(1) 企业的活动比率是否呈上升趋势?

(2) 企业的活动比率是否高于行业的平均水平?

第四项:盈利能力比率

(1) 企业的盈利能力是否呈上升趋势?

(2) 企业的盈利能力是否高于行业的平均水平?

第五项:增长比率

(1) 企业的增长比率是否呈上升趋势?

(2) 企业的增长比率是否高过行业的平均水平?

3.8 核心竞争力

美国著名管理学者加里·哈默尔和普拉哈拉德的核心竞争力(Core Competence)模型是一个著名的企业战略模型,其战略流程的出发点是企业的核心力量。

他们认为,随着世界的发展变化,竞争加剧,产品生命周期的缩短以及全球经济一体化的加强,企业的成功不再归功于短暂的或偶然的产品开发或灵机一动的市场战略,而是企业核心竞争力的外在表现。按照他们给出的定义,核心竞争力是能使公司为客户带来特殊利益的一种独有技能或技术。

企业核心竞争力是建立在企业核心资源基础上的企业技术、产品、管理、文化等的综合优势在市场上的反映,是企业在经营过程中形成的不易被竞争对手仿效、并能带来超额利润的独特能力。在激烈的竞争中,企业只有具有核心竞争力,才能获得持久的竞争优势,保持长盛不衰。

战略聚焦　企业视点

难以模仿的优势

作为食品行业的百年老店,玛氏公司就曾经遭遇过这样一种困境。20世纪90

年代,随着消费者逐渐对糖果和其他含糖类食物的健康价值产生质疑,越来越倾向于选择诸如能量棒之类的高营养类食品,玛氏公司却一直未能推出什么新的迎合此趋势的主打产品。在消费者日益厌倦了其糖果和宠物食品等核心产品后,玛氏公司的销售额增长率也有史以来第一次变成了个位数。

实际上,玛氏公司一直认为,在消费品领域创造销售增长奇迹的秘诀,在于根据顾客的需要来开发新产品,而顾客需求往往是通过消费者调查和对目标客户群的研究来获取的。而如果新创意不够出彩,营销和广告则会随之跟进,就能够将一个普通的概念变成全城热点。因此,玛氏公司习惯的逻辑是,领先上市的产品理所当然应该赚取最多的利润。

博斯咨询公司合伙人亚历山大·凯德宾和苏希·格雷弗认为,企业与其将新产品视为刺激消费者的短时兴奋剂,不如建立一种独一无二的优势,让竞争对手难以模仿。

事实证明,那些能成功地使新产品在市场中立足并成为主导产品的公司,通常会注重如下七个方面的因素:

(1) 技术与专利(Technology and patents);

(2) 宣言(Claims);

(3) 成分同义词(Ingredient synonymy);

(4) 独一无二的品牌特征(Unique brand characteristics);

(5) 产品体验(Product experience);

(6) 包装(Packaging);

(7) 垂直整合(Effective vertical integration)。

(资料来源:《21世纪商业评论》2008年10月21日)

具体地讲,核心竞争力包括下列一些构成要素:

(1) 研究开发能力。即企业所具有的为增加知识总量以及用这些知识去创造新的知识而进行的系统性创造活动能力。研究开发包含基础研究、应用研究和技术开发三个层次。

(2) 不断创新能力。即企业根据市场环境变化,在原来的基础上重新整合人才和资本,进行新产品研发并有效组织生产,不断开创和适应市场,实现企业既定目标的能力。所谓创新,包含技术创新、产品创新和管理创新三个方面的内容。

(3) 组织协调各生产要素有效生产的能力。这种能力不仅仅局限于技术层面,它涉及企业的组织结构、战略目标、运行机制、文化等多方面,突出表现在坚强的团队精神和强大的凝聚力、组织的大局势和整体协调以及资源的有效配置上。

(4) 应变能力。客观环境时刻都在变化,企业决策者必须具有对客观环境变化敏锐的感应能力,必须使经营战略随着客观环境的变化而变化,即因时、因地、因对手、因对象而变化。

同时,企业核心竞争力的识别标准有四个:

(1) 价值性。即能很好地实现顾客所看重的价值,如:能显著地降低成本,提高产品质量,提高服务效率,增加顾客的效用,从而给企业带来竞争优势。

(2) 稀缺性。即只有少数的企业拥有它。

（3）不可替代性。竞争对手无法通过其他能力来替代它，它在为顾客创造价值的过程中具有不可替代的作用。

（4）难以模仿性。核心竞争力还必须是企业所特有的，并且是竞争对手难以模仿的，也就是说它不像材料、机器设备那样能在市场上购买到，而是难以转移或复制。这种难以模仿的能力能为企业带来超过平均水平的利润。

对于一个具体公司来说，它的资源——不管它是一项特异能力，资产（有形、无形），成就，还是一项竞争能力——如果要成为持久的竞争优势的话，必须通过以下四项竞争价值的测试：

（1）这项资源是否容易被复制？一项资源的模仿成本和难度越大，它的潜在竞争价值就越大。难于复制的资源往往限制竞争，从而使资源所带来的利润具有持久性。资源可能会因为下列一些原因而变得难于复制：资源本身的独特性（不动产的地理位置非常好，受到专利保护），它们的建立需要时日，而且难以加速建立起来（一个品牌名，对技术精湛的掌握），它们需要大量的建造资金。

（2）这项资源能否持续多久？一项资源持续的时间很长，它的价值就越大。有些资源很快就会丧失其竞争价值，那是因为技术或行业的环境在快速的发生变化。

（3）这项资源能否真正在竞争中有上乘的价值？所有的公司都必须防止盲目地相信它们的核心竞争能力或特异能力会比竞争对手更有力量。

（4）这项资源是否可以被竞争对手的其他资源/能力所抵消呢，即本公司资源的可替代性如何？一般来说，不可替代的资源对顾客来说有更大的价值，因而也就更有竞争的优势。

有许多公司并不拥有具有竞争价值的资源，能够顺利通过上述四项测试的具有上乘竞争价值的资源就更少了。绝大多数公司是拥有一个组合的强势/资产/胜任能力/卓越能力——其中一到两种很有价值，有一些比较好，其他的从满意到平庸不等。只有少数公司，通常是行业的领导者或者行业未来的领导者，才拥有很大的竞争价值的上乘资源。

3.9 内部分析方法

3.9.1 价值链分析

价值链分析是对顾客需求进行深入了解的一种分析方法，它把企业的活动划分为战略上相关的一系列活动，目的是为了进行成本分析以及找出区别所在。一个企业的竞争优势就在于它能比竞争对手更好地安排这些在战略上非常重要的活动。价值链概念有助于我们理解价值是如何被创造或被破坏的。价值链的不同驱动因素包含了不同的信息，以下是三种最常见的价值链驱动因素：

（1）市场差异化。即瞄准时机发展差异化市场，例如，规模较小的企业可以发展专业性市场。

（2）质量保证。即建立详细的从初级生产到零售的质量保证系统。

（3）链条组织。设立链条组织的目的在于减少交易、存货及运送费用，找出价值链中的瓶颈部分以及无效率部分进行改进。

波特的价值链分析区分了五种基本活动和四种辅助活动(如图3-3所示)。五种基本活动涉及产品的物质创造、销售、转移给卖方和售后服务等各种活动;辅助活动辅助基本活动,它们包括提供外购投入、技术、人力资源以及各种企业范围的职能相互支持。

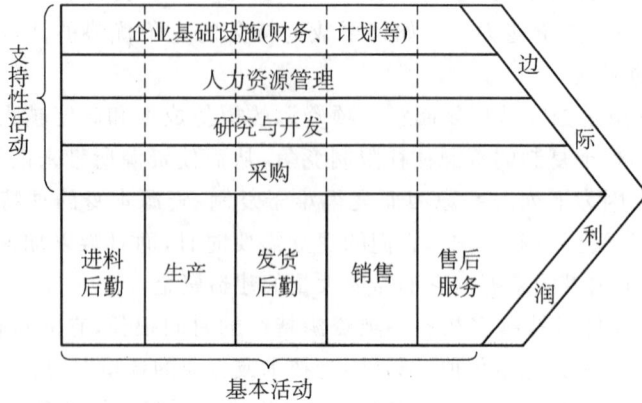

图3-3　波特价值链

五种基本活动的内容包括:

(1)进货后勤。其是指与提供产品或服务的接收、存储和分配相关联的各种活动。例如,进货、仓储及存货控制等。

(2)生产经营。其是指将各种投入品转化为最终产品或服务的各种活动。例如,机械加工、组装及测试包装等。

(3)发货后勤。其是指产品集中、存储以及配送最终产品的活动。例如,产品库存、搬运、送货等。如果企业提供的是服务,那么外部后勤则更多地涉及引导顾客消费。

(4)市场营销。其是指提供一种买方购买产品的方式、引导买方进行购买的各种活动。例如,营销管理、广告宣传、销售渠道选择以及定价和促销等。

(5)服务。其是指向顾客提供能使产品保值增值的各种服务。例如,安装、维修、使用培训、零部件供应、产品生命周期结束后的回收等。

四种与基本活动紧密联系的辅助活动包括:

(1)企业的基础设施建设。企业的基础设施主要是指常规管理系统和管理活动。例如,计划、财务、会计、组织机构、法律服务、信息管理系统、办公自动化等管理行为支持着整个价值活动。从职能上看,它们相互独立,各自发挥特有的功能;从功能和效率上看,它们之间相互作用。如果没有整体的协调、配合、互动,就很难充分发挥各自特有的功能和效率。管理活动作为一个系统,绝非孤立的行为,如果只强调某种管理的质量或功能,企业的整体效益就无从产生,也根本无法形成整体的竞争优势。

(2)采购。其是指购买各种投入的活动,包括了所有与供货商有关的活动。采购活动不仅仅限于企业的采购部,它涉及整个企业,虽然采购的费用只占企业总费用的一小部分,但是采购的质量对企业经营的影响是巨大的,采购的质量低会增加生产的消耗或降低产品的销售,从而给企业带来很高的成本。

(3) 人力资源管理。其是指企业对员工的管理,它关注的是人员的招聘、培训、开发和员工评价以及制定工资、福利政策等各种活动。一些企业已认识到,大力投资人力资源管理,并在整个企业中共同协调人力资源管理对企业具有很大的潜在优势。招聘和留住优秀人才已经成为企业的一个重大战略问题。

(4) 技术开发。其包括技术诀窍或技术成分、工艺设备、生产过程、产品设计和研究、办公自动化等。关键技术直接与产品或进程相关,例如炼油厂。

每项辅助活动都会涉及基本活动。例如,在采购活动中,每个步骤都涉及基本活动,在进货后勤阶段涉及的很可能是原材料,在生产阶段涉及的是资本设备等。

价值链通过组织投入到产出的过程来增加产出的价值。资源本身对于企业是没有价值的,企业只有通过组织这些资源来匹配价值系统,并且价值系统要确保产出的产品或服务让顾客满意,这样才能对企业产生价值。

企业通常通过以下步骤分析自己是如何利用这些资源来取得竞争优势的,这一分析包括:

(1) 识别价值活动。

这个阶段应包括成本与相应增加值的匹配,以及关键活动的识别。这些关键活动加强了产出的生产或交付能力,它们包括供应链和分销链。对于企业来说,识别这些能给企业带来竞争优势的活动至关重要。例如,低价格的产品很可能是基于低成本的零部件供应或者分销商的让利。

(2) 识别成本或价值驱动因素。

识别成本驱动因素是审查每一项价值活动,找出对成本影响较大活动的过程。而价值驱动因素与成本驱动因素不同,它具有多样性和多变性。了解特定关键活动的价值驱动因素,对于企业把自己与竞争对手相区别是必不可少的。

(3) 识别联系。

企业的价值活动与这些价值活动之间的联系是企业竞争优势的源泉。波特强调活动之间联系的重要性,这是因为核心竞争力很可能会随着时间的推移而被竞争对手削弱。例如,销售部门、生产部门以及采购部门之间的良好沟通可以帮助减少库存(投入品和产成品),购买更昂贵(但更可靠)的设备可能会带来成本的节约和制造环节质量的改进。重要的是这些活动都没有被孤立地处理。活动之间的联系具有以下两个作用:第一,活动之间的联系表示企业需要统一规划这些活动。例如,JIT方法需要顺利运作的生产、发货后勤与服务活动(例如安装)。第二,企业通过权衡各种活动的成本效益来优化活动。例如,对产品设计的更多投入可以减少对售后服务的需求。此外,外部联系也很重要,例如,企业与它的供应商之间的联系。资源分析的重点在于如何重新安排资源活动和联系,以便为客户创造更大的价值。

3.9.2　SWOT 分析

SWOT 分析是将企业内部环境的优势与劣势、外部环境的机会与威胁同列在一张“十”字形图表中加以对照。这样既可以一目了然,有可以从内外环境的相互联系中作出更深入的分析评价。企业内部环境的优势和劣势是企业独有的信息,而外部环境的机会和威胁则是市场中每个企业所共有的信息。SWOT 分析综合分析了企业的内部资源与能力,例如企业的优势和劣势以及对环境的分析,又如行业内竞争所带来的机会和威胁等。SWOT 分析的目的在于明确企业在市场中所处的地位,进而作出最佳战略选择(如图 3-4)。

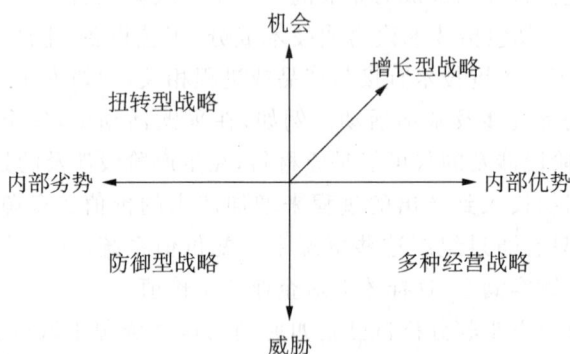

图 3-4　SWOT 战略匹配

一旦进行了 SWOT 分析,企业就能够确定自己在市场中的地位,从而形成一个有益的平台,有利于企业选择最好的战略以实现企业目标。企业的优势和劣势是相对于市场的期望及其对手来说的,例如,某企业相对来讲较为擅长或者不擅长什么。对企业的分析必须是公正和客观的,必须瞄准企业使命陈述中提出的目标,因为这样可以大体识别对未来而言重要的优势或劣势。SWOT 分析突出了长期不变的公司目标与更为明确或较易实现的短期目标之间的差异。根据内部资源分析和外部环境分析,可能会发现以前所建立的目标可能有些根本无法达到或者当初设置的水平太低,因而可以重新考虑或修改以前的目标。涉及 SWOT 分析的因素众多,包括加强或限制公司经营的决策变量。

SWOT 的四个要素:

如图 3-5 所示,SWOT 分析的四个要素为优势、劣势、机会与威胁。

(1) 优势。

优势是指能为企业带来重要竞争优势的积极因素或独特能力。其包括管理方面的专业知识、目前的市场地位、企业规模、企业结构、财务资惊、人员配备、形象或声誉等。企业需要不断地寻找匹配其优势的机会,从而帮助企业优化协同效应。

(2) 劣势。

劣势是指限制企业发展且有待改正的消极方面。例如,当前的能力或资源的不足、不良形象或声誉,这些都是企业的劣势。此外还包括缺乏现金流、高额的沉没成本、大量的客户投诉以及优秀人才的短缺等。

(3) 机会。

机会是随着企业外部环境的改变而产生的有利于企业的时机。例如,有利于企业的政府法规的出台、新的市场的出现、不断改善的经济因素或者竞争对手的破产等。

（4）威胁。

威胁是随着企业外部环境的改变而产生的不利于企业的时机。例如,不利于企业的立法出台、人们对环境影响的认识、政治或经济的动荡以及不断变化的社会条件等。

综合四个要素的分析,把结果同列在一张"十"字形图表中加以对照,即为SWOT分析表。图3-5是一个典型的SWOT分析格式。

优势(Strengths)	劣势(Weaknesses)
<ul><li>企业专家所拥有的专业市场知识</li><li>对自然资源的独有进入性</li><li>专利权</li><li>新颖的、创新的产品或服务</li><li>企业地理位置</li><li>由于自主知识产权所获得的成本优势</li><li>质量流程与控制优势</li><li>品牌和声誉优势</li></ul>	<ul><li>缺乏市场知识与经验</li><li>无差别的产品和服务(与竞争对手相比较)</li><li>企业地理位置</li><li>竞争对手进入分销渠道的优先地位</li><li>产品或服务质量低下</li><li>声誉败坏</li></ul>
机会(Opportunities)	威胁(Threats)
<ul><li>发展中的新兴市场(中国、互联网)</li><li>并购、合资或战略联盟</li><li>进入具有吸引力的、新的细分市场</li><li>新的国际市场</li><li>政府规则放宽</li><li>国际贸易壁垒消除</li><li>某一市场的领导者力量薄弱</li></ul>	<ul><li>自己的市场上出现新的竞争对手</li><li>价格战</li><li>竞争对手发明新颖的、创新性的替代产品或服务</li><li>政府颁布新的规则</li><li>出现新的贸易壁垒</li><li>针对自己产品或服务的潜在税务负担</li></ul>

图3-5 典型的SWOT分析格式

然后,将内部资源分析和外部环境进行匹配的分析。

内部评价应确定便于项目利用的企业优势和可能影响项目的企业劣势。可考察的主要领域包括:①产品。如产品的年龄、寿命、所处的生命周期阶段以及质量比较等。②生产过程。如估价、生产能力以及存货水平等。③分销。如交货以及仓库的位置等。④人力资源。如人员培训、管理技能、人力资源利用以及员工士气等。⑤市场营销。如成功的促销、广告、市场份额、进军目标细分市场、可确认和不可确认的收益以及产品的受欢迎程度等。⑥财务。如现金供应、财务风险、短期和长期债券等。⑦研究开发。如商业上可行的产品数量、新的系统设计等。

外部评价应寻找企业可利用的机会(如市场需求的增长或经济环境的改变等),以及帮助管理层预测来自外部的威胁(如竞争对手的行动以及经济的衰退等)。机会和威胁主要产生于四个领域,在某一特定行业中,这不是某个企业所独有的,所有企业都有可能遇到:①政治和法律。如新的国家劳动法规以及各级政府补贴等。②技术。如新产品或新的生产技术改善了通信和运输条件等。③经济。如预计税收的变化、汇率以及贸易管制等。④社会和文化。如对于婚姻、教育水平的标准、失业状况、提前退休以及工作与生活的态度等。

第一,优势和劣势。

业绩分析可用于识别企业的优势和劣势,从而影响企业的战略选择。利润率和销售状况不仅对过去的战略进行了评价,而且还说明目前产品线的市场活力。可以使用目标回报率这个指标,因为它考虑到了这样一个事实,即并不是所有的战略都具有相同程度的风险。股东价值是基于战略的现金流的贴现,除反映以往战略的财务指标之外,这个指标具有前瞻性。但不幸的是,它关注的是财务指标,而没有关注战略业绩的其他指标。以下的非财务指标能更好地衡量企业的长期表现,它们包括:

(1) 产品或服务的质量。这是指产品提供给客户的价值,并且和预期的质量一样。

(2) 新产品开发活动。企业在原料、装配、产品设计和顾客导向等方面是否处于成本劣势?

(3) 相对成本。企业在原料、装配、产品设计和员工工资等方面是否处于成本劣势?

(4) 客户满意度或品牌的忠诚度。企业在吸引客户和建立忠诚度方面是否胜过竞争对手?

(5) 管理人或雇主的能力和业绩。企业是否拥有能够支持其战略的管理层以及数量和质量如何?

对于企业来讲,了解产品如何出现在目标市场非常重要。在研究如何产生产品差异化时,管理层不应该只限于那些客户期望的产品功能。产品属性模型表明有两层生产属性:①核心产品——市场上有效的产品要求的最基本的功能;②二次产品——附加功能。以这种方式看待产品能帮助企业战略家了解产品在第二个层次上的竞争。然而,发展这些技能须非常谨慎,因为额外的功能必须要首次获得买家的购买意愿,而不是仅仅由工程师给产品增加额外成本。

产品或服务及其组成部分应该严格、客观地与竞争对手或者客户的期望及需要进行对比。它的价值体现在哪里?它是如何与竞争对手的产品或服务进行比较的?产品和服务质量基于一些可被确认和量化的关键因素。例如,家电制造商关心的则是产品的缺点、执行规格的能力、耐用性以及可靠性;而餐馆关心的是轮候时间、食品质量、便利的餐厅位置以及使顾客体会到友好和积极的服务态度。顾客的想法是非常重要的,有时顾客的观点是基于对质量的感觉。对质量的感觉不同于实际的质量,它可以根据以前的产品或服务的经验以及质量的线索来判断,例如,零售商类型、定价策略、包装、广告和典型客户的形象等。

在确定产品的优势和劣势之后,企业仍然需要注意市场销售的转折点。例如,产品由生命周期的增长期转入平稳的成熟期,或者由成熟期转入衰退期。过渡期对于市场的健康自然发展是至关重要的,它们常常伴随着取得成功的关键因素而变化。市场过去的销售额和盈利模式能够帮助确定这是成熟期的开始还是衰退期的开始,下面的几点是更敏感的指示器:

(1) 价格压力。这是由于生产能力过剩和产品缺乏差异化所导致的。当增长速度减缓甚至逆转时,在乐观的情景下制定的生产能力此时就会出现过剩。此外,在产品差异化的过程中,往往会有大量的竞争者也竞相改进自己的产品,因而维持产品的差异化就变得更加困难。

(2) 买方对产品的认知。买家对成熟的产品非常熟悉,因而比较不愿意为了放心而支付溢价购买大品牌。例如,购买电脑的顾客因为拥有过去多年购买电脑的经验,对选择电脑产品有一定的信心,因而顾客不会完全依赖于像 IBM 这样的大品牌,这也就是为什么 IBM 的价值会下跌的原因。

（3）替代产品或技术。例如,带有音乐播放功能的电话的问世预示着 CD 播放器销量的下降。

（4）饱和。定时顾客的数量下降预示着市场销售处于成熟期或衰退期。

（5）无增长点。市场已被完全渗透,没有明显的新的客户增长来源。

（6）客户冷淡。在新产品发布等时期客户的兴趣减少。

第二,机会和威胁。

外部分析涉及企业外部的相关因素,应当有的放矢,将重点放在寻找机会、威胁和战略选择上。

外部分析的目的在于,确认和理解企业面临的和即将面临的机会和威胁。威胁是趋势事件,对于目前销售和盈利骤然下降的这种情形提供不了战略对策,例如,消费者关注健康饮食,他们尽量远离含有胆固醇的食物,这对乳品行业构成了威胁。机会也是一种趋势,如果给定适当的战略对策,就可以导致销售和盈利的上升。

外部分析由三个部分组成:一般宏观环境分析、行业环境分析、经营环境与竞争优势环境分析(分析框架详见第 2 章)。

（1）外部宏观环境分析确定了企业重要的外部影响因素。对与企业紧密联系的市场以及竞争对手的考察,可以形成企业巨大的推动力。一般宏观环境分析将设法确定和把握由其四个关键因素所产生的机会和威胁。把宏观环境分析限制在一定的范围内十分必要,这是因为过于广泛的研究范围很容易使分析陷入困境。依照 PEST 模型,机会和威胁可以涉及政治、法律、经济、社会和文化以及技术等各个方面。

（2）市场和行业分析有两个主要目标。一是衡量市场和单个细分市场的吸引力,以便确认竞争对手是否能赢得可观的利润或亏损。如果每个投资人都赔钱,那么该市场就没有投资的价值。二是要了解市场动态,企业将面对的威胁和机会,从而形成战略。这种分析将包括对市场规模、盈利能力、增长率、成本结构、销售渠道、发展趋势和成功的关键因素等的考察。

（3）客户分析确定了企业的客户群组,以及每个客户群还未得到满足的需求。客户群组定义了产品市场,从而帮助企业作出相应的战略性投资决策,即给每个市场分配投资份额。分析客户的动机可以帮助企业决定是否可以,或者是否应该维持现有的竞争优势。分析顾客未满足的需求可以被视为打败竞争对手的方法。

（4）竞争优势分析包括确定现有的和潜在的竞争对手,以及它们将会对企业构成的竞争程度。虽然需要严格地审查企业的竞争对手,但是所有的竞争对手通常都与企业的战略发展相关。竞争对手多的时候有利于企业将它们归为不同的战略群体。拥有相同特征的竞争对手即可归为同一战略群体,这些特征包括规模、资源、优势(例如,品牌名称或分销渠道)和战略等。制定一项战略,重要的是要了解竞争对手的业绩、目标、当前和过去的战略、企业文化、优势和劣势。战略的制定往往侧重于利用竞争对手的弱点或压制竞争对手的优势。

3.9.3　竞争地位评估

评价公司的竞争地位和竞争强势。必须要考察的问题有：①如果现行的战略继续执行下去，那么，公司的市场位置将会改善还是将会恶化？②在每一个行业成功关键因素以及竞争强势和资源能力的每一个测度指标上，公司相对其关键竞争对手的排名如何？③公司目前是拥有相对竞争对手的优势还是劣势？④在已知的行业变革驱动因素、竞争压力和竞争对手的预期行动的情况下，公司捍卫其市场地位的能力如何？

表3-2列举了表明公司的竞争地位是上升还是下降的指标。但是，公司的管理者所需要做的不仅仅是确定竞争改善或下降的领域。他们还必须判断公司相对关键的竞争对手来说拥有竞争优势还是竞争劣势，公司的市场地位和业绩水平在现行的战略下，会改善还是会恶化。

表 3-2　公司竞争地位强势和弱势的信号

公司竞争地位强势的信号	公司竞争地位弱势的信号
重要的资源优势、核心竞争力和特异能力	面临竞争优势
在具有重要竞争价值的价值链活动上拥有特异的能力	竞争对手正在夺取自己的地位
很强的市场份额	缺乏财务资源
领先开拓型或特异战略	在顾客中的声誉正在下降
客户群扩大，顾客忠诚度提高	产品开发和革新能力步人后尘
超过平均水平的市场可见度	所在的战略群注定要失去地位
处于有利的战略群之中	在有很多市场机会的领域里能力弱
在有吸引力的市场份额上有很好地位	成本很高
差别化很强的产品	规模小
成本优势	所处的状况不能很好应对市场威胁
平均水平之上的利润率	产品质量很差
平均水平之上的技术与革新能力	在关键领域缺乏技术、资源与竞争力
具有创新精神和企业家精神的管理队伍	比竞争对手的分销能力差
处于能够利用新市场的机会的位置	

公司的管理者对公司竞争强势的评价可以从这一步开始：运用基准化超越技术将公司同行业的竞争厂商进行比较，比较的项目不仅仅是成本，还有如下一些重要指标——产品质量，客户服务，顾客满意度，财务强势，技术技能产品周期时间（新产品从设计设想到市场化的速度有多快），是否拥有对竞争有重要意义的资源和能力。对各项活动的成本进行标杆定位和确定最佳的惯例还不够，一家公司应该在公司业

务所在战略和竞争上有着重要意义的层面同竞争对手进行标杆学习。

确定一个公司的竞争地位有多强大的一个最有效的途径,是用数量的方法来评估公司在每一个行业成功因素和每一个重要竞争能力以及潜在竞争优势指标上,是比紧密的竞争对手强还是弱。评价竞争强势的大部分信息来自于这以前的各个分析步骤。行业和竞争分析揭示了行业中各个公司关键的成功因素和区别行业成功者的重要决定变量。竞争对手分析和基准化超越的数据,实际上提供了判断关键竞争厂商强势和能力的信息。

第一步是列出一系列行业的关键成功因素以及竞争优势和劣势最有力的决定变量(6~18个变量通常就足够了)。第二步就是给每一个强势指标对公司极其关键的竞争对手进行评分。评分赋值最好从1到10,不过,如果所需信息很少,从而采用数据评判会带来错误和不准确性,那么,就可以采用强(+)、弱(—)和相等(=)的评分等级。第三步是加总各个变量的评分,得出每一个竞争对手的竞争强势的得分。第四步是做出关于公司竞争优势或劣势的结论,同时对公司的那些最强或最弱的各个领域的强势指标做出更具体的指示。

表3-3包括了两个竞争强势评价的实例。第一个采用的是不加权赋值。在不加权赋值的情况下,每一个关键的成功因素和竞争强势指标都被认为是同等重要的(这是一个很值得怀疑的假设)。任何一家在给定的指标上得分最高的公司都被认为在这个指标上有优势,其优势的规模反映在该公司在这个指标上的得分和其他公司在这个指标上的分的差值。加总一个公司在所在指标上的得分就得到了公司的总强势的分。公司的总得分越高,它的竞争地位就越强。公司的总得分和低值得分竞争对手的得分之间的差值越大,它的竞争优势就越大。ABC公司的总得分为61分,它相对于竞争对手4(得分为32分)的竞争优势就比相对于竞争对手1(得分为58分)的竞争优势要大。

表3-3　加权和不加权竞争强势评估示范

A:不加权竞争强势评估　　赋值:1=非常弱;10=非常强

关键成功因素/强势指标	ABC公司	竞争对手1	竞争对手2	竞争对手3	竞争对手4
质量/产品性能	8	5	10	1	6
声誉/形象	8	7	10	1	6
制造能力	2	10	4	5	1
技术能力	10	1	7	3	6
特约经销商网络	9	4	10	5	1
新产品革新能力	9	4	10	5	1
财务资源	5	10	7	3	1
相对竞争地位	5	10	3	1	4
客户服务能力	5	7	10	1	4
不加权强势评分总和	61	58	71	25	32

B：加权竞争强势评估　　赋值：1＝非常弱；10＝非常强

关键成功因素/强势指标	权数	ABC 公司	竞争对手 1	竞争对手 2	竞争对手 3	竞争对手 4
质量/产品性能	0.10	8	5	10	1	6
声誉/形象	0.10	8	7	10	1	6
制造能力	0.10	2	10	4	5	1
技术能力	0.05	10	1	7	3	6
特约经销商网络	0.05	9	4	10	5	1
新产品革新能力	0.05	9	4	10	5	1
财务资源	0.10	5	10	7	3	1
相对竞争地位	0.35	5	10	3	1	4
客户服务能力	0.15	5	7	10	1	4
加权强势评分总和		6.2	8.2	7.00	2.15	4.90

应用加权评分体系法要好一些，因为竞争强势的不同指标其重要性不可能完全相等。例如，在商品化产品的行业中，相对于竞争对手的成本低，几乎成为最重要的竞争变量。但是，在产品/服务差别化很强的行业中，竞争强势最重要的指标可能是品牌普及度、广告力度、质量声誉以及分销能力。在加权评分方法体系之下，竞争强势的每一个指标都会根据其影响竞争成功的已知重要程度赋予一定的权重。如果某项强势变量起着决定性作用，那么其最大的权重可能高达 0.75（也可能更高）；而如果有两到三个比其他的变量更重要的话，那么最大的权重可能只有 0.20。不太重要的竞争指标可能是 0.05 或 0.10。不管权重之间的差异有多大，所有权重之和必须等于 1.0。

通过确定公司在各个强势指标上的成绩（采用 1～10 的赋值标准），我们乘以该指标的权重，就可以计算出加权得分。这样，在特定指标上的得分最高的公司就拥有在那个指标上的竞争优势，其优势的规模也反映在公司的得分与其竞争对手得分的差值之上。指标所赋的权重反映了在这个指标上取得竞争优势的重要程度。加总所有的加权得分就可以得到公司的总加权分，比较总加权分就可以确定处于最强和最弱地位的公司，以及被评价公司之间的竞争优势的规模。

表 3-3 运用加权评分体系评估了 ABC 公司的竞争强势，我们可以看出加权评估和不加权的评估会得到不同的公司排序结果。在加权评估体系之下，ABC 公司从第二位降低到了第三位，竞争对手从第三位上升到了第一位，因为该公司在两项最重要的指标上得分很高。因此，对强势指标的重要性进行赋值对评估的结果有着重要的影响。

竞争强势评估能够对公司的竞争地位做出重要的结论。这些评分结果可以逐个因素，逐项能力地揭示公司与其竞争对手的相对地位。而且，总竞争强势的得分表明该公司相对于每一个竞争对手是处于竞争优势还是处于竞争劣势。总得分最高的公司对每一个竞争对手都有竞争优势。

3.9.4　内部要素评价矩阵

内部因素评价矩阵(Internal Factor Evaluation Matrix，IFE 矩阵)，是一种对内部因素进行分析的工具，其做法是从优势和劣势两个方面找出影响企业未来发展的关键因素，根据各个因素影响程度的大小确定权数，再按企业对各关键因素的有效反应程度对各关键因素进行评分，最后算出企业的总加权分数。通过 IFE，企业就可以把自己所面临的优势与劣势汇总，来刻划出企业的全部引力。

IFE 矩阵可以按如下五个步骤来建立：

(1) 列出在内部分析过程中确定的关键因素。采用 10～20 个内部因素，包括优势和弱点两方面的。首先列出优势，然后列出弱点。要尽可能具体，要采用百分比、比率和比较数字。

(2) 给每个因素以权重，其数值范围由 0.0(不重要)到 1.0(非常重要)。权重标志着各因素对于企业在产业中成败的影响的相对大小。无论关键因素是内部优势还是弱点，对企业绩效有较大影响的因素就应当得到较高的权重。所有权重之和等于 1.0。

(3) 为各因素进行评分。1 分代表重要弱点；2 分代表次要弱点；3 分代表次要优势；4 分代表重要优势。值得注意的是，优势的评分必须为 4 或 3，弱点的评分必须为 1 或 2。评分以公司为基准，而权重则以产业为基准。

(4) 用每个因素的权重乘以它的评分，即得到每个因素的加权分数。

(5) 将所有因素的加权分数相加，得到企业的总加权分数。

无论 IFE 矩阵包含多少因素，总加权分数的范围都是从最低的 1.0 到最高的 4.0，平均分为 2.5。总加权分数大大低于 2.5 的企业的内部状况处于弱势，而分数大大高于 2.5 的企业的内部状况则处于强势。IFE 矩阵应包含 10～20 个关键因素，因素数不影响总加权分数的范围，因为权重总和永远等于 1。

表 3-4 是对瑟克斯公司(Civcus Enterprises)进行内部评价的例子。

表 3-4　瑟克斯公司 IFE 矩阵

内部优势	权数	评分	加权分数
1. 美国最大的赌场公司	0.05	4	0.20
2. 拉斯维加斯的客房入住率达到 95％以上	0.10	4	0.40
3. 活动现金流增加	0.05	3	0.15
4. 拥有拉斯维加斯狭长地带一英里的地产	0.15	4	0.60
5. 强有力的管理队伍	0.05	3	0.15
6. 员工素质较高	0.05	3	0.15
7. 大多数场所都有餐厅	0.05	3	0.15
8. 长期计划	0.05	4	0.20
9. 热情待客的声誉	0.05	3	0.15

	权数	评分	加权分数
10. 财务比率	0.05	3	0.15
内 部 弱 点			
1. 绝大多数房产都位于拉斯维加斯	0.05	1	0.05
2. 缺乏多样性经营	0.05	2	0.10
3. 接待家庭游客,而不是赌客	0.05	2	0.10
4. 位于 Lauyhling 的房地产	0.10	1	0.10
5. 近期的合资经营亏损	0.10	1	0.10
总 计	1.00		2.75

值得注意的是,该公司的主要优势在于其规模、房间入住率、房产以及长期计划,正如它们所得的 4 分所表明的。公司的主要弱点是其位置和近期的合资经营,总加权分数 2.75 表明该公司的总体内部优势高于平均水平。

3.10 本章小结

基础管理与营销、人力资源、生产运营、财务等,构成绝大多数企业的核心业务。对内部运作的战略管理分析是保证企业健康发展的重要条件。很多企业仍只是靠是否盈利来判断企业的经营状况。但是,越来越多的成功企业正在通过更全面的内部分析而获取竞争优势。

在战略管理文献中,进行优势-弱点评价的系统化方法还没有得到充分的研究,但毫无疑问,战略制定者为了有效制定和选择战略,必须对内部优势和弱点进行识别与评价。内外部因素评价矩阵等共同提供了成功制定竞争战略所必需的基本信息。进行内部分析的过程为企业的所有管理者和雇员提供了参与决定企业未来的机会,而这种参与本身,就是对全体管理者与员工的激励与动员。

工具箱

1. 价值链分析
2. 内部要素评价矩阵
3. 竞争地位评估
4. SWOT 分析
5. 内部资源分析和外部环境分析的匹配
6. 财务比率分析

讨论题

1. 在确定内部战略要素时,四种分析方法各自的优缺点是什么?
2. 以一家企业为例描述其价值链的构成。

3. 评价内部战略要素的评价方法各有哪些优缺点?

4. 在实施一项重要的新战略时,你将如何激励管理者和雇员?

5. 公司资本结构中的负债为零是否一定构成一个优势? 为什么?

6. 描述你所在的大学的运作系统。

7. 列举你所熟悉的一个企业在人员配备方面的两个优势和弱点。

8. 你认为财务会计的哪三项基本功能对一家小型电子制造公司最为重要? 论证你的看法。

本章参考文献

[1] 王方华,陈继祥.战略管理[M].上海:上海交通大学出版社,2003.

[2] 希特,爱尔兰,等.战略管理(第四版)[M].吕巍,译.北京:机械工业出版社,2002.

[3] (美)戴维.战略管理(第十版)[M].李克宁,译.北京:经济科学出版社,2006.

[4] 汤姆森·斯迪克兰德.战略管理[M].北京:北京大学出版社,2000.

[5] 张世恒.企业战略管理[M].成都:四川大学出版社.

第4章

愿景、使命与目标

学习目标

通过学习本章,你应能够做到:

1. 理解企业的愿景、使命和目标对战略管理的意义。
2. 理解企业愿景的基本要素。
3. 理解企业使命的概念与内涵。
4. 理解使命任务陈述、目标陈述与撰写使命陈述。
5. 理解战略目标内容。
6. 理解战略目标体系。

战略名言

一个企业不是由它的名字、章程和公司条例来定义,而是由它的任务来定义的。企业只有具备了明确的任务和目的,才可能制定明确和现实的企业目标。

——彼得·德鲁克

公司的目标可以集中企业资源、统一企业意志、振奋企业精神,从而指引、激励企业取得出色的业绩。战略制定者的任务就在于认定和表明企业的目标。

——约翰·基恩

战略制定者要在所取信息的广度和深度之间做出某种权衡。他就像是一只在捉兔子的鹰,鹰必须飞得足够高,才能以广阔的视野发现猎物,同时它又必须飞得足够低,以便看清细节,瞄准目标和进行攻击。不断地进行这种权衡正是战略制定者的任务,一种不可由他人代理的任务。

——弗雷德里克·格卢克

战略制定者的任务不在于看清企业目前是什么样子,而在于看清企业将来会成为什么样子。

——罗伯特·彭斯

开篇案例

英特尔：从伟大到平庸

格鲁夫有一个 IT 业人尽皆知的说法："只有迫害妄想狂才能活下来"（通常误译为"只有偏执狂才能生存"）。所谓"迫害妄想狂"（Paranoid）就是对环境中不利于自己的迹象过度敏感，总以为别人想要害自己的人。格鲁夫说："我常笃信'只有迫害妄想狂才能生存'这一格言，我不惜冒'迫害妄想'之名，整天怀疑事情会出岔。""尤其当战略转折点来临的时候，你的迫害妄想才更显出它的必要性。只要涉及企业管理，我就相信迫害妄想狂万岁，企业繁荣之中孕育着毁灭自身的种子。你越是成功，垂涎三尺的人就越多。他们一块一块地窃取你的生意，直到你最后一无所有。"今天的英特尔人重读这些话的时候一定会更有感觉。

然而就是高呼"迫害妄想狂万岁"的格鲁夫本人也有不是迫害妄想狂的时候。他把英特尔从谷底带到了顶峰，当他从 CEO 的位置上退下来的时候，已经出现了"蹑着猫足而至"的坏消息。但处于成功顶峰的他已经渐渐失去了对坏消息的敏感了。他相信让英特尔走向辉煌的"摩尔定律"永远不会变，所以断然否定低端市场的重要性。1998 年第一季度的业绩令很多追捧英特尔的人大跌眼镜，在半是疲惫半是被迫中把 CEO 的位子交给了守业型（以在判断力上平庸而以忠实和执行力见长）的贝瑞特。

在长达七年任职期间，贝瑞特忠实地执行英特尔的既定战略，以复制和单线延伸格鲁夫时代的成功为己任，然后把位子交给做财务出身的欧德宁。

"人们仍然看重性能，但他们也想要其他东西。""我们必须提供这些东西，以另外的方式来看待性能问题。""现在销售技术必须化繁为简，你不能尽是谈比特和字节。"欧德宁的这些话听起来多有见地，表明英特尔已经从英特尔的金科玉律摩尔定律中走出来了。只可惜晚说了八年（欧德宁是在英特尔宣布换标和转型后说这番话的）。这些话本来应该由格鲁夫或者至少应该是贝瑞特上任初期说的。

英特尔的这次转型应该是做了一件正确的事，但却不是在正确的时间做正确的事。管理思想大师查尔斯·汉迪在阐述他的"第二曲线理论"时说道："当你知道你该走向何处时，你往往已经没有机会走了。或者，更严重的是，如果你一直沿原来的路走下去，你将失去通向未来的道路。"这就是在不正确的时间里做正确的事所遭遇的两难境地。

汉迪是在一次旅行途中悟出这个道理的。他向一个当地人问路。当地人告诉他，一直往前走，就会看到一个叫 Davy 的酒吧，在离酒吧还有半里路的地方，往右转，就能到他要去的地方。在指路人离开之后他才明白过来，指路人说的话一点用都没有。因为当他知道该从哪儿拐的时候，他已经错过了那个地方了。如果你"以为通向未来之路是你已经走过的路的延续，你可能在到达 Davy 酒吧时，除了被你的悲痛淹没、追悔逝去的光阴，就再没有别的了"。

（资料来源：部分内容摘自 http：//info．finance．hc360．com/2009/05/190800125579．shtml)

本章案例说明,"愿景、使命与目标"将指明企业成长方向、业务路径与整体目标。

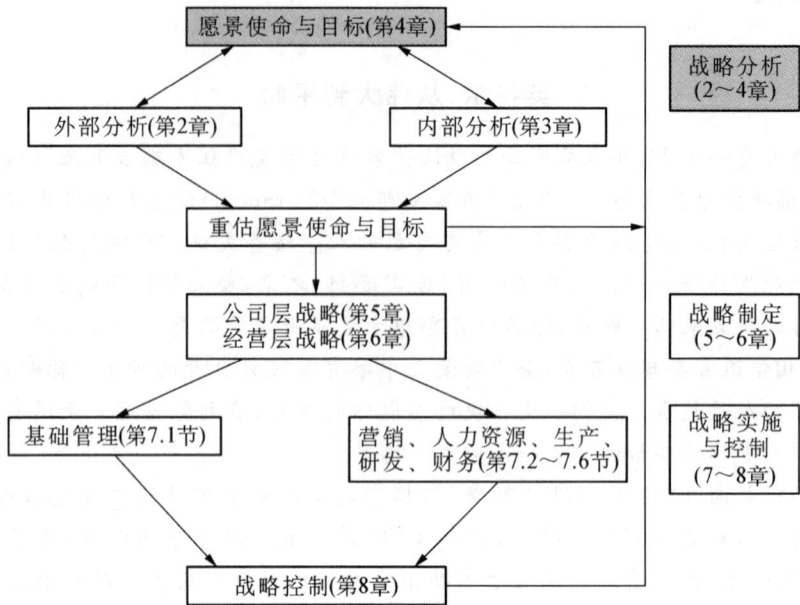

图 4 - 1   综合战略管理模型

4.1   企业愿景

4.1.1   愿景定义

柯林斯(Jim Collins)在 1994 年出版的《基业长青》(Built to Last)一书中,讨论居世界前列的 18 家高瞻远瞩公司(visionary company)基业长青的理由,得出的结论是:那些能够长期维持竞争优势的企业,都有一个基本的经营理念,基本的理念是这些公司发展史的最重要的成分。这种核心理念,柯林斯将它定义为"愿景"(Vision)。

愿景是指企业战略家对企业前景和发展方向一个高度概括的描述。通常由组织内部的成员所制定,由团队讨论,获得组织一致的共识,形成大家愿意全力以赴的未来方向。由企业核心理念和对未来的展望构成。

一般而言,企业愿景大都具有前瞻性的计划或开创性的目标,作为企业发展的指引方针。在西方的管理论著中,许多杰出的企业大多具有一个特点,就是强调企业愿景的重要性,因为唯有借重愿景,才能有效地培育与鼓舞组织内部所有人,激发个人潜能,激励员工竭尽所能,增加组织生产力,以达到顾客满意度的目标。

企业的愿景不只专属于企业负责人所有,企业内部每位成员都应参与构思制定愿景与沟通共识,透过制定愿景的过程,可使得愿景更有价值,企业更有竞争力。

企业愿景是企业战略发展的重要组成部分,是根据企业现有阶段经营与管理发展的需要,对企业未来发展方向的一种期望、一种预测、一种定位,并通过市场的效应,及时有效地整合企业内外信息渠道和资源渠道,以此来规划和制定企业未来的发展方向、企业的核心价值、企业的原则、企业的精神、企业的信条、企业的使命、存在意义、经营方针、事业领域、核心竞争力、行为方针、执行力度等。

企业愿景的本质就是将企业的存在价值提升到极限。传统观念认为，企业的存在价值是企业作为实现幸福的人类社会的手段与工具，在促进全社会幸福和寻找新的财富来源的过程中创造出来的。近来在此基础上对企业的活动增加了与全球自然环境共生（如 ISO14000 环境管理体系）和对国际社会的责任和贡献（如国际性的标准 SA：8000，Social Accountability 8000 的简称）等内容，使企业存在价值这一概念更加完整。在价值观经历全球化变革的时代，企业愿景及其概念范围在扩大。

在企业的经营活动中，很容易发现优秀企业愿景的例子。如"重视实际和价值"的 GE 公司的理念，"强调人类健康信条"的强生公司的理念，"尊重革新和创意"的 3M 公司的理念，"强调持续革新和改善"的 Motorola 的公司理念等等。

4.1.2 愿景基本要素

企业愿景包括两部分：核心信仰（Core Ideology）、未来前景（Envisioned Future）。

核心信仰包括核心价值观（Core Value）和核心使命（Core Purpose）。它用以规定企业的基本价值观和存在的原因，是企业长期不变的信条，如同把组织聚合起来的黏合剂，核心信仰必须被组织成员共享，它的形成是企业自我认识的一个过程。核心价值观是一个企业最基本和持久的信仰，是组织内成员的共识。未来前景是企业未来 10～30 年欲实现的宏大愿景目标及对它的鲜活描述。

4.1.3 有效愿景内核和构架

一个企业的愿景必须回答以下三个主题，它们构成了有效愿景的内核：

（1）存在的理由。愿景必须表明一个企业存在的理由以及为什么要从事各种活动。存在的理由即是一些个体一生都在努力争取解答的严肃的关于存在主义的、组织层面上的问题：我们这个企业为什么存在？我们所作这些努力都是为了谁的利益？我们又给这个世界带来了什么影响？

（2）战略。愿景必须明确界定一项战略。这项战略并不是简简单单的业务计划或传统的战略规划，它必须能帮助建立起企业截然不同于他人的个性化的标识和特征。

（3）价值观。包括为了不断向"存在的理由"靠拢和支持组织战略而体现出来的，同时贯穿于日常工作过程中的主要观念、态度和信念。组织的价值观是指引及保持这种行为的基石。

战略聚焦　企业视点

世界著名企业使命与愿景

联想集团愿景：未来的联想应该是高科技的联想、服务的联想、国际化的联想。
联想电脑公司使命：为客户利益而努力创新。

索尼公司的愿景：为包括我们的股东、顾客、员工，乃至商业伙伴在内的所有人提供创造和实现他们美好梦想的机会。

索尼公司使命：体验发展技术造福大众的快乐。

索尼公司价值观——体验以科技进步、应用与科技创新造福大众带来的真正快乐；提升日本文化与国家地位；做先驱，不追随别人，但是要做不可能的事情；尊重、鼓励每个人的能力和创造力。

IBM 公司使命——无论是一小步，还是一大步，都要带动人类的进步。

波音公司愿景：——在民用飞机领域中成为举足轻重的角色，把世界带入喷气式时代（1950 年）。

波音公司价值观—— 领导航空工业，永为先驱；应付重大挑战和风险；产品安全与品质；正直与合乎伦理的业务；"吃饭、呼吸、睡觉都念念不忘航空事业"。

苹果电脑公司愿景——让每人拥有一台计算机。

苹果电脑公司使命——藉推广公平的资料使用惯例，建立用户对互联网之信任和信心。

苹果电脑公司核心价值观——提供大众强大的计算能力。

华为公司愿景——丰富人们的沟通和生活。

华为公司使命——聚焦客户关注的挑战和压力，提供有竞争力的通信解决方案和服务，持续为客户创造最大价值。

通用电器（GE）愿景：——使世界更光明。

通用电器使命：以科技及创新改善生活品质。

微软公司愿景（使命）：计算机进入家庭，放在每一张桌子上，使用微软的软件。

福特公司愿景（使命）：汽车要进入家庭。

中国移动通信使命：创无限通信世界，做信息社会栋梁。

迪斯尼公司愿景：成为全球的超级娱乐公司。

迪斯尼公司使命：使人们过得快活。

愿景构架其内核是上述三大原则，外周是赋予组织力量的四方面关键因素的整合：

（1）企业高级管理层。一个组织愿景的倡导者、支持者不是某一个人，企业高级管理层由企业的最高层经理人组成，承担着中心领导者的角色。他们是实施愿景的责任人，时刻紧密监督组织是否与愿景保持一致，边监督边处理在成长的过程中随时出现的阵痛。他们是愿景及其所蕴含的创新需求的启蒙者。

（2）文化。一个公司的企业文化是独特的，它强化企业愿景，使之难以被模仿。当一个公司的文化与其声明的价值观以及愿景的其他要素相一致，并融入于整个企业时，它对企业成长与革新的影响要远远大于任何正式的系统。

（3）组织结构。组织的结构既可以支持愿景，又可能侵蚀愿景。许多组织总是面对着这么一个两难的矛盾：在鼓励各种集体尽可能保持其独特性以完成不同任务的同时，这些集体还被要求尽可能地整合在一起，来实现不同的组合之间的合作以及贯彻组织始终的愿景。

（4）人员管理。人员管理是所有经理人的职责,而并不仅仅是某一个部门的事务性工作。通常来说,一个组织中人力资源管理部门的负责人应清楚地认识到人员管理的重要,但是由于缺乏权力或资源,他们往往发现自己没有能力贯彻自己的信念。人员管理的最终责任在于企业的高级管理层。

哈默尔和普拉哈拉德考察企业愿景的五个判断标准如表 4-1 所示。

表 4-1 考察企业愿景的五个判断标准

标准	考察的关键领域
预见性	愿景勾勒出了一幅怎样的未来蓝图?它的时间进度是怎样的?
涵盖面	企业愿景在多大范围内考虑了企业所在行业可能发生的变化,以及导致这些变化的驱动力量?
独特性	企业愿景对未来有独特设想吗?竞争对手是否会对此感到惊异?
共识性	在企业内部是否取得了对企业未来的共识?如果没有取得共识,会产生因追求不同愿景而出现企业方向问题
可行性	企业愿景是否已将当前采取的行动考虑在内?在实现企业愿景时需要采取的工作步骤是否取得了基本一致?企业核心竞争力和未来的市场机会是否已得到了确认?

4.1.4 愿景开发步骤

（1）建立规划小组。这个小组将着手进行的过程应该是一个领悟力训练,通过这个训练,人们能够分享并更好地理解他人心目中对组织将来形象和状态的想象和希望。

（2）形成愿景的核心要素。第一步,要求小组内每一个成员说出各自心目中组织的情形状态是什么样的。把各自的观点看法压缩为简短的句子或者不严格的词组。第二步要求小组的每个成员讨论他们各自的"愿景"。每个成员对自身以及对所在组织的抱负志向是什么?他们的期望是什么?本小组以及关于整个组织的具体目标、价值观和观念是什么?

（3）讨论这些核心要素。通过第二阶段的练习,形成了愿景的一些可能的要素清单。这时,小组成员通过头脑风暴的方法来判断哪些因素对愿景来说是关键的。

（4）阐述经过考验的愿景说明。对愿景的考验应该根据所建立的预测,明确详细地检查组织行为和组织绩效。可以选定一个部门来测试愿景。该部门员工对这个愿景的反应积极吗?如果存在抵制情绪,那么这种抵制情绪的产生原因是什么。

（5）在组织范围内推广愿景。

4.1.5 愿景作用

科林斯和帕里斯研究发现:有明确的企业愿景,并成功地将它扎根于员工之中的企业,这些大多是排在世界前列的广受尊敬的企业;另一种类型的企业认为只要增加销售额便万事大吉,而没有明确的企业愿景,或企业愿景没有扩散到整个企业,这些企业绝不可能位居世界前列。只有具备全体员工共同拥有的企业愿景,这个企业才有了成长为优秀企业的基础。

在当今的企业活动中企业愿景的作用主要体现在以下六个方面：

（1）提升企业的存在价值。

企业愿景的终极目标就是将企业的存在价值提升到极限。企业的存在价值是企业本质的存在理由和信念。这不同于财务报表上的利润的期望值。传统观念认为，企业的存在价值在于它是实现人类社会幸福的手段与工具，是在促进全社会幸福和寻找新的财富来源的过程中创造出来的。近来由于企业愿景的概念范围扩大，在以往那些企业活动的基础上增加了与全球自然环境共生和对国际社会的责任和贡献等内容，使企业存在价值这一概念更加完整。在先进企业的经营活动中，很容易发现优秀企业愿景的例子。如"重视实际和价值"的 GE 的理念，"强调人类健康信条"的强生活公司的理念，"尊重革新和创意"的 3M 公司的理念，"强调持续革新和改善"的摩托罗拉公司理念等等。

企业愿景涵括的意义分为三个不同层次：企业对社会的价值处在愿景的最高层，中层是企业的经营领域和目标，下层是员工的行动准则或实务指南。企业对人类社会的贡献和价值是企业赖以存在的根本理由，也是其奋斗的方向，它是最高层次的企业愿景，具有最高的效力；企业的经营领域和目标是低一层次的概念，指出企业实现价值的途径和方式；行为准则和实务指南是在这个过程中应该遵循的经济和道德准则。愿景所处的层次越高，具有更大的效力、延续的时间更长。

（2）协调利益攸关者。

对于一个特定的组织来说，利害关系者通常是指那些与组织有利益关系的个人或者群体。弗里曼认为，利益攸关者就是指"能够影响组织任务的完成或者受组织任务的实现影响的群体或者个人"。如果组织忽略了某个或者某些能够对组织产生影响的群体或者个人，就有可能导致经营失败。

正像利益攸关者会受到企业的决策、行动的影响一样，这些利益攸关者也会影响该企业的决策、行动，两者之间存在着双向的影响和作用力。实质上，企业与利益攸关者之间是一种互动的共生关系。企业在制定企业愿景时，必须界定利益攸关者的类型，他们的利益诉求以及相应的策略。如何识别各种各样的利益攸关者，并通过企业愿景加以反映和协调，是企业高层管理人员的重要任务。如果利益攸关者的利益不能在愿景中得到尊重和体现，就无法使他们对企业的主张和做法产生认同，企业也无法找到能对他们施加有效影响的方式。比如说，一家化工企业如果只是以盈利为目标而没有将环保责任融入愿景，必将遭到环保组织、当地社区甚至消费者的抵制。

（3）整合个人愿景。

现代社会的员工特别是知识员工非常注重个人的职业生涯规划，都有描述自己未来的个人愿景。要使企业员工都自觉、积极地投入到企业活动中，就需要有企业愿景来整合员工的个人愿景。

中国企业往往把企业愿景理解为企业宗旨、企业文化、企业精神、信条等抽象的概念或形态，并不明确企业的使命、存在意义、经营方针、事业领域、行动指南，并且过于看重"人和"、"诚实"等过于含蓄的非规定性的潜意识力量。

而国外企业极其重视企业愿景的具体化、明确化，强调对个人愿景的引导和融合。因为它们要融合不同民族、文化等异质要素去完成共同的目标。

在现代社会,企业不能仅仅从经济代价或交换的角度去理解个人和企业的关系。相对于经济利益,员工往往更加重视自我价值的实现和个人能力的提升。企业在制定愿景的时候,应当激发员工的自觉参与意识,理解和尊重员工的个人愿景并将他们恰当地融入到企业共同愿景当中。通过这种方式产生的企业愿景能够获得员工的认同和响应,因为他们在充分发挥个人能力去达成企业共同愿景的同时能够实现自我。

企业愿景还能收到约束的效果。众多的中国企业由于治理制度的缺陷,无法对其经理人形成有效的制约,经理人经常利用制度的缺陷谋取个人私利。但如果企业愿景融合了经理人的个人愿景,个人利益和企业利益之间就能形成长期意义上的一致性,企业变成了帮助他们实现自我价值的平台,企业愿景就能对经理人员发挥无形的制约作用。

(4) 应对危机。

在动态竞争条件下,企业的生存时刻面临极大挑战,处理不慎就可能演变为致命危机。

企业应对危机、摆脱困境迫切需要愿景,明确的企业愿景是动态竞争条件下企业应对危机的必要条件和准则。一方面,企业不能停留于简单的刺激——反应模式,光顾着埋头救火而忘记了抽出时间进行长远规划的必要。如果以未来的不可预测性或情况紧急为托词而不去明确企业愿景,只是在危机到来时被动应付,那么即使能勉强渡过难关,最终也会因迷失方向而无所适从。另一方面,已经拥有愿景的企业在制订危机处理方案时,必须努力遵循源于经济理论、社会道德的企业愿景,必须从企业愿景出发去寻找行动方案,考虑所采取的行动是不是与企业一贯的方针和自身承担的使命和社会责任相一致。以愿景为危机处理的基准才能保证企业的长远利益和社会认同。

企业愿景还有可能将危机转化为机遇。本质上,所谓机遇是指同企业环境建立良好的、建设性的互动关系;而危机常以某种方式出现,迫使企业必须处理好环境的问题,否则就会在财务、公众形象或者社会地位方面受到损害。但是危机如果处理得当,就可能转变为企业的机遇。世界上成功的企业在面对危机时,往往为了保证愿景的贯彻而不惜牺牲巨大的当前利益,这些负责任的举动为它们赢得了广泛的尊重,无形中提升了企业形象,提高了在消费者心目中的地位,这些都为以后的市场开拓提供了便利。

(5) 增强企业凝聚力。

企业的现状是日积月累的努力的最终结果,而企业愿景就是有选择地、高效地累积这些努力的关键手段。愿景是企业有能力实现的梦想,也是全体员工共同的梦想。愿景能描绘出企业将来的形态,引导企业资源投入的方向。企业因为有愿景,就可以一直朝相同的方向前进,在追求短期目标的同时,也可以为中、长期目标的实现奠定基础。共同愿景还能让每一个人的努力发生累积的效果。

企业没有愿景,就会分散力量,也会导致经营上的问题,即使短期内有不错的业绩,也会因为和长期目标不够一致,各种力量会互相抵消。不管是现在的事业或新事业都是为了达成企业愿景,反过来说企业有了愿景,才有新事业诞生。在动态竞争中,环境要素复杂多变,拥有愿景的企业可以在别人还未看见、尚无感觉的时候,已经开始了对未来的规划和准备。经过长时间努力,当市场机会出现时,企业已经备妥所有的竞争力,从而占据竞争的主动,赢得先动者优势。相反,企业如果没有愿景,只是看着别人的做法亦步亦趋,终究要因为累积的时滞而被淘汰。

(6)提高知识竞争力。

当前企业愿景受重视的另一个理由是组织知识、应变能力等"知识竞争力"作为企业竞争力要素开始受到广泛关注。这些要素的作用发挥取决于企业愿景这种基于知识资源的管理体系的建立。

传统观念的企业竞争力是由产品或服务的生产能力、销售能力、资本的调配和运营能力等与企业利润直接相关的要素决定的。但随着近来企业活动领域的巨大变化,企业开始重新审视竞争力的来源,组织知识和应变能力受到广泛关注。而企业愿景有助于知识和能力的获取及其作用的发挥。

许多学者把企业组织看作知识主体,而把它的知识创造力看作企业应当追求的竞争力要素。组织知识是企业多年以来周而复始地开发、应用、总结而形成的,是以往采取的众多战略步骤的结果,存在一种路径依赖性。路径依赖性越高,越不易被对手所模仿,企业的竞争优势就能更长久。企业如能制定明确的、长期的愿景,保持战略的稳定性和连续性,并保证一切战略战术行动均围绕愿景而展开,就能使组织知识拥有长期的战略积淀和深厚的文化底蕴,提高其路径依赖性,增强对手模仿的难度。

在动态竞争条件下,如果不能创造性地、柔韧地应对环境变化,企业本身的生存发展就会出现问题。一般认为,组织取决于战略,战略的张力和柔性决定着组织的灵活程度和应变能力。而企业愿景是战略规划的最终目的和根本依据,其长期性和预见性提供了规避风险的线索。科学明确的愿景决定企业战略的选择范围,在保证战略方向正确性的同时留有回旋的余地,提升企业的应变能力。

4.2 企业使命

作为战略管理的工具,使命陈述的主要价值来自于它对企业最终目标的具体化:企业使命向管理者指明了超越个人、局部和暂时需求的整体和持久的发展方向。它促使不同层级、不同时代的人们建立共同的期望。它兼顾和统一了不同时期、不同个人及不同利益集团的价值观,使公司的价值观得以具体化,从而使其得到社会公众的认同。最后它还肯定并强调了公司将努力采取负责任的行动,这也是维持企业的生存、持续增长和盈利的基本要求。

4.2.1 企业使命概念与内涵

企业的使命是公司的基本任务,即经营理论、业务范围、服务对象、自我认识、对生存和盈利的关切、对公众形象的关切、对雇员的关心等。

首先,企业使命必须解决这样两个问题:

（1）企业存在的理由是什么？

（2）业务是什么？应该是什么？

其次，企业使命的陈述要回答两个基本问题：

（1）我们企业是做什么与按什么原则做事？

（2）我们这个企业应该树立什么样的社会形象以区别同类企业？

企业使命的内涵通常包括企业哲学和企业宗旨。企业哲学是指企业为其经营活动所确立的价值观、信念和行为准则。企业宗旨是企业准备为什么样客户服务以及将来成为什么样的组织或者成为期望的企业类型是什么。企业宗旨总体上涉及两个方面：企业的业务发展方向与企业的规模地位。

4.2.2 使命任务陈述与目标陈述

企业使命陈述是一个正式的书面文件，是对企业使命的明确陈述。使命陈述是企业内部沟通企业价值观、定位和经营目标的有效方式，以协调利益相关者的行为，支持企业的战略和宗旨。

任务陈述是对"企业存在理由"的阐述，它回答了"我们的业务是什么？"这一关键问题。任务陈述又称纲领陈述、目的陈述、宗旨陈述、信念陈述、经营原则陈述或对"企业业务定义"陈述。它揭示了企业想成为什么样的组织和要服务于哪些用户这样的远景内容。一个完善的任务陈述应阐明企业的经营目的、用户、产品或服务、市场、宗旨及采用的基本技术。

使命任务陈述 9 要素包括：

（1）用户（customers）：公司的用户是谁？

（2）产品或服务（products or services）：公司的主要产品或服务项目是什么？

（3）市场（markets）：公司在哪些地域竞争？

（4）技术（technology）：公司的技术是否是最新的？

（5）对生存、增长和盈利的关切（concern for survival, growth, and profitability）：公司是否努力实现业务的增长和良好的财务状况？

（6）观念（philosophy）：公司的基本信念、价值观、志向和道德倾向是什么？

（7）自我认知（self-concept）：公司最独特的能力或最主要的竞争优势是什么？

（8）对公众形象的关切（concern for public image）：公司是否对社会、社区和环境负责？

（9）对雇员的关心（concern for employees）：公司是否视雇员为宝贵的资产？

目标陈述必须解决以下几个问题：

（1）公司将去向何方？

（2）公司竭尽全力要成为一个什么类型的公司？

（3）我们将集中于什么样的顾客需求和细分市场之上？

（4）公司究竟要占领什么样的市场位置？

（5）公司未来的业务组合是什么？

（6）我们将要建立怎样的核心能力？

（7）想要创造的组织类型是什么？

4.2.3　企业使命作用

（1）保证目标一致。为什么保证目标一致呢？因为企业有不同的利益相关群体。例如，高层管理人员提出一种理念，那么下一层的管理人员就要充分理解，否则，自然分崩离析。所有者和经理人的关系就出现了很多这样的问题，因为双方在目标上不一致的情况下，就会出现很多背离，使职业经理人不能真正忠实于你的企业，就会出现出走、贪污等等现象，当然还有其他问题，但目标一致是很重要的。

（2）为资源配置打基础。资源在企业无非是人、财、物这几个方面的内容以及技术等等，那么当企业提出一个很好的战略，怎样去实现它？不是几句空话，例如以人为本也好，标本兼治也好，所能实现的。而是要把企业现有的资源或者希望得到的资源拿过来，怎样去分配、怎样能够保证企业使命的实现。

（3）调整利益群体间的分歧。股东也好，员工也好，可能和企业管理人员有冲突，他们自己之间也会有冲突，那么把使命提出来，大家一致往这个方向发展，这就逐渐地减少了他们的分歧，使他们在理念上趋于一致。

（4）解决管理者间的不同观点。管理者出身于不同的社会阶层，有着不同的教育背景，对于事物的认识是不同的，怎么能够更好地达到一种协调？通过使命，使他们更好地理解我们要做什么。

（5）为目标和战略打下基础。指导企业更好地发展，这是企业的发展方向问题。

从以上可以看出：企业的愿景和使命，它所要回答的问题是不同的，愿景要回答的是企业要成为什么样的公司；使命所回答的是企业的业务。这两个是不同的，所以要对愿景和使命建立一个概念。当你到一些跨国公司看到提它的使命、提它的愿景时，马上联想到一个是企业目前的业务是什么，一个是要解决它们将来是什么样子。这是完全不同的，但却是相辅相成的。简单来说，战略愿景考虑的是企业未来的经营道路，公司试图形成的一种形式，这是愿景考虑；使命考虑的重点在于目前的经营活动，那就是企业目前的业务是什么，包括目前的业务和所服务的顾客的需求。

再强调一点是，没有顾客，什么都是空谈。当然顾客中最重要的是顾客的需求和偏好，他们目前的需求以及偏好、将来的需求以及偏好，都会影响企业使命的设定。

4.2.4　撰写使命陈述

撰写使命陈述时应该注重以下几点：

（1）提高撰写使命陈述能力的最好途径或许就是研究实际的公司使命陈述。

（2）不能太宽太笼统，要窄到能说明特别的兴趣领域，为企业"做与不做什么"提供决策边界。

（3）具有一定的可操作性，能够作为指引企业前进的里程碑，成为企业一切行动的指南。

（4）反映企业核心经营理念并与远景陈述相匹配。

（5）兼顾企业经营性质与实力可能。一般来说，在措辞上以提高一档抽象水平为宜，并注意多元化发展企业可能有较宽泛的使命。

Avis 汽车租赁公司:我们的业务是租车,我们的使命是全体顾客满意。

美国红十字会:美国红十字会的使命是提高人类生活质量,加强自信和关心他人,帮助人们避免、预备和战胜紧急情况。

微软公司:我们的愿景驱动着我们所做的每一件事情:每个家庭的每张桌子上的计算机使用优秀的软件作为授权工具。

麦当劳集团:麦当劳的愿景是统治全球的食品服务工业。全球统治意味着通过我们的便利、价值和战略实施提高市场占有和利润的同时,设立顾客满意的绩效标准。

4.3 企业战略目标

愿景和使命的概念建立起来以后,就需要确立企业的目标。目标是要把愿景转化成具体的效益,同时还要为效益提出一个衡量的标准,包括一些财务数据以及一些其他的数据。把目标具体化,就出现了财务目标和战略目标。但不管叫什么目标,它都是很具体的,并需要通过一些数据来实现。

4.3.1 战略目标

战略目标是对企业战略经营活动预期取得的主要成果的期望值。战略目标的设定,同时也是企业宗旨的展开和具体化,是企业宗旨中确认的企业经营目的、社会使命的进一步阐明和界定,也是企业在既定的战略经营领域展开战略经营活动所要达到的水平的具体规定。

战略目标考虑的是如何改进竞争能力和长期业务的定位问题,它不是很具体的数字。如表 4 - 2 所示,麦当劳在快餐业中怎么进一步发展? 这就是战略目标所要考虑的。

表 4 - 2　麦当劳发展战略目标设定的考虑要素

战略目标包括以下几种类型:
◆ 如何扩大公司的市场份额
◆ 如何获得低于经营对手的成本
◆ 如何扩大企业的声誉
◆ 如何在国际市场获得充分的发展
◆ 如何获得技术的优势
◆ 如何成为新产品的领导者
◆ 如何抓住发展的机遇

诺基亚一位副总裁曾经讲到,诺基亚是在芬兰这样一个小国里发展起来的,为什么它能够发展到今天? 因为它原来做的很多种业务,最后都逐渐集中到 IT,即主要是移动通讯业上。它之所以走到这一步,主要有两点,一个是努力工作;另外一个就是它们抓住了机遇,看到了机遇而且抓住了机遇,全力以赴来发展移动通讯,所以

今天获得了成功。

战略目标不仅仅是财务目标,如表4-3耐克公司的战略目标。可以看出,这些和财务目标不一样,没有数据,只是提出一种理念。它从品牌到市场,到内部管理,以及运营的问题都考虑到了。这个战略目标并不是我们一些企业提出的那种所谓的发展规划,所以不难实现。

表4-3 耐克公司的战略目标

耐克公司的战略目标:
◆ 保持和提高在美国最佳运动品牌的地位
◆ 在日益增长的健身市场上建立强有力的格局
◆ 开发满足妇女需求产品
◆ 探索为满足美国成年人需求的产品市场
◆ 指导与管理公司中继续发展的国际经营
◆ 通过合理的库存和12种"金子"的产品,增加毛利

不要把战略目标误解为是一种财务目标,有几个数就可以了,那是另外一回事。这里讲的愿景、使命和目标都是为进一步制订战略打下一个很好的基础。

表4-4 几家企业的战略目标

企业名称	目 标
达美乐	在30分钟内能够安全地运送热的,而且能保证质量的、低价位的或者是适当价位、满意价位的比萨饼
福特汽车	提高汽车的质量,开发新产品,减少新车上市的时间
GE公司	经营的业务,在各个市场上,都是独领风骚的,都是最好的
联想	做一个长久性的公司,做百年的老字号;做有规模的公司;做有国际性的市场定位的公司;一个高技术的公司

4.3.2 战略目标内容

由于战略目标是企业使命和功能的具体化,一方面有关企业生存的各个部门都需要有目标;另一方面,目标还取决于个别企业的不同战略。因此,企业的战略目标是多元化的,既包括经济目标,又包括非经济目标;既包括定性目标,又包括定量目标。尽管如此,各个企业需要制定目标的领域却是相同的,所有企业的生存都取决于同样的一些因素。德鲁克在《管理实践》一书中提出了八个关键领域的目标:

(1)市场方面的目标:应表明本公司希望达到的市场占有率或在竞争中达到的地位。

(2)技术改进和发展方面的目标:对改进和发展新产品,提供新型服务内容的认知及措施。

(3)提高生产力方面的目标:有效地衡量原材料的利用,最大限度地提高产品的数量和质量。

(4)物资和金融资源方面的目标:获得物资和金融资源的渠道及其有效的利用。

（5）利润方面的目标:用一个或几个经济目标表明希望达到的利润率。

（6）人力资源方面的目标:人力资源的获得、培训和发展,管理人员的培养及其个人才能的发挥。

（7）职工积极性发挥方面的目标:对职工激励、报酬等措施。

（8）社会责任方面的目标:注意公司对社会产生的影响。

4.3.3　战略目标体系

在企业使命和企业功能定位的基础上,企业战略目标可以按五大内容展开:市场目标、创新目标、财务目标、盈利目标和社会目标。

1）市场目标

一个企业在制定战略目标时最重要的决策是企业在市场上的相对地位,它常常反映了企业的竞争地位。企业所预期达到的市场地位应该是最优的市场份额,这就要求对顾客、对目标市场、对产品或服务、对销售渠道等作仔细的分析。

（1）产品目标。包括产品组合、产品线、产品销量和销售额等。

（2）渠道目标。包括纵向渠道目标,即渠道的层次;以及横向渠道目标,即同一渠道成员的数量和质量目标。

（3）沟通目标。包括广告、营业推广等活动的预算和预算效果。

2）创新目标

在环境变化加剧、市场竞争激烈的社会里,创新概念受到重视是必然的。创新作为企业的战略目标之一,是使企业获得生存和发展的生机和活力。在每一个企业中,基本上存在着三种创新:技术创新、制度创新和管理创新。为树立创新目标,战略制定者一方面必须预计达到市场目标所需的各项创新,另一方面必须对技术进步在企业的各个领域中引起的发展作出评价。

（1）制度创新目标。随着生产的不断发展,引起新的企业组织形式的出现。制度创新目标即对企业资源配置方式的改变与创新,从而使企业适应不断变化的环境和市场。

（2）技术创新目标。这一目标将导致新的生产方式的引入,即包括原材料,能源、设备、产品等有形的创新目标,也包括工艺程序的设计、操作方法的改进等无形目标。制定技术创新目标将推动企业乃至整个经济广泛和深刻的发展。

（3）管理创新目标。管理创新涉及经营思路、组织结构、管理风格和手段、管理模式等多方面的内容。管理创新的主要目标是试图设计一套规则和程序以降低交易费用,这一目标的建立是企业不断发展的动力。

3）财务目标

财务目标是企业财务活动所要达到的目的,一方面具有导向功能与约束功能,另一方面具有评价功能。

空间维财务目标:如利润最大化、每股盈余最大化、股东财富最大化、相关者利益最大化、企业价值最大化等。

时间维财务目标:从企业寿命周期角度考察,其诞生期表现为进入市场的初期,此时的财务管理目标应是净现金流入量的最大化,以满足日后成长期对现金投入的需求。企业进入成长期,意味着企业已处于平稳发展时期,企业管理的重心是如何延长成长期,以便获得持久、稳定、尽可能多的利润,增强获利能力,树立更好的企业形象,为成熟期的重心转移创造条件,此时的财务目标应是利润最大化与每股盈余最大化的结合。企业进入成熟期,表明企业出于自身能力的限制,与企业环境已处于基本均衡状态,其产品销售渠道、销售量以及利润已达到最高峰,此时企业应十分注重与各方面的利益协调,以求得各个相关利益者的支持,努力拉长成熟期的平台,尽可能推迟进入衰落期,因而此时的财务目标应是相关者利益最大化。企业进入衰落期,表明企业产品销售渠道变窄、销量下降、利润减少、现金流量萎缩、企业形象受到冲击,甚至出现偿债困难。此时的核心问题在于涉及企业生存的偿债能力,此时的财务目标应是偿债能力最大化。

4)盈利目标

这是企业的一个基本目标,企业必须获得经济效益。作为企业生存和发展的必要条件和限制因素的利润,既是对企业经营成果的检验,又是企业的风险报酬,也是整个企业乃至整个社会发展的资金来源。盈利目标的达成取决于企业的资源配置效率及利用效率,包括人力资源、生产资源、资本资源的投入-产出目标。

(1)生产资源目标。在通常情况下,企业通过改进投入与产出的关系就可以获利。一方面,提高每个投入单位的产量;另一方面,在单位产量不变的情况下,成本的降低同时也意味着利润降增加。

(2)人力资源目标。人力资源素质的提高能使企业的生产率得以提高,同时还能减少由于人员流动造成的成本开支。因此,企业的战略目标中应包括人力资源素质的提高、建立良好的人际关系等目标。

(3)资本资源目标。达成企业盈利目标同样还需要在资金的来源及运用方面制定各种目标。一方面,确定合理的资本结构并尽量减少资本成本;另一方面,则通过资金、资产的运作来获得利润。

5)社会目标

现代企业越来越多地认识到自己对用户及社会的责任,一方面,企业必须对本组织造成的社会影响负责;另一方面,企业还必须承担解决社会问题的部分责任。企业日益关心并注意良好的社会形象,既为自己的产品或服务争得信誉,又促进组织本身获得认同。企业的社会目标反映企业对社会的贡献程度,如环境保护、节约能源、参与社会会活动、支持社会福利事业和地区建设活动等。

(1)公共关系目标。这一目标的着眼点在于企业形象,企业文化的建设,通常以公众满意度和社会知名度为保证、支持性的目标。

(2)社会责任目标。常常是指企业在处理和解决社会问题时应该或可做做什么,如在对待环境保护、社区问题、公益事业时所扮演的角色和所发挥的作用。

(3)政府关系目标。企业作为纳税人支持着政府机构的运作;同时,政府对企业的制约和指导作用也是显而易见的。这一目标的达成往往会给企业带来无形的竞争优势。

在实际中,由于企业性质的不同,企业发展阶段的不同,战略目标体系中的重点目标也大相径庭。

4.4　本章小结

企业战略在企业发展中不可缺少,作为高层管理人员,必须有个明确的战略性思考。在企业的战略管理中有五项任务,为企业规划出愿景和使命,为企业设置目标是第一步和第二步。

企业愿景是企业战略发展的重要组成部分,是对企业未来发展方向的一种期望、一种预测、一种定位,是规划和制定企业未来的发展方向、企业的核心价值、企业的原则、企业的精神、企业的信条、企业的使命、存在意义、经营方针、事业领域、核心竞争力、行为方针、执行力度等。

企业的使命是公司的基本任务,即经营理论、业务范围、服务对象、自我认识、对生存和盈利的关切、对公众形象的关切、对雇员的关心等。

而战略目标是对企业战略经营活动预期取得的主要成果的期望值。战略目标的设定,同时也是企业宗旨的展开和具体化,是企业宗旨中确认的企业经营目的、社会使命的进一步阐明和界定,也是企业在既定的战略经营领域展开战略经营活动所要达到的水平的具体规定。

工具箱

1. 企业愿景的五个判断标准
2. 战略目标包括的类型

讨论题

1. 什么是公司愿景、使命和目标?
2. 公司的使命是否常常随着时间的变动而变动?
3. 高管人员的目标是否与企业董事会的目标一致?
4. 选择一个有书面使命的企业,请评价这一使命。

本章参考文献

[1]　王方华,陈继祥.战略管理[M].上海:上海交通大学出版社,2003.
[2]　希特,爱尔兰,等.战略管理(第四版)[M].吕巍,译.北京:机械工业出版社,2002.
[3]　(美)戴维.战略管理(第十版)[M].李克宁,译.北京:经济科学出版社,2006.
[4]　汤姆森·斯迪克兰德.战略管理[M].北京:北京大学出版社,2000.
[5]　张世恒.企业战略管理[M].成都:四川大学出版社.
[6]　http://news.xinhuanet.com/world/2005-02/20/content_2596048.htm.
[7]　http://info.ceo.hc360.com/list/qygl-zlgl.shtml.

【第三篇】

战略制定

第 5 章

公司层战略

学习目标

通过学习本章,你应能够做到:

1. 说明公司层战略类型。
2. 说明增长型战略类型。
3. 解释什么是纵向一体化、横向一体化和多元化战略。
4. 了解多元化战略的优势和劣势。
5. 说明稳定性战略的类型。
6. 说明收缩型战略的类型。
7. 描述混合型战略的类型。
8. 建立安索夫矩阵、BCG 矩阵和 IE 矩阵分析公司层战略。

战略名言

战略不仅在于知道做什么,更重要的是,要知道停下什么。

——乔·图斯

战略制定者的任务不在于看清企业目前是什么样子,而在于看清企业将来会成为什么样子。

——约翰·W·蒂兹

企业所采用的战略应能够打破正常的产业发展进程并创造不利于竞争者的新的产业条件。

——伊恩·麦克米伦

战略越精炼,就越容易被彻底地执行。

——约翰·里德

开篇案例

福特汽车公司向多个战略方向出击

集中生产单一产品的早期发展战略

福特公司创建初期,它的发展是通过不断改进其单一产品——轿车。1908年它制造的T型轿车比以前所有的车型有相当大的改进。在它生产的第一年就销售了1万多辆。1927年,T型轿车开始将市场丢给了它的竞争对手。福特公司又推出了A型轿车,该轿车具有车体款式新和富于变化的颜色。当A型轿车开始失去市场,输给它的竞争对手的时候,在1932年,福特公司又推出了V-8型汽车。6年后,在1938年,Mercury型车成为福特公司发展中档汽车的突破口。

福特公司也通过扩大地区范围进行发展。在1904年,它进入加拿大市场的举动就证明了这一点。也是在它的发展早期,福特公司采用同心多样化战略,1917年开始生产卡车和拖拉机,并且在1922年收购了林肯汽车公司。

纵向一体化战略

福特公司的多样化生产集团是后向一体化战略的杰出实例。下面介绍福特公司中几个部门的作用。

(1)塑料生产部门:供应福特公司30%的塑料需求量和50%的乙烯需求量。

(2)福特玻璃生产部门:供给福特北美公司的轿车和卡车所需的全部玻璃,同时也向其他汽车制造商供应玻璃。这个部门也是建筑业、特种玻璃、制镜业和汽车售后市场的主要供应商。

(3)电工和燃油处理部门:为福特汽车供应点火器、交流发电机、小型电机、燃油输送器和其他部件。

福特新荷兰有限公司——同心多样化战略

在1917年,福特公司通过生产拖拉机开始了同心多样化战略。福特新荷兰有限公司现在是世界上最大的拖拉机和农用设备制造商之一,它于1978年1月1日成立。福特新荷兰有限公司是由福特公司的拖拉机业务和新荷兰有限公司联合而成的,后者是从Sperry公司收购来的农用设备制造商。

福特新荷兰有限公司随后兼并了万能设备有限公司,它是北美最大的四轮驱动拖拉机制造商。这两项交易是福特公司通过收购实行同心多样化战略的最好例证。

金融服务集团——跨行业的复合多样化战略

福特汽车信贷公司的成立,是为了向经销商和零售汽车顾客提供贷款。这可以说是实行同心多样化战略。

不过,在20世纪80年代,福特公司利用这个部门积极从事复合多样化经营。1985年它收购了国家第一金融有限公司,后者是北美第二大储蓄和贷款组织。1987年后期,它收购了美国租赁公司,它设计企业和商业设备融资、杠杆租赁融资、商业车队租赁、设备运输、公司融资和不动产融资。

其他行业的复合多样化战略

福特汽车土地开发有限公司是一个经营多样化产品的部门，也是跨行业多种经营的典型实例。到 1920 年，这个部门围绕着密歇根福特世界总部建立了 59 个商用建筑。由这个部门所拥有和它管理的设施及土地的市场价值约有 10 多亿美元。

福特太空有限公司和赫兹有限公司也是复合多样化战略的良好典范。

在福特公司的发展史上，它曾经被迫实行了几次调整战略。在第二次世界大战后，福特公司以每月几百万美元的速度增加亏损。亨利·福特二世重组了公司并实行分权制，这使公司迅速恢复了元气。

可以说被许多美国公司采用的最富戏剧性的调整战略是福特公司在 20 世纪 80 年代早期所完成的。1979～1982 年，福特公司的利润亏损额达 5.11 亿美元。销售额由 1978 年的 420 亿美元下降到 1981 年的 380 亿美元。福特公司陷入了严重的危机。

亏损的原因之一是激烈的国际竞争。也许更重要的是福特公司运营的方式。例如：新车的款式看起来像许多年前的一样；在部门之间（如设计与工程）很少沟通；管理层所做的管理公司员工的工作很不如意；下级很少向上级部门汇报情况。

福特公司的管理层如何来转变这种情况呢？首先，他们显著地减少了运营成本。1979 年至 1983 年，从运营支出中就节省了 4.5 亿美元。其次，质量成为头等大事。管理层也改变了福特公司设计小汽车的程序。以前，每一个工作单位是独立工作的。现在，设计、工程、装配等部门都在这个过程中一起协调工作。

不过，福特公司实行的最重要的改变是一种新的企业文化。从首席执行官 P. 考德威尔和总裁 D. 彼得森开始，一种新兴管理风格建立起来了。该种管理风格强调联合行动和在工作中所有雇员为共同的目标而努力。在福特公司，人们建立起更加密切的关系，并且更加强调雇员、经销商、供应商之间的关系，呈现了一种新的集体工作精神。

收缩战略

多年来，福特公司不情愿地放弃了它的某些经营单位。例如，在 1989 年 10 月，福特公司和一伙投资商签署了卖掉它的 Rouge 钢铁公司的谅解备忘录。福特公司之所以卖掉这家公司，是因为它不想支付实现其现代化的成本。估计在其实现现代化的几年中，每年的现代化费用约 1 亿美元。福特公司作出的其他放弃决策包括：在 1986 年和 1987 年，分别把漆料业务和化工业务卖给了杜邦公司。

收购和合资经营战略

1989 年 11 月 2 日，福特公司花重金收购了美洲豹私人有限公司，以作为消除它在汽车市场上的一个弱点，即产品缺乏在豪华轿车市场上的竞争手段。和福特公司竞争的豪华型轿车主要有丰田公司的凌志 LS400、本田公司的阿库拉等。在 1989 年，豪华轿车的销售额是 250 亿美元，当时预测到 1994 年能增长到 400 亿美元，这个增长速度比整个汽车市场的增长速度要大得多。福特公司把美洲豹轿车看作是进入美国和欧洲豪华轿车市场的机遇。

福特公司也采用了合资经营的战略，即具有较重大意义的两项合资经营，是和马自达公司及日产公司实现的。福特公司和马自达公司一起合作生产五种汽车。例如,在马自达生产车间生产的 Probe 汽车,外部和内部的设计由福特公司进行,细节性的工程技术由马自达公司完成。日产公司和福特公司正在合作开发前轮驱动的微型汽车,福特公司将在俄亥俄州的卡车厂制造该汽车,并将由两个公司销售。在澳大利亚,福特公司的 Maverick 汽车是日产四轮驱动车 Patrol 的一种车款,它由福特公司的经销商销售,而日产公司经销商销售福特公司的 Falcon 客货两用车和运货车。

(资料来源:《世界大人物丛书》)

"福特公司"的发展历程,显示了"公司层战略"之于企业发展壮大的意义。

公司战略制定是指企业根据外部环境、自身条件,从不同的总体战略和业务战略中选择适宜的战略。企业战略制定通常包括公司层战略、经营层战略(业务单位战略)选择和实现总体战略之方法等,如图 5-1。经营层战略(业务单位战略)将在下章介绍。

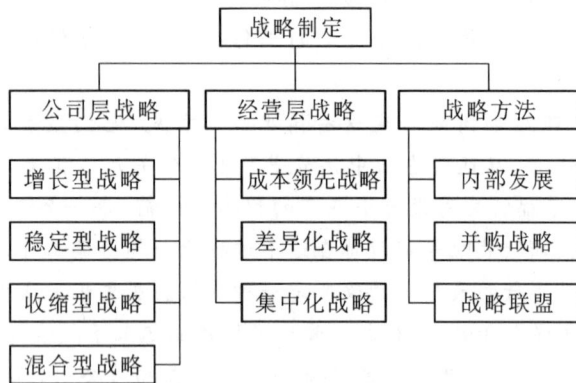

图 5-1 战略制定图

公司层战略,又称总体战略,是企业最高层次的战略,由企业最高管理层决定,时间跨度较长。它需要根据企业的目标,选择企业可以竞争的经营领域,合理配置企业经营所必需的资源,使各项经营业务相互支持、相互协调。公司层战略主要设计整个企业里的资源分配,关注大的方面,如公司的总体发展方向、主要决策(如收购、剥离及部门之间的资源分配)等。公司层战略的侧重点在两个方面:一是从公司全局出发,根据外部环境的变化及企业的内部条件,选择企业所从事的经营范围和领域,即要回答这样的问题:我们的业务是什么? 我们应当在什么业务上经营? 二是在确定所从事的业务后,要在各项事业部门之间进行资源分配,以实现公司整体的战略意图。这也是公司层战略实施的关键措施。公司层战略能帮助企业更好地组合和利用资源。由于战略明确了企业较长时期内的发展方向,理清了企业的业务结构,设定了企业较长时期内应该达到的目标,从而有利于企业根据战略需要,前瞻性地组织和配置企业有限的资源,使资源用到最需要和最恰当的地方,最终使同样多的资源发挥出更大的作用,对增强企业的综合竞争能力有巨大帮助。公司层战略倾向于价值取向,以抽象概念为基础,与事业部战略和职能战略的制定和实施相比不甚具体。除此以外,它还具有如下特点:有很大的风险性,成本高,预期收益也大,需要时间长,要求有较大的灵活性和大量外部资源的输入。从公司层战略功能的角度来看,公司层战略大概可以划分为四种:增长型战略、稳定型战略、收缩型战略、混合型战略。

图5-2模型显示,"公司层战略"是"战略制定"关键部分,是企业实现愿景,履行使命,达成目标的整体路径。

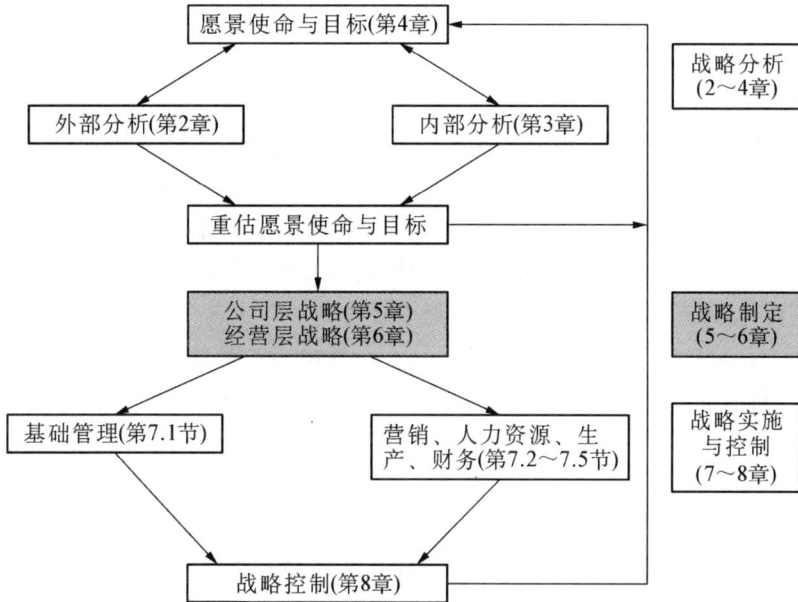

图5-2　综合战略管理模型

5.1　增长型战略

增长型战略,又称扩张型战略、进攻型战略、发展型战略。从企业发展的角度来看,任何成功的企业都应当经历长短不一增长型战略实施期,因为从本质上说,只有增长型战略才能不断扩大企业规模,使企业从竞争力弱小的小企业发展成为实力雄厚的大企业。企业增长型战略可使用安索夫矩阵进行规划。

5.1.1　安索夫矩阵

策略管理之父安索夫博士于1975年提出安索夫矩阵。它以产品和市场作为两大基本面向,区别出四种产品/市场组合和相对应的营销策略,是应用最广泛的战略分析工具之一。

安索夫矩阵是以2×2的矩阵代表企业企图使收入或获利成长的四种选择,其主要的逻辑是企业可以选择四种不同的成长性策略来达成增加收入的目标。安索夫矩阵见图5-3。

(1) 市场渗透(Market Penetration)——以现有的产品面对现有的顾客,以其目前的产品市场组合为发展焦点,力求增大产品的市场占有率。采取市场渗透的策

	现有产品	新产品
现有市场	市场渗透	市场延伸
新市场	市场开发	多元化经营

图 5-3　安索夫矩阵图

略,借由促销或是提升服务品质等方式来说服消费者改用不同品牌的产品,或是说服消费者改变使用习惯、增加购买量。

（2）市场开发（Market Development）——提供现有产品开拓新市场,企业必须在不同的市场上找到具有相同产品需求的使用者顾客,其中往往产品定位和销售方法会有所调整,但产品本身的核心技术则不必改变。

（3）产品延伸（Product Development）——推出新产品给现有顾客,采取产品延伸的策略,利用现有的顾客关系来借力使力。通常是以扩大现有产品的深度和广度,推出新一代或是相关的产品给现有的顾客,提高该厂商在消费者荷包中的占有率。

（4）多元化经营（Diversification）——提供新产品给新市场,此处由于企业的既有专业知识能力可能派不上用场,因此是最冒险的多元化策略。其中成功的企业多半能在销售、渠道或产品技术等取得某种综效,否则多元化的失败几率很高。

产品市场多元化矩阵可以帮助企业科学地选择战略模式,但在使用该工具的时候,必须掌握其核心步骤:首先考虑在现有市场上,现有的产品是否还能得到更多的市场份额（市场渗透战略）;考虑是否能为其现有产品开发一些新市场（市场开发战略）;考虑是否能为其现有市场发展若干有潜在利益的新产品（产品开发战略）;考虑是否能够利用自己在产品、技术、市场等方面的优势,根据物资流动方向,采用使企业不断向纵深发展的一体化战略。

5.1.2　一体化战略

企业增长在战略上可分为一体化扩张和多元化扩张。一体化扩张又可分为横向一体化（水平一体化）和纵向一体化（垂直一体化）。实现这些扩张的方法包括内部发展和外部发展（合并和合资等）。

1）横向一体化

横向一体化战略也叫水平一体化战略,是指为了扩大生产规模、降低成本、巩固企业的市场地位、提高企业竞争优势、增强企业实力而与同行业企业进行联合的一种战略。实质是资本在同一产业和部门内的集中,目的是实现扩大规模、降低产品成本、巩固市场地位。国际化经营是横向一体化的一种形式。

采用横向一体化战略,企业可以有效地实现规模经济,快速获得互补性的资源和能力。此外,通过收购或合作的方式,企业可以有效地建立与客户之间的固定关系,遏制竞争对手的扩张意图,维持自身的竞争地位和竞争优势。

横向一体化类的增长可以从三个方向进行:①扩大原有产品的生产和销售;②向与原产品有关的功能或技术方向扩展;③与上述两个方向有关的向国际市场扩展或向新的客户类别扩展。

通过横向一体化,可以带来企业同类生产规模的扩大,实现规模经济。由于该类增长与原有生产活动有关,比起其他类型增长更易于实现,故一般来说,企业早期的增长多以此为主,且实现的方式以内部增长为主。据对美国1895~1972的公司增长战略分析,1895至本世纪初的公司增长主要以横向一体化为主。我国工业企业的增长在相当长的时期内也以横向一体化为主,80年代以来,其他形式的扩张才较多出现。

横向一体化可以给企业带来如下优势:

(1)生产更具专业性。企业能集中有限的资源专注于核心业务,围绕核心能力从事开放式专业化经营。

(2)市场更加广泛。在经济全球化的大环境下,企业间开展交流与合作,可突破国内市场的局限,开拓国际市场。

(3)管理更具价值。实施横向一体化经营,企业管理的边界从企业内部的各职能部门扩展到企业与供应商、分销商之间的管理与沟通。企业关系成为一种共生共存、互惠互利的协作关系,从而使企业管理更具附加价值。

(4)组织更具柔韧性。企业剥离不具竞争优势的低收益附属业务,甚至精简管理机构,建立更适应价值链管理的现代扁平化组织结构,充分发挥人的第一资源作用,整个组织将更具柔韧性。

战略聚焦　企业视点

法国电信横向一体化战略

法国电信是横向一体化战略的典范,不断通过兼并和控股等方式开拓和扩大市场。其中最引人注目的是于2000年斥资432亿欧元收购了英国第三大移动运营商Orange公司的全部股票,并把自己原来的移动电话业务归并于Orange品牌下,成为仅次于英国Vodafone公司的欧洲第二大移动通信公司。

成功收购Orange给了法国电信一个重新整合其全球移动通信业务的机会,也大大提高了Orange在英国之外的形象,使Orange上升为一个具有国际影响力的移动公司。该公司的全球移动网络覆盖率已经能够与Vodafone和T-Mobile相抗衡。同时,法国电信将Orange作为其在全球移动市场树立的一个国际品牌,通过它大力发展自己在全球的移动业务。法国电信收购Orange看重的就是其品牌,它不仅在其拓展全球移动通信业务时使用了Orange这一商标品牌,而且其国内移动运营公司Itineris也继续采用Orange这一牌子,尽管当时Itineris公司在法国国内移动通信市场已经占48%的份额,远远领先其竞争对手。实践证明法国电信的举措是成功的,Orange目前在世界各个主要市场都占据着很强的竞争位置。

除此之外,法国电信在1999年购买了西班牙互联网接入提供商CTVJet,参股当地的 CATV 公司 MSC(Madrid Sistemde Cable)，并占其资本的 10％；1999 年 7 月收购了西班牙电信运营商 Catalana；2000 年 1 月以 38 亿美元收购 GlobalOne；2000 年 12 月以 35 亿美元购买美国 Equant 公司 54％的股份。

（资料来源：凌依信息）

2）纵向一体化

纵向一体化又叫垂直一体化，指企业将生产与原料供应，或者生产与产品销售联合在一起的战略形式，是企业在两个可能的方向上扩展现有经营业务的一种发展战略，是将公司的经营活动向后扩展到原材料供应或向前扩展到销售终端的一种战略体系。包括后向一体化战略和前向一体化战略，也就是将经营领域向深度发展的战略。

前向一体化战略是企业自行对本公司产品做进一步深加工，或者进行资源综合利用，或公司建立自己的销售组织来销售本公司的产品或服务。如钢铁企业自己轧制各种型材，并将型材制成各种不同的最终产品即属于前向一体化。

后向一体化则是企业自己供应生产现有产品或服务所需要的全部或部分原材料或半成品，如钢铁公司自己拥有矿山和炼焦设施；纺织厂自己纺纱、洗纱等。

纵向一体化的目的是为加强核心企业对原材料供应、产品制造、分销和销售全过程的控制，使企业能在市场竞争中掌握主动，从而达到增加各个业务活动阶段的利润。

纵向一体化是企业经常选择的战略体系，但是任何战略都不可避免存在风险和不足，纵向一体化的初衷，是希望建立起强大的规模生产能力来获得更高的回报，并通过面向销售终端的方略获得来自于市场各种信息的直接反馈，从而促进不断改进产品和降低成本，来取得竞争优势的一种方法。

但并不是所有的领域都适合纵向一体化，戴维·怀特和斯达奇在 1993 年出版的《斯隆管理评论》中说道："什么东西不能进行纵向一体化，什么时候不能进行垂直一体化"。这已经表达，纵向一体化必须依据企业的实际和竞争环境来确定其是否适合在此时、在此行业开展这种战略。我们可以看到，伊利奶业并没有在全国建立起专卖店体系，这本身就说明，这种基于一家产品的奶制品不适宜建立专卖店体系，反而更加适合于在超市中销售，那么它的前向一体化（销售渠道与终端），并不能够直接铺设到全国各个地域，这证实了戴维·怀特和斯达奇的观点。

纵向一体化是一种典型的价值链体系，在这种体系下产生出了完整的价值传递过程，作为企业的战略制定者可以不断向纵深渗透，伊利奶业已经向后进入到了奶源基地的建设，奥康和美特斯邦威已经向前进入到了专卖店建设。现实中，多数大型企业均有一定程度的纵向一体化。

纵向一体化是公司增长到一定阶段的主要扩张战略。据战略专家班诺克观点，公司通过横向一体化打败竞争对手，达到市场多头垄断地位后，便会进入纵向一体化扩张。一旦公司在一生产部门占领重要地位之后，向多种部门扩张便成为其唯一的增长战略。

纵向一体化可以给企业带来如下优势：

（1）带来经济性。采取这种战略后,企业将外部市场活动内部化有如下经济性,内部控制和协调的经济性;信息的经济性;(信息的获得很关键)节约交易成本的经济性;稳定关系的经济性。

（2）有助于开拓技术。在某些情况下,纵向一体化提供了进一步熟悉上游或下游经营相关技术的机会。这种技术信息对基础经营技术的开拓与发展非常重要。如许多领域内的零部件制造企业发展前向一体化体系,就可以了解零部件是如何进行装配的技术信息。

（3）确保供给和需求。纵向一体化能够确保企业在产品供应紧缺时得到充足的供应,或在总需求很低时能有一个畅通的产品输出渠道。也就是说,纵向一体化能减少上下游企业随意中止交易的不确定性。当然,在交易的过程中,内部转让价格必须与市场接轨。

（4）削弱供应商或顾客的价格谈判能力。如果一个企业在与它的供应商或顾客做生意时,供应商和顾客有较强的价格谈判能力,且他的投资收益超过了资本的机会成本(机会成本:为了得到某种东西所必需放弃的东西),那么,即使给他不会带来其他的益处,企业也值得去做。因为一体化削弱了对手的价格谈判能力,这不仅会降低采购成本(后向一体化),或者提高价格(前向一体化),还可以通过减少谈判的投入而提高效益。

（5）提高差异化能力。纵向一体化可以通过在管理层控制的范围内提供一系列额外价值,来改进本企业区别于其他企业的差异化能力(核心能力的保持)。例如,云南玉溪烟厂为了保证生产出高质量的香烟,对周围各县的烟农进行扶持,使他们专为该烟厂提供高质量的烟草;葡萄酒厂拥有自己的葡萄产地也是一种一体化的例证。同样,有些企业在销售自己技术复杂的产品时(一汽),也需要拥有自己的销售网点,以便提供标准的售后服务。

（6）提高进入壁垒。企业实行一体化战略,特别是纵向一体化战略,可以使关键的投入资源和销售渠道控制在自己的手中,从而使行业的新进入者望而却步,防止竞争对手进入本企业的经营领域。企业通过实施一体化战略,不仅保护了自己原有的经营范围,而且扩大了经营业务,同时还限制了所在行业的竞争程度,使企业的定价有了更大的自主权,从而获得较大的利润。例如 IBM 公司即是采用纵向一体化的典型。该公司生产计算机的微处理器和记忆晶片,设计和组装计算机,生产计算机所需要的软件,并直接销售最终产品给用户。IBM 采用纵向一体化的理由是,该公司生产的许多计算机零部件和软件都有专利,只有在公司内部生产,竞争对手才不能获得这些专利,从而形成进入障碍。

（7）进入高回报产业。企业现在利用的供应商或经销商有较高的利润,这意味着他们经营的领域属于十分值得进入的产业。在这种情况下,企业通过纵向一体化,可以提高其总资产回报率,并可以制定更有竞争力的价格。

（8）防止被排斥。如果竞争者们是纵向一体化企业,一体化就具有防御的意义。因为竞争者的广泛一体化能够占有许多供应资源或者拥有许多称心的顾客或零售机会。因此,为了防御的目的,企业应该实施纵向一体化战略,否则面临着被排斥的处境。

战略聚焦 企业视点

三星的纵向一体化战略

1988年,韩国三星集团新上任的CEO李健熙决定抛弃"替日本三洋打工"的角色,将公司的半导体业务合并入"三星电子",最大限度地配置技术资源,开发增值产品。1999年,李健熙决定集中精力发展优势业务,将不具备优势的业务统统砍去,将旗下系列电子产品向数字化方向演进。基于下游的系列数字化电子产品(数字电视、显示器、笔记本、手机、存储器),三星在上游开发共有的与数字化相关的核心部件(半导体芯片、LCD)及核心技术,以达到整个纵向产业链的整体领先。三星通过纵向一体化战略,打造了一条纵向的产业体系,并依此建立了一条基于产业链的竞争优势,同时也建立了从最上游的半导体,到最下游的零售、营销、客服的一整条产业纵深带。三星借助这种模式,在电子业领域成功崛起,成为全球首屈一指的强势品牌。

(资料来源:《南方企业家》)

5.1.3 多元化战略

多元化经营战略又称多元化战略,属于开拓发展型战略,是企业发展多品种或多种经营的长期谋划。多元化经营战略是指一个企业同时经营两个或两个以上行业的拓展战略,又可称"多行业经营",主要包括三种形式:同心多元化、水平多元化、综合多元化。

同心多元化是利用原有技术及优势资源,面对新市场、新顾客增加新业务实现的多元化经营,同心多元化经营的特点是,原产品与新产品的基本用途不同,但它们之间有较强的技术关联性,如汽车制造厂生产汽车,同时也生产拖拉机、柴油机等。

水平多元化是针对现有市场和顾客,采用新技术,增加新业务实现的多元化经营。水平多元化经营的特点是,原产品与新产品的基本用途不同,但它们之间有密切的销售关联性。如某食品机器公司,原生产食品机器卖给食品加工厂,后生产收割机卖给农民,以后再生产农用化学品,仍然卖给农民。

综合多元化是直接利用新技术进入新市场实现的多元化经营,如美国国际电话电报公司的主要业务是电讯,后扩展经营旅馆业。综合多元化经营需要充足的资金和其他资源,故为实力雄厚的大公司所采用。例如,以广州白云山制药厂为核心发展起来的白云山集团公司,在生产原药品的同时,实行多种类型组合的多元化经营。该公司下设医药供销公司和化学原料分厂,实行前向、后向多元化经营;下设中药分厂,实行水平多元化经营;下设兽药厂,实行同心多元化经营;还设有汽车修配服务中心、建筑装修工程公司、文化体育发展公司、彩印厂、酒家等实行综合跨行业多元化经营。

多元化经营战略适合大中型企业选择,该战略能充分利用企业的经营资源,提高闲置资产的利用率,通过扩大经营范围,缓解竞争压力,降低经营成本,分散经营风险,增强综合竞争优势,加快集团化进程。但实施多元化战略应考虑选择行业的关联性、企业控制力及跨行业投资风险。多样化是一个意义广泛的概念，它可以涉及相关产品的活动，也可以涉及不相关产品的活动。由于横向一体化已涉及同类产品的多样化，纵向一体化已涉及相关但不同生产阶段产品多样化，所以这里多样化仅指不相关产品的多样化。但是，严格区分相关与否，并不容易。因为在实际中，多数公司多样化扩张的部门均多少与其原有市场营销和技术开发有联系。尤其是研究与开发，多来自于现存生产活动的需求，但可用于其他无关部门的生产之中。

企业运用多元化经营战略，可以起到以下几方面重要作用：

（1）分散风险，提高经营安全性。商业循环的起伏、市场行情的变化、竞争局势的演变，都直接影响企业的生存和发展。例如，某企业的生产经营活动仅限于一类产品或集中于某个行业，则风险性大。所以，一些企业采用了多元化经营。例如，生产耐用消费品的企业兼营收益较稳定的食品加工业，以分散风险、增强适应外部环境的应变能力。

（2）有利于企业向前景好的新兴行业转移。由于新技术革命的影响，陆续产生了一些高技术新兴产业。企业实行多元化经营，在原基础上向新兴产业扩展，一方面可减轻原市场的竞争压力，另一方面可逐步从增长较慢、收益率低的行业向收益率高的行业转移。例如，美国泰克斯特龙公司，在50年代是一家纺织企业，因为纺织业资本收益率低，且易受经济萧条的影响，故转向其他行业投资，逐渐变为混合型大公司。1967年，该公司达到了从原资本收益率5％～6％提高到20％的目标。

（3）有利于促进企业原业务的发展。不少行业有互相促进的作用。通过多元化经营，扩展服务项目，往往可以达到促进原业务发展的作用。位居日本印制业首位的大日本印刷公司，在继续经营印刷业的同时，把业务扩展到包揽国际体育会议筹备、承办全国性产品展览、代客市场调查、情报服务等方面。这些新业务离不开印刷。这些新业务，不仅提供了年递增率10％～20％的收入，而且使公司原需补贴的一些印刷部门扭亏为盈。

战后，多样化扩张战略在发达国家发展迅速。以美国为例，该战略60年代以后被快速增长的公司普遍采用。1949年，美国500家大公司中有1/3以上为单产品经营，到1969年，该比例降为6％。与此相反，介入不相关经济活动的大公司的比例从1949年的3％增加到1969年的20％。我国改革开放以来，尤其是90年代以来，企业的多样化发展十分普遍。许多工业公司涉足房地产、商业等与原生产活动无关联的行业。

多样化扩张是基于对市场风险和环境的不确定因素的防范意识。具有多样化经营的公司，可以减少某种不可预测因素的冲击。此外，一些原生产产品市场需求的下降，也会促使公司寻求多样化机会，以充分利用其生产能力。而当某一产品出现旺盛市场需求时，也会诱发新的公司介入此类生产活动（如前几年许多公司在房地产热中介入房地产市场）。

企业增长的各种战略和方法，均可导致企业的多部门、多区位发展。当企业规模增加到一定程度时，这种多部门、多区位的格局，对企业充分利用各地优势、降低生产成本、扩大盈利起着重要作用。

1) 企业实行多元化经营的外部环境和内部动因

企业实行多元化经营的外部环境主要表现为：

(1) 社会需求的发展变化。社会生产力的发展促进了人们消费范围扩大和消费欲望增长，社会需求呈现多样性的发展趋势。任何产品都有其经济生命周期，企业原有产品将逐渐被市场淘汰，社会需求多样化发展给予企业新的市场机会。这些外部原因迫使或诱使企业不断开发新产品、扩展经营范围，以多元化经营满足社会需求日益增长的需要。

(2) 新技术革命对经济发展的作用。新技术不断发明并用于生产领域，导致新工艺、新材料、新能源和新产品层出不穷，同时也为企业多元化经营提供了物质技术基础。性能更优越的新产品逐渐替代原产品，新兴工业不断兴起，使许多企业在经营原产品的同时，逐渐向高附加价值、前景较好的新兴产业发展。例如，在日本出现了钢铁公司研究生物技术、食品企业兼搞机器人开发、纺织企业同时制造干扰素、钟表工业生产计算机的多元化经营。

(3) 竞争局势的不断演变。社会需求增长和新技术革命的影响，使企业外部环境发生了深刻变化。原生产企业扩大生产规模、新厂家加入竞争行列、企业经营手法不断变革，都使市场竞争日趋激烈。兵无常势、水无常形，守业必衰、创新有望。面对险峻的竞争局势，不少企业以变应变，扩展经营业务，以谋求在竞争中立于不败之地。

企业实行多元化经营的内部原因主要有：

(1) 企业资源未能充分利用。企业资源包括资金、人力、技术、设备、原材料等有形资源，还包括信誉、销售渠道、信息等无形资源，充分利用过剩资源以提高经济效益，是企业采用多元化经营的诱发动机之一。比如，企业拥有的资金超过原经营业务的需要，便可能向市场前景好的新兴产业投资，有的研究人员归纳了利用过剩资源发展多元化经营的类型：第一类是废弃资源再生型，如化肥厂利用废渣生产水泥、自行车厂用链条冲压边角料生产铁皮暖瓶壳等。第二类是闲置资源利用型，即利用闲置的设备、劳力、技术力量，开拓新的经营项目。如工业企业利用其多余的劳动力开办生活服务公司等。第三类是资源优势引申型，如军工企业利用其技术设备优势发展民品生产，企业以市场信誉高的厂牌、商标或顺畅面广的销售渠道开拓新的经营范围等。

(2) 企业本身具有拓展经营项目的实力。具有资金、技术、人才优势的大型企业或企业集团，实力雄厚、目标远大，出于对长远利益的主动追求，高附加价值的新兴行业便常成为这些企业发展的主要对象。这也是多元化经营战略多被大型企业所运用，中小型企业多采用集中化经营战略的基本原因。

此外，企业家的个性也会对经营战略的选用产生重要影响。由于企业高层领导对发展战略的选择有决策权，因此敢于开拓、富有创新精神的企业家，采用多元化经营战略的可能性较大，而稳健慎重的企业家采用集中化经营战略的可能性较大。

2) 多元化经营战略优劣性

(1) 多元化经营战略优势。

首先，多元化经营的企业与专业化经营的企业相比，相当于将原来的由多个专业化经营企业的经营活动组合在一个企业内进行,或者是将多个产业的产品放在一个企业或者企业集团内进行。在这个企业内,可以充分利用企业的技术优势、市场优势、管理优势等资源优势,合理配置资源,提高资源的利用效率。由于多元化经营企业为管理者创造了一个协调管理不同经营业务的机会,因此,其运行将比专业化经营企业更有效率,能获取更高的投资报酬。多元化经营可实现的第二个内部化优势是企业内部资本市场的建立。一般来说,专业化经营的企业无法按照合理的成本筹措到足够的资金时,就不得不放弃一些能获利的投资项目。而多元化经营企业创造了一个很大的内部资本市场,企业可以通过企业内部的资金的调度在一定程度上解决上述资金不足的问题,使多元化经营企业比专业化经营企业得到更多的投资和获利的机会。多元化经营可实现的第三个内部化优势,就是将外部非确定性交易契约变成了内部合约,即用内部一个契约代替了一系列外部交易契约,这可以节省外部交易成本。特别是对于相关联多元化经营企业尤其如此,如横向一体化多元化经营可以减少不必要的同业竞争,又可获取规模效益;纵向一体化多元化经营则使外部市场供销变成了内部原料供求,将大大降低企业的交易费用(前提是多元化经营节省的外部交易成本大于企业内部的组织交易成本)。

其次,从事专业化经营,很可能容易受宏观经济不景气的打击,造成整个企业的亏损,甚至倒闭。实行多元化经营,企业将资源分散到不同产品或行业经营中,即"不将鸡蛋放在同一个篮子里",这能够避免经营范围单一造成企业过于依赖某一市场易产生波动的弱点,使企业在遭受某一产品或经营领域的挫折时,通过在其他产品或行业的经营成功而弥补亏损,从而提高企业的抗风险能力,并尽量减少风险损失。如固特异公司是一个专业轮胎橡胶公司,但80年代它又开始投资石油管道,因为该公司发现石油管道的销售与轮胎销售正好呈反向波动关系,如此经营就像在金融市场做套期保值一样,可以降低风险。

(2) 多元化经营战略劣势。

首先,过分追求多元化经营有财务风险。我国目前企业投资资金的绝大部分是借贷资金,部分来自于银行,部分来自于非金融机构,部分来自于其他渠道。这与国外的情况不同。在国外,一些企业集团确实采取了多元化经营战略,但他们这样做时,一方面有雄厚的资金实力为基础,主导产业已发展到相当规模,受到反垄断政策制约,不得不横向发展;另一方面,企业集团总部在定位上只担当投资运作机构的角色,而不负责经营。因此,我们实行的与其说是"多元化经营",不如说是"多元化投资"更为确切。我国的一些企业对此认识不清,只看到现象,忽视了其实质内容,对诸多项目不仅投资而且自我经营。一些企业有一点物资采购人员和经验就办贸易公司,有一点流动资金就办财务公司,有一点房地产就办房地产公司,有一点广告业务就办广告公司,往往把有限的资金分散在多个经营项目上,结果哪一个项目也达不到规模经济,以致经营亏损,难以还本付息。事实上,这种过分追求多元化经营的做法,不是分散风险,而是自我扩大风险。如果能有限度地进行多元化经营,不仅会减少资金筹措与配置的压力,而且可以增加连带作用,提高成功率,使企业集团稳定持续发展。

其次,过分追求多元化经营容易出现决策失误。这在企业实行无关联多元化经营战略时表现尤为明显。无关联多元化经营大多是通过购并行为实现的,这种购并使企业所有者与高层经理进入了一个全新领域。俗话说"隔行如隔山",由于对购并对象所在行业不太熟悉,在这种情况下,他们所作的决策难以都是明智的。失误的决策不仅会使更多的支柱产业难以建立起来,反而为原有的支柱产业增加了许多负担。国外最近的一项研究成果表明,与同行业兼并相比,对其他行业,特别是无关联行业的企业进行兼并,成功率很低。在我国,一般来说,每个行业都有程度不同的发展潜力,但又都不同程度地出现了阶段性的供过于求。面对这一现实国情,过分追求多元化经营,不仅会使企业分散风险的能力递减,而且会造成为此付出的代价递增,从而导致集团的资产收益率下降。日本的著名企业家松下幸之助先生对这个问题的看法能给我们以某种启迪。他在总结自己长达71年之久的企业经营实践时说:在企业经营里面,有所谓多元化和专业化的经营方法,但我原则上认为,与其多元化,不如想办法实行专业化。当然,多元化也有其优点。但是一般看来,专业化总是比较容易获得具体成果的。也就是说,各个企业在自己所能拥有的设备、技术、资金等力量的范围内去经营时,集中使用比分散力量更能够产生巨大的效果。

最后,过分追求多元化经营会造成管理质量下降。购并行为,特别是无关联多元化中的购并,会使企业的分支机构迅速增多,会使做好企业管理工作的难度大大增加。在这种情况下,企业集团总部的管理人员不仅可能没有时间熟悉产品专门知识,而且可能无法运用既有知识恰当评价经营单位经理的建议与业绩。企业集团总部因管理负荷过重而导致的管理质量下降,往往使无关联企业在兼并之后无法获得规模经济效益。美国著名企业家亚科卡是深谙此道的。当年,在他接手深陷困境、濒临破产的克莱斯勒汽车公司后,为了挽救公司,毅然将每年有5 000万美元利润的坦克工厂卖了出去。他认为,建造坦克不是克莱斯勒汽车公司的主要经营领域,如果公司想要有发展前途的话,还是必须在汽车工业上求得发展。

3）多元化经营的发展趋势

在经济发达国家,多元化率高的企业一般为批发业、运输业、通讯业,实行多元化的企业一般是向不动产业和服务领域发展。另外,向日常生活消费品领域发展的企业要远远多于向生产资料领域发展的企业。如从食品工业向医药用品、快餐店、旅馆等生活领域扩展,从纤维工业向服装业、人造毛革、医药用品等领域扩展;从化学工业向化妆品、家庭用品、绿化事业等领域扩展。

多元化战略的另一个动向是专业型企业数大幅度减少,而垂直型企业和相关型企业增加较多。在美国非相关型大型联合型企业的增加引人注目。日、美两国的大企业,从整体上看,都有实行更高度的多元化战略的倾向,但在变化方向和变化程度方面还存在较大的差别。因为,在20世纪60年代到70年代期间,日本经济处于高度增长期,日本大企业即便不实行高度多元化战略也能得到充分发展。美国则正处于稳定增长期,为了使经济尽快从低成长期摆脱出来,争取更快地发展和更好的经济效益,实施高度多元化战略是必要的。

5.1.4　全球战略和跨国公司

在当前国际市场存在激烈竞争和经常爆发贸易摩擦的情况下,采取国际多元化战略是一条重要的出路。实行企业国际多元化,一般采取分阶段战略。

第一阶段,在国外设立办事处或代理店,作为发展的据点,以便及时收集海外的市场信息,培训适合在海外工作的国际型人才。

第二阶段,设置海外销售公司,加强在国际市场上的商品推销活动,在国际上树立本公司的企业形象,研究并确立海外经营诀窍。

第三阶段,建立海外生产工厂。在海外设厂是一项很复杂的工作,要根据建厂所在国的政治、经济、技术、法律、市场、社会文化等因素来确定,并要视具体情况决定采取独资或者合资等形式。

第四阶段,分国家建立生产工厂,使企业形成跨国公司。

战略聚焦　企业视点

太阳神的多元化战略

1987 年底,太阳神的前身"黄江保健品厂"在广东东莞黄江镇挂牌,随后,黄江厂参加了由国家体委举办的全国第一次保健品评比活动,而"万事达生物健"一举获得了"中国运动营养金奖",并得到了媒体的广泛报道。1988 年初,生物健技术的持有人怀汉新辞去公职,投入"生物健",将黄江厂的厂名、商品名和商标统一更改为"太阳神"(APOLLO),当年实现销售收入 750 万元人民币。太阳神公司层战略一直是"以纵向发展为主,以横向发展为辅",即保健品发展为主,多元化发展为辅。1990年,销售额跃升至 24 亿元,同年,怀汉新重金聘用一批青年才俊换下了一同创业的 9 位高层元老,并导入当时颇为先进的 CI 战略(企业形象识别系统)。1993 年,太阳神的营业额高达 13 亿元,市场份额最高时达 63%。此时,怀汉新开始了多元化战略发展之路,接连上马了包括房地产、石油、边贸、酒店业、化妆品、电脑等在内的 20 多个项目,在全国各地进行大规模的收购和投资活动。短短两年间,太阳神转移到这些项目中的资金高达 34 亿元,但不幸的是,这些项目没有一个成为新的"太阳神",34亿元全部血本无归。

1995 年底,太阳神在香港上市后,股价直跌,1997 年亏损 159 亿元,股价一度跌至港币 9 分左右。此时,怀汉新主动从总裁位置上引退,请来哈佛 MBA 工商管理硕士王哲担任企业总裁,但不了解中国保健品行业的王哲并没有能挽救太阳神,并导致企业人才外流、市场销售继续下滑。

(资料来源:《中国跨国企业研究》)

5.2 稳定型战略

稳定型战略是指企业遵循与过去相同的战略目标,保持一贯的成长速度,同时不改变基本的产品或经营范围。它是对产品、市场等方面采取以守为攻、以安全经营为宗旨、不冒较大风险的一种战略。按照稳定型战略,企业目前所遵循的经营方向及其正在从事经营的产品和面向的市场领域,企业在其经营领域内所达到的产销规模和市场地位都大致不变或以较小的幅度增长或减少。

从企业经营风险的角度来说,稳定型战略的风险是相对较小的,对于那些曾经成功在一个处于上升趋势的行业和一个不大变化的环境中活动的企业会很有效。由于稳定型战略从本质上追求的是在过去经营状况基础上的稳定,它具有如下特征:

(1)企业对过去的经营业绩表示满意,决定追求既定的或与过去相似的经营目标。比如说,企业过去的经营目标是在行业竞争中处于市场领先者的地位,稳定型战略意味着在今后的一段时期里依然以这一目标作为企业的经营目标。

(2)企业战略规划期内所追求的绩效按大体的比例递增。与增长性战略不同,这里的增长是一种常规意义上的增长,而非大规模和非常迅猛的发展。例如,稳定型增长可以指在市场占有率保持不变的情况下,随着总的市场容量的增长,企业的销售额的增长,而这种情况则并不能算典型的增长战略。

实行稳定型战略的企业,总是在市场占有率、产销规模或总体利润水平上保持现状或略有增加,从而稳定和巩固企业现有竞争地位。

(3)企业准备以过去相同的或基本相同的产品或劳务服务于社会,这意味着企业在产品的创新上较少。

从以上特征可以看出,稳定型战略主要依据于前期战略。它坚持前期战略对产品和市场领域的选择,它以前期战略所达到的目标作为本期希望达到的目标。因而,实行稳定型战略的前提条件是,企业过去的战略是成功的。对于大多数企业来说,稳定型增长战略也许是最有效的战略。

5.2.1　稳定型战略的类型

稳定型战略主要有以下几种类型:

1)无变化战略

无变化战略就是基本没有什么变化的战略。无变化战略似乎是一种没有增长的战略。采用它的企业可能基于以下两个原因:一是企业过去的经营相当成功,并且企业内外环境没有发生重大变化。二是企业并不存在重大的经营问题或隐患,因而战略管理者没有必要进行战略调整,或者害怕战略调整会给企业带来资源分配的困难。在这两种情况下,企业的管理者和职工可能不希望企业进行重大的战略调整,因为这种调整可能会在一定时期内降低企业的利润总额。采用无变化战略的企业除了每年按通货膨胀率调整其目标外,其他暂时保持不变。

2)维持利润战略

维持利润战略是指为了维持目前的利润水平而牺牲企业未来成长的战略。这是一种牺牲企业未来发展来维持目前利润的战略。维持利润战略注重短期效果而忽略长期利益,其根本意图是度过暂时性的难关,因而往往在经济形势不景气时被采用,以维持过去的经济状况和效益,实现稳定发展。但如果使用不当的话,维持利润战略可能会使企业的元气受到伤害,影响企业长期发展。

3)暂停战略

经过一段时期的快速成长之后,企业可能变得缺乏效率,或者难以管理。通过购买或内部发展而新增的事业部或分公司能使管理人员过度紧张,造成各种资源过于分散。暂停战略就是在一段时期内降低企业目标水平,放慢快速成长的步伐,使企业能够将各种资源合并在一起使用。

4）谨慎前进战略

如果企业外部环境中的某一重要因素难以预测或变化趋势不明显,企业的某一战略决策就要有意识地降低实施进度,步步为营,这就是所谓的谨慎前进战略。

5.2.2 稳定型战略的外部环境和内部动因

外部环境的相对稳定性会使企业更趋向于稳定战略。影响外部环境稳定性的因素很多,大致包括以下几个方面:

(1) 宏观经济状况会影响企业所处的外部环境。如果宏观经济在总体上保持总量不变或总量低速增长,这就势必影响到该企业所处行业的发展,使其无法以较快的速度增长。因此,由于宏观经济的慢速增长会使的某一产业的增长速度也降低,这就会使得该产业内的企业倾向于采用稳定型战略,以适应外部环境。

(2) 产业的技术创新度。如果企业所在的产业技术相对成熟,技术更新速度较慢的话,企业过去采用的技术和生产的产品无需经过较大的调整就能满足消费者的需求和与竞争者的抗衡,这样使得产品系列及其需求保持稳定,从而使企业采纳稳定型战略。

(3) 消费者需求偏好的变动。这一点其实是决定产品系列稳定度的一个方面:如果消费者的需求变动较为稳定的话,企业可以考虑采用稳定型战略。

(4) 产品生命周期或行业生命周期。对于处于行业或产品的成熟期的企业来说,产品需求、市场规模趋于稳定,产品技术成熟,新产品的开发和以新技术为基础的新产品的开发难以取得成功,因此以产品为对象的技术变动频率低,同时竞争对手的数目和企业的竞争地位都趋于稳定,这时提高企业的市场占有率、改变市场的机会很少,因此较为适合采用稳定型战略。

(5) 竞争格局。如果企业所处行业的进入壁垒非常高或由于其他原因使得该企业所处的竞争格局相对稳定,竞争对手之间很难有较为悬殊的业绩改变,则企业采用稳定战略可以获得最大的收益,因为改变竞争战略所带来的业绩增加往往是不如人意的。

企业内部动因有:

(1) 当外部环境较好,行业内部或相关行业市场需求增长,为企业提供了有利的发展机会,但这不意味着所有的企业都适于采用增长型战略。如果企业资源不充分,如资金不足,研发力量较差或人力资源有缺陷无法满足增长型战略的要求时,就无法采用扩大市场占有率的战略。在这种情况下,企业可以采取以局部市场为目标的稳定型战略,以使企业有限的资源能集中在自己有优势的细分市场,维护竞争地位。

(2) 当外部环境相对稳定时,资源较为充足和资源较为稀缺的企业都应当采取稳定型战略,以适应外部环境,但两者的做法可以不同。前者可以在更为广阔的市场上选择自己的资源分配点,而后者应当在相对狭窄的细分市场上集中自身的资源,以求稳定型战略。

(3) 当外部环境不利时,如行业处于生命周期的衰退阶段时,则资源丰富的企业可以采用一定的稳定型战略;而对那些资源不够充足的企业,如果它在某个特定的细分市场上有独特的优势,那么也可以考虑采用稳定型战略。

5.2.3 稳定型战略的优势和劣势

稳定型战略的优势为:

(1)企业的经营风险相对较小。由于企业基本维持原有的产品和市场领域,从而可以用原有的生产领域、渠道,避免开发新产品核心市场的巨大资金投入、激烈的竞争抗衡和开发失败的巨大风险。

(2)能避免因改变战略而改变资源分配的困难。由于经营领域主要与过去大致相同,因而稳定型战略不必考虑原有资源的增量或存量的调整,相对于其他战略态势来说,显然要容易得多。

(3)能减少发展过快而导致的弊端。在行业迅速发展的时期,许多企业无法看到潜伏的危机而盲目发展,结果造成资源的巨大浪费。

(4)能给企业一个较好的修整期,使企业积聚更多的能量,以便为今后的发展做好准备。从这个意义上说,适时的稳定型战略将是增长型战略的一个必要的酝酿阶段。

但是,稳定型战略也有不少劣势:

(1)稳定型战略的执行是以市场需求、竞争格局等内外条件基本稳定为前提的。一旦企业的这一判断没有得到验证,就会打破战略目标、外部环境、企业实力之间的平衡,使企业陷入困境。因此,如果环境预测有问题的话,稳定型战略也会有问题。

(2)特定细分市场的稳定型战略也会有较大的风险。由于企业资源不够,企业会在部分市场上采用竞争战略,这样做实际上是将资源重点配置在这几个细分市场上,因而如果对这几个细分市场把握不准,企业可能会更加被动。

(3)稳定型战略也会使企业的风险意识减弱,甚至形成害怕风险、回避风险的文化,这就会大大降低企业对风险的敏感性、适应性和冒风险的勇气,从而增加了以上风险的危害性和严重性。

稳定型战略的优点和缺点都是相对的,企业在具体的执行过程中必须权衡利弊,准确估计风险和收益,并采取合适的风险防范措施。只有这样,才能保证稳定型战略的优点的充分发挥。

战略聚焦 企业视点

菲亚特公司的稳定型战略

菲亚特公司是意大利境内最大的私营企业,它拥有数量惊人的子公司,而且在相当程度上影响着意大利的经济。意大利人自豪地称之为"意大利工业的骄子"。著名的阿戈内利家族是菲亚特公司的所有者,他们早在19世纪末就开始制造汽车了。

多年来,菲亚特公司在意大利国内建立了稳固的市场,并长期占据这个市场。以此为根基,向其他一些地区稳步渗透。经过多年的发展,特别是二战后的快速发展,菲亚特公司已经成为世界汽车工业界举足轻重的大企业。

意大利菲亚特公司的稳定型战略属于典型的阻击式防守战略(以守为攻),这种战略的指导思想是:"最有效的防御是完全防止竞争较量的发生"。其操作方法是:企业投入相应的资源,以充分显示企业已经拥有的阻击竞争对手进攻的能力。菲亚特公司正是这样做的。多年以来,它通过与历届意大利政府保持良好关系,得到了政府强有力的支持,确保了公司长期以来在意大利国内汽车市场的主导地位。当然,面对开放的市场,当政府再也无力阻止国外企业进入时,菲亚特公司能够及时采取反应式防御战略,利用自己的廉价优势,通过抢占国外低档汽车市场,弥补原有国内市场份额的损失,从总体上保持了公司的稳定发展。

(资料来源:中国经济网)

5.3 收缩型战略

收缩型战略是采取保守经营态度的战略形态,主要适合处于市场疲软、通货膨胀、产品进入衰退期、管理失控、经营亏损、资金不足、资源匮乏、发展方向模糊的危机企业选择。可分为:转移战略、撤退战略、清算战略三种战略形式。转移战略是通过改变经营计划、调整经营部署,转移市场区域(主要是从大市场转移到小市场)或行业领域(从高技术含量向低技术含量的领域转移)的战略;撤退战略是通过削减支出、降低产量,退出或放弃部分地域或市场渠道的战略;清算战略是通过出售或转让企业部分或全部资产以偿还债务或停止经营活动的战略。

收缩型战略的优点是通过整合有效资源,优化产业结构,保存有生力量,能减少企业亏损,延续企业生命,并能通过集中资源优势,加强内部改制,以图新的发展。其缺点是容易荒废企业部分有效资源,影响企业声誉,导致士气低落,造成人才流失,威胁企业生存。调整经营思路、推行系统管理、精简组织机构、优化产业结构、盘活积压资金、压缩不必要开支是该战略需要把握的重点。

收缩型战略有以下特征:

(1)对企业现有的产品和市场领域实行收缩、调整和撤退战略,比如放弃某些市场和某些产品线系列。因而从企业的规模来看是在缩小的,同时一些效益指标,比如利润率和市场占有率等,都会有较为明显的下降。

(2)对企业资源的运用采取较为严格的控制和尽量削减各项费用支出,往往只投入最低限度的经管资源,因而收缩型战略的实施过程往往会伴随着大量的裁员,一些奢侈品和大额资产的暂停购买,等等。

(3)收缩型战略具有明显的短期性。与稳定和发展两种战略相比,收缩型战略具有明显的过渡性,其根本目的并不在于长期节约开支,停止发展,而是为了今后发展积蓄力量。

5.3.1 转移战略

转移战略是企业在现有的经营领域不能维持原有的产销规模和市场面,不得不采取缩小产销规模和市场占有率,或者企业在存在新的更好的发展机遇的情况下,对原有的业务领域进行压缩投资,控制成本以改善现金流为其他业务领域提供资金的战略方案。另外,企业在财务状况下降时也有必要采取转移战略,这一般发生在物价上涨导致成本上升或需求降低使财务周转不灵的情况下。针对这些情况,转移战略可以通过以下措施来配合进行:

(1)调整企业组织。这包括改变企业的关键领导人,在组织内部重新分配责任和权力等等。调整企业组织的目的是使管理人员适应变化了的环境。

(2)降低成本和投资。这包括压缩日常开支,实施更严格的预算管理,减少一些长期投资的项目等,也可以是适当减少某些管理部门或降低管理费用。在某些必要的时候,企业也会以裁员作为压缩成本的方法。

(3)减少资产。这包括出售与企业基本生产活动关系不大的土地、建筑物和设备;关闭一些工厂或生产线;出售某些在用的资产,再以租用的方式获得使用权;出售一些盈利的产品,以获得继续使用的资金。

(4)加速回收企业资产。这包括加速应收账款的回收期,派出讨债人员收回应收账款,降低企业的存货量,尽量出售企业的库存产成品等。

转移战略会使企业的主营方向转移,这有时会涉及基本经营宗旨定额变化,其成功的关键是管理者明晰的战略管理理念,即必须决断是对现存的业务给予关注还是重新确定企业的基本宗旨。

5.3.2 撤退战略

撤退战略是指将企业的一个或几个主要部门转让、出卖或停止经营。这个部门可以是一个经营单位,一条生产线或者一个事业部。

撤退战略与清算战略并不一样,由于撤退战略的目的是要找到肯出高于企业固定资产时价的买主,所以企业管理人员应该说服买主,认识到购买企业所获得的技术资源或资产能给对方增加利润。而清算战略一般意味着基本上只包括有形资产的部分。

在撤退战略的实施过程中通常会遇到一些阻力,包括:

(1)结构上或经济上的阻力,即一个企业的技术特征及其固定和流动资本妨碍其退出,例如一些专用性强的固定资产很难退出。

(2)公司层战略上的阻力。如果准备放弃的业务与其他的业务有较强的联系,则该项业务的放弃会使其他有关业务受到影响。

(3)管理上的阻力。企业内部人员,特别是管理人员对撤退战略往往会持反对意见,因为这往往会威胁他们的职业和业绩考核。

这些阻力的克服,可以采用以下的办法:在高层管理者中,形成"考虑撤退战略"的氛围;改进工资奖金制度,使之不与撤退战略相冲突;妥善处理管理者的出路问题。

5.3.3 清算战略

清算战略是指卖掉其资产或停止整个企业的运行而终止一个企业的存在。显然,只有在其他战略都失败时才考虑使用清算战略。但在确实毫无希望的情况下,尽早制定清算战略,企业可以有计划地逐步降低企业股票的市场价值,尽可能多地收回企业资产,从而减少全体股东的损失。因此,清算战略在特定的情况下,也是一种明智的选择。要特别指出的是,清算战略的净收益是企业有形资产的出让价值,而不包括其相应的无形价值。

5.3.4 收缩型战略的优势和劣势

收缩型战略的优势有:

(1) 能帮助企业在外部环境恶劣的情况下,节约开支和费用,顺利地度过不利的处境。

(2) 能在企业经营不善的情况下最大限度地降低损失。在许多情况下,盲目而且顽固地坚持经营无可挽回的事业,而不是明智地采用收缩型战略,会给企业带来致命的打击。

(3) 能帮助企业更好地实行资产的最优组合。如果不采用收缩型战略,企业在面临一个新的机遇时,只能运用现有的剩余资源进行投资,这样做势必会影响企业在这一领域发展的前景。相反,通过采取适当的收缩型战略的话,企业往往可以从不良运作处的资源转移部分到这一发展点上,从而实现企业长远利益的最大化。

与上述优点相比,收缩型战略也能为企业带来一些不利之处:

(1) 实行收缩型战略的尺度较难以把握,因而如果盲目地使用收缩型战略的话,可能会扼杀具有发展前途的业务和市场,使企业的总体利益受到伤害。

(2) 一般来说,实施收缩型战略会引起企业内外部人员的不满,从而引起员工情绪低落,因为实施收缩型战略常常意味着不同程度的裁员和减薪,而且实施收缩型战略在某些管理人员看来意味着工作的失败和不利。

战略聚焦　企业视点

国际电子巨头集体实施战略收缩

2008 年年末,几大日韩电子巨头纷纷公布各自新的战略收缩计划。分析认为,这是日本和韩国的消费电子品牌由于本土需求规模并不大,欧美市场需求的急剧减少对其造成冲击较大造成的,而中国市场的地位正在提到了前所未有的高度。

"液晶之父"夏普于上周五正式宣布将关闭在三重县多气町和奈良县天理市两个工厂的中小型液晶面板生产线,将裁减约 380 名派遣职员。

而在此之前 3 天,索尼刚刚公布了其收缩计划,包括裁员 8 000 人、削减投资、关闭工厂、退出盈利能力差的业务等,希望借此节省 11 亿美元成本开支。

韩国两家巨头也不例外,三星称,从 12 月中旬起至 2009 年 1 月份,该公司准备关闭国内两家等离子电视机制造工厂,逐步淡出等离子电视业务。LG 则预计第四季度液晶面板的供货面积环比仅略有增加。

(资料来源:《广州日报》)

5.4　混合型战略

混合型战略是稳定型战略、增长型战略和紧缩型战略的组合,事实上,许多有一定规模的企业实行的并不只是一种战略,从长期来看是多种战略的结合使用。

从采用情况来看,一般是较大型的企业采用混合型战略较多。因为大型企业相对来说拥有较多的战略业务单位,这些业务单位很可能分布在完全不同的行业和产业群中,他们所面临的外界环境,所需要的资源条件完全不相同,因而若对所有的战略业务单位都采用统一的战略态势的话,就有可能导致由于战略与具体的战略业务单位不相一致而导致企业的总体效益受到伤害。所以,可以说混合型战略是大型企业在特定的历史阶段的必然选择。

从市场占有率等效益指标来看,混合型战略并不具有确定变化的方面,因为采用不同的战略态势的不同战略业务单位市场占有率的变化方向和大小并不一致。所以,从企业整体市场占有率、销售额、产品创新率等指标反映出来的状况并没有一个统一的结论,实施混合型战略的企业只有在各不同的战略业务单位之间才体现出该战略业务单位所采用的战略态势的特点。

在某些时候,混合型战略也是战略态势选择中不得不采取的一种方案。例如,企业遇到了一个较为景气的行业前景和比较旺盛的消费者需求,因而打算在这一领域采取增长型战略,但如果这时企业的财务资源并不是很充分的话,可能无法实施单纯的增长型战略。此时,就可以选择部分相对不令人满意的战略业务单位,对他们实施抽资或转向战略,以此来保证另一战略业务单位实施增长型战略所需的充分资源。由此,企业从单纯的增长型战略转变成了混合型的战略态势。

根据不同的分类方式,混合型战略可以分为不同的种类。

按照各自战略的构成不同,混合型战略可以分为以下几类:

(1)同一类型的战略组合。所谓同一类型的战略组合是指企业采取稳定、增长和紧缩中的一种战略态势作为主要的战略方案,但具体的战略业务单位又是由不同类型的同一种战略态势来指导。因此,从严格意义上来说,同一类型的战略的组合并不是"混合战略",因为它不过是在某一战略态势中的不同具体类型的组合。

(2)不同类型的战略组合。这是指企业采用稳定、增长和紧缩战略中的两种以上的战略态势的组合,因而这是严格意义上的混合型战略。这种战略要求企业的高层管理者能很好地协调和沟通企业内部的各战略业务单位之间的关系。

按照战略组合的顺序不同,混合型战略可以分为如下几种:

(1)同时性战略组合。这是指不同类型的战略被同时在不同战略业务单位执行而组合在一起的混合型战略。战略的不同组合有好几种,最常见的如下:

➢ 在撤销某一战略经营单位、产品系列或经营部门的同时,增加其他一些战略经营单位、产品系列或经营部门。这其实是对一个部门采取清算战略,同时对另一个部门实施增长战略。

➢ 在某些领域或产品中实施抽资转向战略的同时,在其他业务领域或产品中实施增长战略。在这种情况下,企业实施紧缩战略的业务单位,可能还未到应该放弃或清算的地步,甚至有些可能是仍旧有潜力的发展部门,但是为了提供其他部门发展所需要的资源,只有实施紧缩型战略。

➢ 在某些产品或业务中实施稳定战略,而在其他一些产品或部门中实施增长战略,这种战略组合一般适用于资源相对丰富的企业,因为它要求企业在没有实施收缩而获取资源的前提下，以自己的积累投入需要增长的业务领域。

（2）顺序性战略组合。顺序性战略组合是指一个企业根据生存与发展的需要，先后采用不同的战略方案，从而形成自身的混合型战略方案，因而这是一种在时间上的战略组合。常见的顺序性战略组合有：

➤ 在某一特定时期实施增长型战略，然后在另一时期使用稳定型战略。这样做，是为了使企业能够发挥"能量积聚"的作用。

➤ 首先使用抽资转向战略，然后在情况好转时再实施增长战略。采用这种战略的企业主要是利用紧缩战略来避开外界环境的不利条件。

很多时候，企业并不一定采用单一的战略，如纯粹的稳定型战略或者增长型战略，或者收缩型战略，而是各种战略的混合使用，这就是混合型战略。

需要注意的是，企业面临的环境日趋复杂且多变，而战略一般会持续较长的时间，企业经营上的灵活性、能动性和适应性就更加重要，单一的战略往往会面对来自环境的挑战而可能最终不能适应。

总体上看，混合型战略一般在以下一些情况适用：

（1）较大规模的企业或者产品系列较多的企业，可能有较多的业务单位，跨行业经营，对有的产品采用增长型战略，同时对有的产品采用收缩型战略。

（2）市场区域较为宽泛的企业，在不同的市场上可能面临不同的具体情况，因而根据不同的市场采用不同的战略，有的可能强化而增长，有的可能收缩。

（3）技术进步较快的企业，例如技术领导者，相应的产品更新也快，为了推广其强势产品或者与对手拉开更大的距离，往往会对处于生命周期不同的产品实施不同的战略，或者有所抑扬。例如 INTEL 推出奔腾 4 以后，对奔腾 3 系列产品采用逐步收缩的战略。

（4）实力有限的企业可能也会采用混合型战略，一边致力于业务和业绩的快速增长，一边可能会做一些战略铺垫，为将来打好基础。

（5）企业处于不同的发展时期，适当采用不同的战略模式，如从企业初创时期到壮大的各个阶段，采用"增长-稳定-增长-稳定-收缩调整-增长-稳定"的顺序战略组合。

战略聚焦　企业视点

阿斯利康成功实施生物药和传统药混合型发展战略

2007 年 6 月 4 日，英国第二大制药企业阿斯利康宣布已经完成美国生物技术公司的股权收购，拿到 96％的股权，MEDI 的首席执行官等高管已经辞去现职，成功并购 MEDI 不存在任何障碍。6 月 18 日，MEDI 将成为阿斯利康的一个全资子公司。阿斯利康出资 156 亿美元现金收购 MEDI 是 2007 年内生物制药产业最大也是最有影响的并购行动，也是该公司 1999 年成立以来的最大并购。

阿斯利康一直被苍白的研发线所困扰，特别是在 2007 年 2 月与 Athrogenics 联合开发心血管药物失败以后，公司管理层更是饱受股东批评。促使阿斯利康下决心从单一的化学药物向传统药和生物制药混合型发展，成功收购 MEDI 为这一战略的实施奠定了坚实基础。MEDI 为新东家贡献了 1 个单抗药物（唯一的抗病毒感染单抗药,"重磅炸弹"药品)和1个疫苗(鼻喷剂型流感疫苗),使"新"阿斯利康进入抗体药和疫苗两大市场,重新焕发了活力。有趣的是,很多投资家认为这次并购不可能顺利进行,对MEDI实施大量卖空投(shorts)策略,以至于该公司上周被列为生物制药行业卖空投最多的10个公司之一,这些投资家亏老本已不可避免。

阿斯利康实施混合战略的脚步并没有停止,就在同一天,宣布从荷兰化学集团DSM手中买下一个以加拿大蒙特利尔为基地的制药工厂——DSM生物公司,以进一步加强生产抗体药物的能力。阿斯利康指出,这个工厂到2009年将全负荷地开动为新集团公司生产抗体和其他生物药。阿斯利康是继雅培公司、施贵宝公司、惠氏公司和礼来公司进军生物制药行业的又一个大型制药企业。另外,辉瑞公司和默克公司也购买了小型生物技术公司以加强自身的生物药研发线。

（资料来源:《企业观察》）

5.5　公司层战略的选择工具

实施公司层战略后,企业通常会涉足众多业务范围,每项业务具有自己的战略。通用电气公司把它所经营的业务范围划为49种,并称其为战略业务单元(Strategic Business Units,SBU),亦称战略性事业单位、策略性事业单位。

战略业务单元是公司中的一个单位,或者职能单元,它是以企业所服务的独立的产品、行业或市场为基础,由企业若干事业部或事业部的某些部分组成的战略组织。战略业务单位必须在公司总体目标和战略的约束下,执行自己的战略管理过程。在这个执行过程中其经营能力不是持续稳定的,而是在不断变化的,可能会得到加强,也可能会被削弱,这取决于公司的资源分配状况。

战略业务单元具有三大特征:

(1) 一项独立业务或相关业务的集合体,但在计划工作上能与公司其他业务分开而单独作业。

(2) 有自己的竞争者。

(3) 有一位专职经理,负责战略计划、利润业绩,并且他有能力控制影响利润的大多数因素。

如何规划不同SBU,并对它们进行取舍呢? 可使用两种典型工具:BCG矩阵和IE矩阵。

5.5.1　BCG 矩阵

BCG矩阵图,即"市场成长-市场份额"矩阵图,是美国波士顿咨询公司首创的决策咨询方法和工具。它是从二维角度来分析战略业务单元整体结构是否合理,这二维指标是市场增长率和相对市场份额,如图5-4所示。根据二维指标形成的四个象限,把业务分别归类研究。二维指标构成的矩阵形成了问题类、明星类、金牛类和狗类四个象限。

BCG矩阵图有以下特征:

(1) 始终把企业的战略业务单元放在一个开放的环境中去研究、把握。判断一

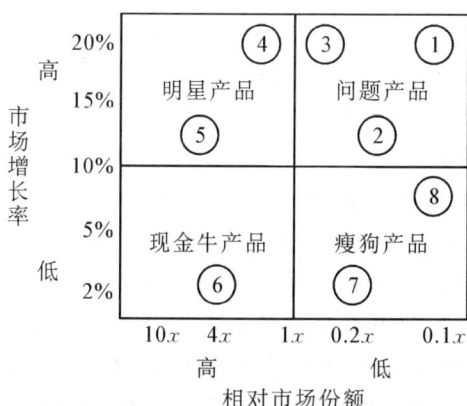

图 5 - 4　BCG 矩阵图

个企业的战略业务单元结构是否合理,关起门来研究无法抓住问题的实质。战略业务单元结构合理是指企业生产或经营的全部 SBU 组合具有市场优势,离开市场也就无所谓优势和劣势,也失去了评价和调整的基础。

(2)科学地选择评价指标。BCG 矩阵图并没有采用利润、销售额等绝对值指标来判断战略业务单元的市场竞争力,而是选用了市场增长率指标和相对市场占有率指标。前者说明的是企业战略业务单元所处市场的发展性质,即该战略业务单元正处在生命周期的哪一个阶段,是导入期、成长期、成熟期,还是衰退期。后者则表明企业战略业务单元在某一市场中的地位,是领先者、挑战者、追随者,还是补缺者。值得指出的是,利润额、销售额指标并不能准确反映企业的经营业绩和市场地位,相对市场占有率这一相对指标却能客观地反映这一点。例如,某企业一战略业务单元的利润今年比去年增加 50%,但市场占有率却下降 5%,这一态势表明该战略业务单元整体有较大发展,但该企业的业绩却在大幅度下滑。

图中横坐标表示相对市场占有率,以对数尺度表示,指某企业各个战略业务单元的市场占有率与同行业中最大竞争对手的市场占有率之比。图中⑥号战略业务单元的相对市场占有率为 $4x$,表明该战略业务单元是市场领先者,它的市场占有率为名列第二位战略业务单元市场占有率的 4 倍。凡大于 $1x$ 的战略业务单元都是市场领先者,小于 $1x$ 的战略业务单元则是市场占有率较小者。纵坐标表示市场增长率,①、②、③、④、⑤战略业务单元都处在高市场增长位置,而⑥、⑦、⑧战略业务单元则处在低市场增长率区域。BCG 矩阵四个象限的解释如下:

(1)问题型业务(Question Marks,指高增长、低市场份额)。

处在这个领域中的是一些投机性战略业务单元,带有较大的风险。这些战略业务单元可能利润率很高,但占有的市场份额很小。这往往是一个公司的新业务,为发展问题业务,公司必须建立工厂,增加设备和人员,以便跟上迅速发展的市场,并超过竞争对手,这意味着大量的资金投入。"问题"非常贴切地描述了公司对待这类业务的态度,因为这时公司必须慎重回答"是否继续投资,发展该业务?"这个问题。只有那些符合企业发展长远目标、企业具有资源优势、能够增强企业核心竞争力的业务才得到肯定的回答。得到肯定回答的问题型业务适合于采用战略框架中提到的增长战略,目的是扩大战略事业单位的市场份额,甚至不惜放弃近期收入来达到这一目标,因为问题型要发展成为明星型业务,其市场份额必须有较大的增长。得到否定回答的问题型业务则适合采用收缩战略。

(2)明星型业务(Stars,指高增长、高市场份额)。

这个领域中的战略业务单元处于快速增长的市场中并且占有支配地位的市场份额,但也许会或也许不会产生正现金流量,这取决于新工厂、设备和战略业务单元开发对投资的需要量。明星型业务是由问题型业务继续投资发展起来的,可以视为高速成长市场中的领导者,它将成为公司未来的现金牛业务。但这并不意味着明星业务一定可以给企业带来源源不断的现金流,因为市场还在高速成长,企业必须继续投资,以保持与市场同步增长,并击退竞争对手。企业如果没有明星业务,就失去了希望,但群星闪烁也可能会闪花企业高层管理者的眼睛,导致做出错误的决策。这时必须具备识别行星和恒星的能力,将企业有限的资源投入在能够发展成为现金牛的恒星上。同样的,明星型业务要发展成为现金牛业务适合于采用增长战略。

(3)现金牛业务(Cash cows,指低增长、高市场份额)。

处在这个领域中的战略业务单元产生大量的现金,但未来的增长前景是有限的。这是成熟市场中的领导者,它是企业现金的来源。由于市场已经成熟,企业不必大量投资来扩展市场规模,同时作为市场中的领导者,该业务享有规模经济和高边际利润的优势,因而给企业带来大量现金流。企业往往用现金牛业务来支付账款并支持其他三种需大量现金的业务。现金牛业务适合采用战略框架中提到的稳定战略,目的是保持战略事业单位的市场份额。

(4)瘦狗型业务(Dogs,指低增长、低市场份额)。

这个剩下的领域中的战略业务单元既不能产生大量的现金,也不需要投入大量现金,这些战略业务单元没有希望改进其绩效。一般情况下,这类业务常常是微利甚至是亏损的,瘦狗型业务存在的原因更多的是由于感情上的因素,虽然一直微利经营,但像人养了多年的狗一样恋恋不舍而不忍放弃。其实,瘦狗型业务通常要占用很多资源,如资金、管理部门的时间等,多数时候是得不偿失的。瘦狗型业务适合采用战略框架中提到的收缩战略,目的在于出售或清算业务,以便把资源转移到更有利的领域。

BCG矩阵的精髓在于把战略规划和资本预算紧密结合了起来,把一个复杂的企业行为用两个重要的衡量指标来分为四种类型,用四个相对简单的分析来应对复杂的战略问题。该矩阵帮助多种经营的公司确定哪些战略业务单元宜于投资,宜于操纵哪些战略业务单元以获取利润,宜于从业务组合中剔除哪些战略业务单元,从而使业务组合达到最佳经营成效。

评价各项业务的前景时,BCG是用"市场增长率"这一指标来表示发展前景的。该数据可以从企业的经营分析系统中提取。

评价各项业务的竞争地位时,BCG是用"相对市场份额"这个指标来表示竞争力的。这一步需要做市场调查才能得到相对准确的数据。计算公式是把本单位的收益除以其最大竞争对手的收益。

到了这一步公司就可以诊断自己的业务组合是否健康了。一个失衡的业务组合就是有太多的狗类或问题类业务,或太少的明星类和金牛类业务。例如有三项的问题业务,不可能全部投资发展,只能选择其中的一项或两项,集中投资发展;只有一个现金牛业务,说明财务状况是很脆弱的,有两项瘦狗业务,这是沉重的负担。

BCG 矩阵的纵坐标是"市场增长率",它将"市场增长率"划分为高、低两个区域。高市场增长定义为销售额至少达到 10％的年增长率(扣除通货膨胀因素后)。

BCG 矩阵的横坐标是"相对市场份额",它将"相对市场份额"划分为高、低两个区域。

按照 BCG 布鲁斯的观点,这个界分值应当取为 2,市场份额之比小于 2,竞争地位就不稳定,企业就不能回收现金,否则地位难保。但在实际的业务市场上,市场领先者市场份额是跟随其后的竞争者的 2 倍的情况极为少见。所以和上面的市场增长率的标准线确定一样,由于评分等级过于宽泛,可能会造成两项或多项不同的业务位于一个象限中或位于矩阵的中间区域,难以确定使用何种战略。所以在划分标准线的时候要尽量占有更多资料,审慎分析,这些数字范围在运用中根据实际情况的不同进行修改。而且不能仅仅注意业务在 BCG 矩阵图中现有的位置,还要注意随着时间推移历史的移动轨迹。每项业务都应该回顾它去年、前年甚至更前的时候是处在哪里,用以参考标准线的确定。一般而言,高市场份额意味着该项业务是所在行业的领导者的市场份额;需要说明的是,当本企业是市场领导者时,这里的"最大的竞争对手"就是行业内排行第二的企业。

波士顿矩阵根据两个客观标准评估一个企业活动领域的利益:市场的增长率和企业在该市场上的相对份额。其中,相对市场份额是该战略业务单元本企业市场占有率与该战略业务单元市场占有份额最大者之比。波士顿矩阵的优点是简单明了,可以使集团在资源有限的情况下,合理安排战略业务单元系列组合,收获或放弃萎缩战略业务单元,加大在更有发展前景的战略业务单元上投资。

如上所述,波士顿矩阵将不同战略业务单元组合到一个图像中,简单明了地分析出企业战略业务单元在市场中的地位,从而,针对不同战略业务单元,制定不同策略,集中企业资源,提高其市场竞争力。可采取的三种策略归纳如下:

(1)增长策略。

采用这种策略的目的是扩大战略业务单元的市场份额,甚至不惜放弃近期利润来达到这一目标。这一策略主要应用于明星战略业务单元,使明星战略业务单元继续提高市场占有率,拉大与竞争对手的距离,逐渐成为企业的主要利润源泉。同时也适用于问题战略业务单元,问题战略业务单元的关键是市场占有率与竞争对手有较大的差距,而并非销售利润增长没有空间,市场没有前景。经销商就要将大量资金投入到这部分战略业务单元中去。

(2)稳定策略。

采用这种策略的目的是为了保持战略业务单元的市场份额,增加短期现金收入,这一策略适用于金牛战略业务单元,因为这类战略业务单元能够为企业挣得大量的现金。稳定策略也适用于部分问题战略业务单元和瘦狗战略业务单元。

(3)撤退策略。

采用这种策略的目的在于清理某些不景气的战略业务单元业务,以便把资金转移到更有潜力的战略业务单元上。它适用于瘦狗战略业务单元和部分难于把握的问题战略业务单元,这些战略业务单元常常是亏损的。

战略聚焦　企业视点

荣事达集团的战略选择

80年代初期,荣事达原本是名不见经传的生产普通单双缸洗衣机企业。经过十多年拼搏,90年代初生产的"水仙牌"洗衣机畅销全国,年产量达50万台,销售额荣登同行榜首,洗衣机生产成为荣事达(当时厂名合肥洗衣机总厂)一头巨大的"金牛"。但该厂管理者并没有躺在"金牛"身上,而是于1992年果断地用"金牛"获得的资金与香港丰事达投资公司、安徽省技术进出口公司合资组建"合肥荣事达电气有限公司"。

1993年自行研制开发问号业务3.8 kg全自动洗衣机,大额投资促其成为明星业务,当年公司跻身全国500家最佳经济效益和500家利税大户行列,"明星"转变为"金牛"。荣事达人并不满足于此,1994年3月又与日本三洋电机株式会社、三洋贸易株式会社、丰田通商株式会社、长城贸易株式会社组建合资公司——合肥三洋洗衣机有限公司,生产具有国际一流水准人工智能模糊控制全自动洗衣机,在国内市场独占鳌头。

1995年8月荣事达管理者又从"金牛"身上取资与港台企业合资兴建"荣事达橡塑制品有限公司"、"荣事达日用电器有限公司"等,不断开发"问号"业务,培育"明星"业务,不仅实现了公司资产保值增值,而且使组织机体始终处于良性循环之中。1997年末荣事达集团产值、销售收入、利润分别比上年增长31%、13%和18.8%,集团资产增长到26.2亿元,比上年增长21.69%。诚然,荣事达成功的原因是多方面的,但成功运用BCG矩阵进行战略业务管理应该是最重要的原因之一。

(资料来源:《广州日报》)

5.5.2　内外部(IE)矩阵

内部–外部(IE)矩阵(Internal-External matrix)如表5-1所示,该矩阵用9个格子表明战略业务单元的地位。IE矩阵用9个象限对企业所有SBU进行分类,再把这9个象限分成具有战略意义的三个区间。这样就把企业的SBU分成三种类型,然后根据不同类型SBU的特点,采取不同的发展战略。

表5-1　内部–外部(IE)矩阵

		IFE加权评分		
		强(4.0~3.0)	中(3.0~2.0)	弱(2.0~1.0)
EFE 加权 评分	(4.0~3.0)高	I	II	III
	(3.0~2.0)中	IV	V	VI
	(2.0~1.0)低	VII	VIII	IX

IE矩阵与BCG矩阵相似的地方有:它们都是用矩阵的方式对企业所有SBU进行分类;它们分析的思路都是从内部和外部两个方面对企业SBU进行评价;它们都是一种组合矩阵分析法,即可用于分析企业最佳的SBU组合战略和确定企业每项

SBU 的发展战略。

IE 矩阵与 BCG 矩阵也有区别：虽然两个矩阵都是从内部和外部两个方面进行分析，但 IE 矩阵是从综合的角度分析内部和外部因素的。即 IE 矩阵比 BCG 矩阵需要有更多的企业内部和外部的信息；两个矩阵的轴线也不同，BCG 矩阵是把纵轴和横轴分成高低两种情况，形成四个象限进行分析，IE 矩阵则是把纵轴和横轴分成高、中、低三种情况，形成 9 个象限后又分成三个战略区间进行分析的。

IE 分析方法是把战略制定过程中对企业内部和外部环境分析的结果分成高、中、低三个等级，从而组成了有 9 个象限的内部-外部矩阵。

在内部-外部(IE)矩阵中，纵坐标(EFE)是对企业外部环境所包含的机会与威胁的评价值及企业对外部环境所作出反映的程度(EFE 分析，详看第 2 章外部分析)。EFE 加权值越高，说明企业越能利用外部有利的市场机会和减少外部竞争威胁的不良影响，即企业在外部环境方面处于优势。EFE 加权值越低，说明企业越是面临着严峻的竞争威胁，而且企业不能有效地利用有利的市场机会和消除竞争威胁的不利影响，即企业在外部环境方面处于劣势。

在 IE 矩阵中，横坐标(IFE)是对企业内部各因素综合分析得出的加权值。它反映了企业内部的综合实力和竞争能力(IFE 分析，详看第 3 章内部分析)。IFE 加权值越高，说明企业的综合实力和竞争能力越强，即企业在内部状况方面处于强势。IFE 加权值越低，说明企业的综合实力和竞争能力越低，即企业在内部状况方面处于弱势。

在 IE 矩阵的横坐标中，IFE 加权评分数为 1.0～1.99 代表企业内部的劣势地位，2.0～2.99 代表企业内部的中等地位，而 3.0～4.0 代表企业内部的优势地位。相应地，在纵坐标上，EFE 加权分为 1.0～1.99 代表企业面临着较严重的外部威胁，而 2.0～2.99 代表企业面临中等的外部威胁，3.0～3.99 代表企业能较好地把外部威胁的不利影响减少到最低程度。

可以把 IE 矩阵分成具有不同战略意义的三个区间。第一，IE 矩阵对角线第Ⅲ、Ⅴ、Ⅶ格；第二，IE 矩阵对角线左上方的第Ⅰ、Ⅱ、Ⅳ格；第三，IE 矩阵对角线右下方的第Ⅵ、Ⅷ、Ⅸ格。

对落在 IE 矩阵不同区间的不同 SBU，企业应采取不同的战略：

(1) 落入Ⅰ、Ⅱ、Ⅳ象限的 SBU，应被视为增长型和建立型(grow and build) SBU。所以应采取加强型战略(市场渗透、市场开发和产品开发)或一体化战略(前向一体化、后向一体化和横向一体化)或投资/扩展战略。

(2) 落入Ⅲ、Ⅴ、Ⅶ象限的 SBU，适合采用坚持和保持型(hold and maintain)战略，或选择/盈利战略。如市场渗透和产品开发战略等。

(3) 落入Ⅵ、Ⅷ、Ⅸ象限的 SBU，应采取收获型和剥离型(harvest and divest)战略或收获/放弃战略。

5.6　战略方法

以上讲述了公司层战略的制定与规划方法，其中，企业增长战略可借助三类方法来实现，它们是内部发展、并购战略与战略联盟。

5.6.1 内部发展

内部发展,也称内生增长,是指企业在不收购其他企业的情况下利用自身的规模、利润、活动等内部资源来实现扩张。当企业在具有美好发展前景的市场中经营时,可以通过充分利用现有产品及服务和市场机会或通过多元化来实现内生发展。对于许多企业来说,特别是那些产品需要高科技设计或制造方式的企业,内部发展或内生增长已经成为主要的战略发展方式。因为开发过程被视作是获得必要技巧和知识,从而使企业能充分利用其产品优势并在市场中立于不败之地的最佳方式。

企业采取内生增长有以下动因:

(1) 开发新产品的过程使企业能最深刻地了解市场及产品;

(2) 不存在合适的收购对象;

(3) 保持同样的管理风格和企业文化,从而减轻混乱程度;

(4) 为管理者提供职业发展机会,避免停滞不前;

(5) 可能需要的代价较低,因为获得资产时无需为商誉支付额外的金额;

(6) 收购中通常会产生隐藏的或无法预测的损失,而内生增长不太可能产生这种情况;

(7) 这可能是唯一合理的、实现真正技术创新的方法;

(8) 可以有计划地进行,很容易从企业资金获得财务支持,并且成本可以按时间分摊;

(9) 风险较低。而在收购中,购买者可能还需承担以前业主所做的决策而产生的后果。例如,由于医疗及安全方面的违规而欠下员工的债务。

尽管内部开发新活动的最终成本可能高于收购其他企业,但是成本的分摊可能会对企业更有利且比较符合实际,特别是对那些没有资金进行大额投资的小企业或公共服务类型的组织来说,这是它们选择内部发展的一个主要理由。内部发展的成本增速较慢,这也可能有助于将战略发展对其他活动的干扰降至最低。但是,内部发展有如下缺点:

(1) 与购买市场中现有的企业相比,它可能会激化某一市场内的竞争;

(2) 企业并不能接触到另一知名企业的知识及系统,可能会更具风险;

(3) 从一开始就缺乏规模经济或经验曲线效应;

(4) 当市场发展得非常快时,内部发展会显得过于缓慢;

(5) 可能会对进入新市场产生非常高的壁垒。

5.6.2 并购战略

如上文所述,企业可以通过内部发展实现增长,也可以通过收购与兼并实现增长。兼并(merger)是指两家或两家以上的企业合并,结果是一家企业继续存在或组成一家全新的企业。在后一种情况下,企业联合在一起被称为合并。兼并,比较典型的情况是两家企业自愿联合在一起,这样做是为了实现协同效应。收购(acquisition)是指一家企业购买另一家企业的控制权益。收购后,被收购企业既可以解散,也可以被改组成收购企业的所属部门或子公司。二者的共同特征是被并购企业的经营资源支配权发生了转移。

并购(merger and acquisition)是进入新业务领域最通行的一种做法。这不仅是因为与从头开始一项全新业务相比,它是一条进入目标市场的捷径,而且因为它提供了一种跨越壁垒进入新业务领域的有效办法。这些壁垒包括获得技术方面的经验、建立与供应商的联系、达到足够大的规模以抗衡对手的效率和单位成本、不得不在广告和促销方面进行大量开支以获得市场青睐和品牌承认、保证有足够的销量等。在很多行业中,选择内部创业的道路并试图发展为有效率的竞争者所必需的知识、资金、运作规模和市场声誉可能要花费数年的时间,而并购一个已建好的相关企业则可以使进入者直接进入到在目标行业建立强大的市场地位的阶段。

1）并购的动因

企业可能出于以下原因进行兼并购:

(1)通过引进新的产品系列、占据市场份额来实现营销方面的优势。许多企业拥有较强实力和某些资源,在此情况下,通过并购同行业的企业和相关的企业,可以迅速达到壮大市场力量的目的。

(2)通过收购本行业中的企业来对新进入者设置更为有效的壁垒。

(3)实现多元化。实现多元化经营战略的最常用的方法之一就是进行并购。企业认为在现有的市场或业务领域内开发新产品和建立新企业是比较容易的,这是因为企业的管理者对产品和市场都非常了解。然而,企业要开发与现有业务完全不同的新产品或进入一个新的市场,管理者就会感到很困难。因此,多元化经营很少是通过内部开发来实现的,尤其是跨行业的非相关多元化,而通常是通过并购实现的。

(4)获取规模经济,以更大的产量和大批购买来削减成本。

(5)获得技术与技能。

(6)获得资源。

(7)通过形成大到无法被收购的规模来避免被别人收购而保持独立性。

2）并购的类型

企业并购有许多具体形式,这些形式可以从不同的角度加以分类。

(1)按并购双方所处的行业分类,可以分为横向并购、纵向并购和混合并购三种。

横向并购是指并购方与被并购方处于同一行业。横向并购可以消除重复设施,提供系列产品或服务,实现优势互补,扩大市场份额。

纵向并购是指在经营对象上有密切联系,但处于不同产销阶段的企业之间的并购。按照产品实体流动的方向,纵向并购又可分为顺向并购与逆向并购。顺向并购是指沿着产品实体流动方向所发生的并购,如产品原料生产企业并购加工企业、销售商、最终客户,或加工企业并购销售企业等。逆向并购是指沿着产品实体流动的反向所发生的并购,如加工企业并购原料供应商,销售企业并购原料供应企业或加工企业等。纵向并购可以加强企业经营整体的计划性,协调供产销结构,增强企业竞争能力。

混合并购是指处于不同行业、在经营上也无密切联系的企业之间的并购。混合并购的目的在于实现投资多元化,减少行业不景气可能造成的经营风险,扩大企业经营规模。

（2）按被并购方对并购所持态度不同，可分为友善并购和敌意并购。

友善并购通常是指并购方与被并购方通过友好协商确定并购条件，在双方意见基本一致的情况下实现产权转让的一类并购。此种并购一般先由并购方选择被并购方，并主动与对方的管理当局接洽，商讨并购事宜。经过双方充分磋商签订并购协议，履行必要的手续后完成并购。在特殊的情况下，也有被并购方主动请求并购方接管本企业的情形。

敌意并购通常是指当友好协商遭到拒绝后，并购方不顾被并购方的意愿采取强制手段，强行收购对方企业的一类并购。敌意并购也可能采取不与被并购方进行任何接触，而在股票市场上收购被并购方股票，从而实现对被并购方控股或兼并的形式。由于种种原因，并购（尤其是兼并）往往不能通过友好协商达成协议，被并购方从自身的利益出发，拒不接受并购方的并购条件，并可能采取一切抵制并购的措施加以反抗。在这种情形下敌意并购就有可能发生。

（3）按并购方的身份分类，可以分为产业资本并购和金融资本并购。

产业资本并购一般由非金融企业进行，即非金融企业作为并购方，通过一定程序和渠道取得目标企业全部或部分资产所有权的并购行为。并购的具体过程是从证券市场上取得目标企业的股权证券，或者向目标企业直接投资，以便分享目标企业的产业利润。正因为如此，产业资本并购表现出针锋相对、寸利必争的态势，谈判时间长，条件苛刻。

金融资本并购一般由投资银行或非银行金融机构（如金融投资企业、私募基金、风险投资基金等）进行。金融资本并购有两种形式：一种是金融资本直接与目标资本谈判，以一定的条件购买目标企业的所有权，或当目标企业增资扩股时，以一定的价格购买其股权；二是由金融资本在证券市场上收购目标企业的股票从而达到控股的目的。金融资本与产业资本不同，它是一种寄生性资本，既无先进技术，也无须直接管理收购目标。金融资本一般并不以谋求产业利润为首要目的，而是靠购入然后售出企业的所有权来获得投资利润。因此，金融资本并购具有较大的风险性。

（4）按收购资金来源分类，可分为杠杆收购和非杠杆收购。

无论以何种形式实现企业收购，收购方总要为取得目标企业的部分或全部所有权而支出大笔的资金。收购方在实施企业收购时，如果其主体资金来源是对外负债，即是在银行贷款或金融市场借贷的支持下完成的，就将其称为杠杆收购。相应地，如果收购方的主体资金来源是自有资金，则称为非杠杆收购。

杠杆收购的一般做法是由收购企业委托专门从事企业收购的经纪企业，派有经验的专家分析市场，发现和研究那些经营业绩不佳却有发展前途的企业。确定收购目标后，再以收购企业的名义向外大举借债，通过股市途径或以向股东发出要约的方式，收购目标企业的经营控制权。

杠杆收购的突出特点是收购者不需要投入全部资本即可完成收购。一般而言，在并购所需的全部资本构成中，收购者自有资本大约只占收购资本总额的10%～15%，银行贷款占收购资本总额的50%～70%，发行债券筹资占20%～40%（一般资本结构稳健的企业，债务资本不会超过总资本的2/3，而举借高利贷收购的企业,其债务资本则远远超过其自有资本,往往占总资本的 90%～95%)。由于这种做法只需以较少的资本代价即可完成收购,即利用"财务杠杆"原理进行兼并,故而被称为杠杆收购。很显然,只有企业的全部资产收益大于借贷资本的平均成本,杠杆才能产生正效应。因此,杠杆收购是一种风险很高的企业并购方式。杠杆收购在 20 世纪 60 年代出现于美国,其后得到较快发展,80 年代曾风行于美国和欧洲。

3) 并购失败的原因分析

在企业并购的实践中,许多企业并没有达到预期的目标,甚至遭到了失败。一些学者对此做了大量的分析研究,发现企业并购失败的主要原因有以下几个方面。

(1) 并购后不能很好地进行企业整合。企业在通过并购战略进入一个新的经营领域时,并购行为的结束只是成功的一半,并购后的整合状况将最终决定并购战略的实施是否有利于企业的发展。企业完成并购后面临着战略、组织、制度、业务和文化等多方面的整合。其中,企业文化的整合是最基本、最核心,也是最困难的工作。企业文化是否能够完善地融为一体影响着企业生产运营的各个方面。如果并购企业与被并购企业在企业文化上存在很大的差异,企业并购以后,被并购企业的员工不喜欢并购企业的管理作风,并购后的企业便很难管理,而且会严重影响企业的效益。例如,通过并购得到迅速发展的海尔集团提出自己的经验:在并购时,首先去的地方不应是财务部门,而应是被并购企业的企业文化中心。企业应当重视用企业文化而不是资产来改造被并购企业。

(2) 决策不当的并购。企业在并购前,或者没有认真地分析目标企业的潜在成本和效益,过于草率地并购,结果无法对被并购企业进行合理的管理;或者高估并购后所带来的潜在的经济效益,高估自己对被并购企业的管理能力,结果遭到失败。例如,20 世纪 70 年代中期,一些软性饮料公司认为自己可以运用在饮料方面的完善的营销能力控制美国的酿酒行业,但在收购了几家酿酒公司以后,它们认识到酒类产品与饮料产品是大不相同的,各自有不同的消费者、定价系统及分销渠道。软性饮料公司最终只好将酿酒公司卖出,结果损失极大。

(3) 支付过高的并购费用。当企业想以收购股票的方式并购上市公司时,对方往往会抬高股票价格,尤其是在被收购公司拒绝被收购时,会为收购企业设置种种障碍,增加收购的代价。另外,企业在来用竞标方式进行并购时,也往往要支付高于标的价格才能成功并购。这种高代价并购会增加企业的财务负担,使企业从并购的一开始就面临着效益的挑战。

凡此种种,企业在并购时应引起注意,避免由于准备不足或过于自信而造成并购失败。

4) 跨境并购

跨境并购提供了一种更快或以较低成本进入新市场或增加市场份额的机会。然而,购买海外企业会更具风险。购买方应当对以下方面进行评估:①行业中技术进步的前景;②竞争对手对该收购的反应;③政府干预及法规制约的可能性;④竞争对手的规模及优势;⑤从兼并或收购中获得的协同效应;⑥行业所处的阶段及其长期前景。

5）协同效应

协同效应指从两个或两个以上的企业并购中所获得的好处,一般这些好处无法从独立的企业中获得。有时,协同效应被表示为 $1+1>2$。协同效应产生于互补资源,而这些资源与正在开发的产品或市场是相互兼容的,协同效应通常通过技术转移或经营活动共享来得以实现。协同效应有四大来源:

（1）营销与销售协同效应:即可将一家企业的品牌用于另一家企业的产品,采用共同的销售团队和广告来为客户提供更广泛的产品。

（2）经营协同效应:包括:①在购买原材料和固定设备等方面的规模经济;②共同使用分销渠道和仓库存储;③将后勤、商店和工厂等进行整合;④清除季节性波动的影响,如一家企业处于旺季时,另一家企业正处于淡季。

（3）财务协同效应:风险分散可使企业能够以较低的成本取得资金。如果兼并企业属于类似行业,可减少市场竞争,可从相同的研发中分享利益,保持更稳定的现金流和出售盈余资产。

（4）管理协同效应:高薪聘请管理者来管理境况不佳的企业而不是管理境况良好的企业。他们在整个企业中传播知识,为较大企业中的管理专业化提供更多的机会。

6）选择并购对象时的价值评估

管理层要对并购对象的价值进行评估,可采用以下几种方法:

（1）市盈率法。将目标企业的每股收益与收购方(如果双方是可比较的)的市盈率相乘,或与目标企业处于同行业运行良好的企业的市盈率相乘。这样就为评估目标企业的最大价值提供了一项指引。

（2）目标企业的股票现价。这可能是股东愿意接受的最低价。一般股东希望能得到一个高于现价的溢价。

（3）净资产价值(包括品牌)。这是股东愿意接受的另一个最低价,但是可能更适用于拥有大量资产的企业或计划对不良资产组进行分类时的情况。

（4）现金流折现法。如果收购产生了现金流,则应当采用合适的折现率。

（5）投资回报率。根据投资回报率所估计出的未来利润对企业进行估值。

在并购中,一方可发行股票,然后通过股份交换协议,用这些股票来购买被收购企业的股份以支付收购的代价;或通过借债来购买目标企业的股份(被称为杠杆收购);或使用现金;或综合采用上述方式进行收购。

7）波特的吸引力测试

收购不可能改变由于行业结构缺陷而导致的长期无利润的局面。由于成本原因,理想的收购应该发生在一个不太具有吸引力但能够变得更具吸引力的行业中。波特提出了两项测试:

（1）"进入成本"测试。事实上,通常有吸引力的行业往往需要较高的进入成本。为收购企业而支付的溢价是一个很重要的考虑因素。

（2）"相得益彰"测试。收购必须能为股东带来他们自己无法创造的好处。仅为企业利益而进行的多元化并购不能增加股东的财富。资产剥离也只能产生一次性的好处,并不能为长远投资打下良好的基础。

5.6.3 战略联盟

自从美国 DEC 公司总裁简·霍普兰德和管理学家罗杰·奈杰尔提出战略联盟的概念以来,战略联盟成为管理学界和企业界关注的焦点。尽管目前管理学界和企业界对企业战略联盟的概念仍有争议,但总结战略联盟的各种形式,可以把它归纳成一个相对合适的定义。即战略联盟是两个或两个以上的经济实体为了实现特定的战略目标而采取的任何股权或非股权形式的共担风险、共享利益的长期联合与合作协议。

自 20 世纪 80 年代以来,战略联盟的数量激增,逐步成为企业的快速成长方式。据统计,在世界 150 多家大型跨国公司中,以不同形式结成战略联盟的高达 90%;从 1986 年到 1995 年间,欧洲、日本在美国的联盟企业数目递增了 423%。战略联盟作为一种全新的现代组织形式,已被众多当代企业家视为企业发展全球战略最迅速、最经济的方法,成为现代企业提高国际竞争力的方法。

普辛克教授认为,公司建立战略联盟主要应强调如何利用技术变化带来好处,以及如何对世界市场上不断加深的竞争性作出反应。他将战略联盟分为五种:因技术变动而建立的联盟,交叉许可证等;合作生产和 OEM 协议;联合销售或联合分销;共同开发产品项目;构建合资企业。

1) 战略联盟产生的背景

战略联盟产生的大背景主要有以下几个:

(1) 世界经济一体化。全球经济一体化为跨国公司的经营提供了很好的机会,因为只有全球的市场才能满足它们的巨大胃口。不过更为激烈的国际竞争也给跨国公司的经营带来了困难,迫使它们不得不寻找新的更为有效的竞争武器。尽管各跨国公司在调整过程中的具体目标各不相同或各有侧重,但多数都采取了战略联盟作为实现战略调整的手段和方法。

(2) 科学技术的飞速发展。近五十年来科学技术的发展速度超过了有史以来的任何时期,而科技革命所带来的影响也是前所未有的,科研成果不断地将产品推向高科技化和复杂化,一种新产品的问世往往涉及越来越多的技术领域,经过越来越多的生产和经营环节。因此,无论从技术上还是成本上讲,单个公司依靠自身的有限能力是无法面对当今科技发展的要求的。战略联盟可以把各种研究机构和企业联成一体,为着共同的战略目标组成灵活直辖式的网络,大于各简单成员相加之和。

(3) 实现总体战略目标。战略联盟以一种全新的思维和观念,为企业的扩张、全球战略目标的实现提供了一条新的途径,传统的与所有权密切相关的股权安排正在被新兴的以合作为基础的战略联盟所代替。采用战略联盟形式进行合作,既可以保存原有资源,又能在共享外部资源的基础上,相互交换经营所需的其他资源,从而能实现其全球战略目标。

(4) 分担风险并获规模和范围经济。激烈变动的外部环境对企业的研发提出三点基本要求:不断缩短开发时间、降低研究开发成本、分散研究开发风险。通过建立战略联盟,扩大信息传递的密度与速度,以避免单个企业在研发中的盲目性和因孤单作战引起的重复劳动和资源浪费,从而降低风险。

（5）防止竞争损失。为避免丧失企业的未来竞争优势，避免在诸如竞争、成本、特许及贸易等方面引起纠纷，企业间通过建立战略联盟，加强合作，可以理顺市场、共同维护竞争秩序。

（6）提高企业的竞争力。在产品技术日益分散化的今天，已经没有任何企业可以长期拥有生产某种产品的全部最新技术，单纯一个企业已经很难掌握竞争的主动权。战略联盟的出现使传统的竞争对手发生了根本的变化，企业为了自身生存的成功，需要与竞争对手进行合作，即为竞争而合作，靠合作竞争。企业建立战略联盟可使其处于有利的竞争地位，或有利于实施某种竞争战略，最终的目的是提高企业竞争实力。

2）战略联盟产生的原因

战略联盟的组建原因主要包括以下几个方面：

（1）增强企业实力。

企业在激烈的竞争环境之中，要想获得持久的竞争优势，在市场上利于不败之地，就必须善于利用各种竞争力量，以提高竞争能力。企业通过与自己有共同利益的单位建立战略联盟，彼此之间可以通过加强合作而发挥整体优势，尤其是对竞争者的看法上，战略联盟理论与传统的管理理论有很大的不同。传统上，企业都是与竞争对手处于势不两立的位置，双方都想采取一切竞争手段将竞争对手挤出市场；而在战略联盟中，竞争对手之间可能通过彼此的合作，加强各自的实力，共同对付别的竞争者或潜在竞争者。

（2）扩大市场份额。

有的企业之间通过建立战略联盟来扩大市场份额，双方可以利用彼此的网络进入新的市场，加强产品的销售，或者共同举行促销活动来扩大影响。

（3）迅速获取新的技术。

目前，技术创新和推广的速度越来越快，一个企业如果不能紧跟技术前进的步伐，就很有可能被市场淘汰，即使很大的企业也存在这一方面的压力。而技术创新需要企业有很强的实力和充分的信息，否则很难跟上技术创新的步伐，这就要求具备各种专业特长企业之间的配合，而战略联盟正好可以满足这一要求。

（4）进入国外市场。

竞争全球化是市场竞争的一个趋势，这已经为越来越多的企业所共识，企业要谋求全球化的发展，仅靠出口产品的方式占领国际市场存在着很大的局限。现在很多企业都试图在国外生产，国外销售，这一方式也存在着很大的问题，因为国外的经营环境与国内有很大的区别，且由于各国法规的限制，对企业的发展有极大的制约。通过与进入国建立战略联盟，用合资、合作、特许经营的方式可以有效解决这一问题，这些优点是在国外直接投资建厂、购并当地企业所不具备的。

（5）降低风险。

现在市场竞争瞬息万变，因此企业经营存在着巨大的风险，而通过战略联盟的方式可以分担风险从而使企业经营风险大大降低。例如在科技投入方面，由于研究开发费用很大，而成功率很低，即使开发成功，很可能迅速被更先进的技术所取代，因此研究开发存在很大的风险，而通过几个企业组建战略联盟共同开发，不仅可以提高成功的可能性,而且可以使费用得到分担,迅速回收,这就大大降低了风险。

3)战略联盟的形式

(1)合资。由两家或两家以上的企业共同出资、共担风险、共享收益而形成企业,这是目前发展中国家尤其是亚非等地普遍的形式。合作各方将各自的优势资源投入到合资企业中,从而使其发挥单独一家企业所不能发挥的效益。

(2)研发协议。为了某种新产品或新技术,合作各方签定一个联发协议,汇集各方的优势,大大提高了成功的可能性,加快了开发速度,各方共担开发费用,降低了各方开发费用与风险。

(3)定牌生产。如果一方有知名品牌但生产力不足,另一方则有剩余生产能力,则另一方可以为对方定牌生产。这样,一方可充分利用闲置生产能力,谋取一定利益;对于拥有品牌的一方,还可以降低投资或购并所生产的风险。

(4)特许经营。通过特许的方式组成战略联盟,其中一方具有重要无形资产,可以与其他各方签署特许协议,允许其使用自身品牌、专利或专用技术,从而形成一种战略联盟。拥有方不仅可获取收益,并可利用规模优势加强无形资产的维护,受许可方也利于扩大销售、谋取收益。

(5)相互持股。合作各方为加强相互联系而持有对方一定数量的股份。这种战略联盟中各方的关系相对更加紧密,而双方的人员、资产无须全并。

4)战略联盟的优势

战略联盟具有非常显著的优势,比如:快速性、互补性、低成本、成效大等,是一个相对比较容易实施的策略。当然,也有几点是需要把握的:第一,订立联盟策略,在合适的时候发现自己的企业在哪些方面缺乏竞争优势,在哪些方面有竞争优势,从而制定策略;第二,选择合作伙伴,合作伙伴的选择要适合本公司的情况,有时候并不是越大的伙伴越好,而是适合自己的伙伴越好;第三,建立联盟结构与管理制度,同自己的策略联盟伙伴制定一个相互之间权利和义务的协定以及出现问题的协商制度,这对于战略联盟合约的履行是至关重要的;第四,订立终止联盟计划,在开始的时候就应该考虑善始善终。

战略聚焦　企业视点

惠普的战略联盟

惠普公司通过战略联盟的方式,得到的好处包括:获得互补性资源;进入新市场;分担研究与开发(R&D)的成本与风险;在合作中获得新的增长点;获得新产品或新技术等等。惠普公司正是凭借其联盟管理方面的成功经验获得了上述好处。

识别关键的战略因素

围绕着关键的战略因素来组织联盟只能够增加联盟成功的可能性。惠普就从它拥有的众多联盟中寻找出主要的战略伙伴,如微软、思科、甲骨文、美国在线等,然后设立一个伙伴级的联盟经理职位来监督公司的每一个主要联盟,战略伙伴级的联盟经理有责任同每一具体的联盟经理及其职员一起工作,以确保合作尽可能成功。

给联盟部门合适的定位

战略联盟职能部门应该使联盟经理能够轻易找到关于某些特殊的问题、联盟的类型或者联盟在其生命周期中所处的阶段这样一些隐含性知识。例如,当具体的联盟经理想知道商讨战略联盟协议的最佳方式是什么? 什么合同条款和控制权安排最恰当? 应该使用哪些技巧? 与联盟伙伴解决分歧的最有效的方法是什么时,他们应该能够通过战略联盟职能部门获得这些信息。

如果定位准确,专门的联盟职能部门就会帮助公司寻求战略领先、获得资源。美国尤它州贝格海姆青年大学国际战略教授 Jeffreyh. Dyer 等人的研究认为,建立专门的联盟职能部门是获取竞争优势所需知识的关键,专门的联盟职能部门从四个方面创造价值:完善知识管理、提高公司的外部知名度、提供内部协调和消除责任及干预问题。因此,如何建立专门的、有效的联盟职能部门显得十分重要。通常企业可以围绕主要联盟伙伴、产业、业务单位、地理区域或者是这四者的组合来建立联盟职能部门。

制定关系管理的流程和方法

许多公司采购、生产、销售、质量保证、服务等业务活动都制定了管理流程,但是他们在关系管理上却止步不前,没有将以前的管理方法记录在案,更没有形成关系的流程。

惠普公司已经形成了 60 种不同的工具和模式,其中包括了一本 300 页的指南,用来指导在具体的联盟过程中做出决策。这本指南包括的工具有:对联盟伙伴进行评估的方法、不同部门任务与责任的谈判模式、评估联盟绩效的方法和联盟终止的清单。

"在惠普,我们努力向公司内部和外部学习,目的远不只是简单地收集资料和信息,而是向单个的联盟经理们提供帮助,指导他们切实有效地进行最好的实践。"惠普的战略联盟经理 Joekittel 说。

培训联盟经理

尽管企业有合作愿望,但怎样把愿望变为现实,却掌握在联盟的直接管理者(联盟经理)手中,联盟经理的合作意愿、工作能力、管理水平在一定程度上影响战略联盟的成败。在这方面,惠普公司一是有内部培训计划;二是公司定期派遣联盟经理到商学院深造,学习联盟关系管理技巧。

惠普的培训可以称之为正式培训;除此之外,联盟经理之间的相互交流与学习也是一种很好的非正式培训。

最后,经常协调和审查联盟关系。企业为确保联盟的正常运行,在关系管理方面,不仅需要专门的联盟职能部门为联盟关系管理制定程序和方法、为联盟经理提供培训课程,而且经常对联盟关系进行协调和审查也是十分必要的。

协调联盟关系最重要的是要求合作伙伴之间相互沟通。曾任麦肯锡公司驻日本分公司执行董事的凯尼奇·奥梅认为,如果没有良好的、经常的沟通,即使最精心设计的关系也会破裂。他指出,单靠良好的管理程序和制度还不足以保证沟通,合伙人之间的关系需要高级经理人员花费大量的时间和精力来处理,双方总裁不能只是象征性地每年见一次面,即使关系成熟了,最高经理人员也应该至少每年会见四次,以便回顾一下已有的成绩和展望一下面前存在的机遇和障碍。他还认为双方会见的地点很重要。如果一家美国公司和一家日本公司合资建立了联营企业,最高经理人员应该至少一次聚会在日本,一次聚会在美国,另一次聚会在处于两者之间的夏威夷。

审查联盟关系则是指要审视联盟现在是否给企业带来好处以及将来能否给企业带来好处。BIC 集团的首席财务官(CFO)Garvie 认为,当战略联盟不能够比其他类似的交易安排产生更多的价值时,联盟也是失败的。因此,要认真审查联盟关系是否具有价值,是否给企业带来好处,企业甚至可以对联盟进行周期性的"健康检查",以保证联盟的战略性和有效性。

(资料来源:《中国经营报》)

5.7　本章小结

企业战略按其影响的范围和内容可分为公司层战略、经营层战略和职能层战略。公司层战略要解决的问题是经营范围和公司资源在不同经营单元之间的分配事项,它由企业最高管理层确定,并有较长的时限。从公司层战略功能的角度来看,公司层战略大概可以划分为四种:增长型战略、稳定型战略、收缩型战略、混合型战略。

公司层战略可借助战略工具加以规划,常见工具有安索夫矩阵、BCG 矩阵、IE矩阵等。

公司增长战略,可通过三类方法来实现,它们是内部发展、并购战略与战略联盟。

工具箱

1. 安索夫矩阵
2. BCG 矩阵
3. IE 矩阵

讨论题

1. 试述横向一体化战略的优势。
2. 简述企业多元化战略的内部动因。
3. 简述多元化经营的优势和劣势。
4. 简述稳定型战略的类型。
5. 解释收缩型战略的优势和劣势。
6. 简述 BCG 矩阵的含义及各个象限的业务类型。
7. 简述 IE 矩阵和 BCG 矩阵的异同。

本章参考文献

[1]　加里·哈默,等.战略柔性[M].北京:机械工业出版社,2000.
[2]　安德鲁·坎贝尔,等.战略协同[M].北京:机械工业出版社,2000.

[3]　小乔治·斯托尔克,等.企业成长战略[M].北京:中国人民大学出版社,2001.

[4]　迈克尔·科特,加里·哈默,等.未来的战略[M].北京:四川人民出版社,2000.

[5]　黄丹,余颖.战略管理:研究注记与案例[M].北京:清华大学出版社,2005.

[6]　王方华,陈继祥.战略管理[M].上海:上海交通大学出版社,2003.

[7]　希特,爱尔兰,等.战略管理(第四版)[M].吕巍,译.北京:机械工业出版社,2002.

[8]　(美)戴维.战略管理(第十版)[M].李克宁,译.北京:经济科学出版社,2006.

[9]　21世纪商业百科 http://www.21cbr.com/#.

第6章

经营层战略

学习目标

通过学习本章,你应能够做到:

1. 理解企业经营层战略的基本类型。
2. 说明成本领先战略的类型、风险、收益与实施步骤。
3. 说明差异化战略的类型、风险、收益与实施步骤。
4. 说明集中化战略的类型、风险、收益与实施步骤。

战略名言

战略是为达到某种目的而制定的一种行动计划,是一个目的和为达到这个目的而采取的一系列措施的总和。

——怀利

企业战略是企业以未来为基点,为赢得持久的竞争优势而做出的事关全局的重大筹划。

——W.纽曼

战略若太复杂,必然失败。

——西乡隆盛

开篇案例

亚细亚的昙花一现及沃尔玛的进入

亚细亚的失败

是连锁扩张经营把亚细亚送上了不归路,连锁经营为什么会有如此魔力呢? 首先让我们来看一下连锁经营具有的特点:连锁体系由于店址分布较广,销售网和服务网可不断扩大,经营上易达到规模效益;连锁扩张过程中所做的户外广告可提高商家形象,并降低媒体成本;连锁店多,销售量大,采购进货可享受较大折扣;经营风险承担上可分散,等等。只要通过有效地管理,连锁店便可具有同行无法比拟的优势,对任何未开始连锁经营的商家都是难以抵触的诱惑。但同时,连锁经营又是一把"双刃剑",随时可以毁掉一个原本好好的商家,亚细亚就是一个牺牲品。虽然亚细亚在连锁扩张过程中始终坚持"顾客就是上帝"的口号,更有微笑服务的实质行动;有规范的、现代化的甚至称得上是豪华的商场建筑,还有琳琅满目的商品等等,但都挽救不了它走向衰落的命运。

亚细亚所有的连锁店在不到几年功夫就纷纷倒闭关门,为什么会这样呢? 归根结蒂,因为亚细亚缺乏最基本的竞争战略! 竞争战略是由美国著名经济学家迈克尔·波特提出的,包括总成本领先战略、差异化战略和集中化战略。亚细亚分店广东仟村开张后,老总王遂舟因对当地营业员的服务不满,下令从郑州空运1 000名营业员过去,让她们长期包住三家宾馆、充当模范,而其成本之高则根本不在考虑范围之内。经理层和高管人员长期形成"重名声、轻实效"的习惯,使亚细亚越来越不像是一个企业,没有像样的资金运作管理系统和财务管理系统,以至于其商品价格出奇地高,不仅高于零散的商贩,而且高于周围一般的商家。笔者原来就读于郑州大学时,曾在亚细亚买过一节16元人民币的电池,而在别处花4元人民币便可买到同样的产品。

商品价格居高不下,是其缺乏有效成本控制的表现,而缺乏有效的成本控制源于亚细亚根本没有成本领先战略。另外,亚细亚也无集中化战略可言,王遂舟选择分店前根本没做过任何科学的评估决策,甚至还产生让分店开发与房地产发展相结合的误会。亚细亚既选择上海、北京、广州等大城市作为分店开发地,但又将消费潜力明显不在同一档次的河南省内许多地级市作为分店开发重点,毫无集中化可言。而亚细亚在全国的连锁店均采用传统的、并逐渐走向衰落的"大型百货商场"形式,一点差异化战略思维都没有。

离开最基本的竞争战略,亚细亚倒闭只是时间早晚的事。

沃尔玛为何能越做越大

2002年《财富》500强排名中,名列第一的已不再是埃克森—美孚石油,也不是通用汽车GM,而是做零售业的沃尔玛。《财富》杂志一位记者不无惊叹地写道:"一个卖廉价衬衫和鱼竿的摊贩怎么会成为美国最有实力的公司呢?"的确,沃尔玛走向成功的过程演绎出许许多多令人拍案叫绝的故事。翻开沃尔玛的历史,人们不难发现其有很多经验值得借鉴,但最关键是沃尔玛拥有一样制胜法宝——基本竞争战略。

与亚细亚截然相反,沃尔玛连锁经营中有非常明确的竞争战略。

沃尔玛是一个以成本领先战略为主导的典范。对于连锁商家,成本的控制关键在物流体系中,商品采购在物流中心的整合,存在于管理商品配送的每一个环节,这些环节都是成本控制的目标。在成本领先战略的引导下,沃尔玛在价值链的运作上游刃有余,建立大型采购中心,形成了一体化的配送体系,成为供应链时代的新主宰——链主。山姆·沃尔顿(沃尔玛的创始人)始终要求每位采购人员在采购货品时态度坚决,总是告诫他们不是在为沃尔玛商店讨价还价,而是为顾客讨价还价,应该为顾客争取到最好的价钱。沃尔玛的一位服装供应商 Kelwood 公司的 CEO Hal. J. Upbin 曾说:"他们太严厉了,他们要的是最低价格。我们必须要更具创造性和灵活性才能达到他们的需求。"但这并不影响沃尔玛与供货商之间的友好融洽关系,沃尔玛给予供应商的优惠远远超过同行。美国第三大零售商凯马特对供应的商品平均 45 天付款,而沃尔玛仅为平均 29 天付款,这大大激发了供应商与沃尔玛建立业务的积极性,从而保证了沃尔玛商品的最优进价。加之沃尔玛还拥有最先进的全球化信息网络,高效率的财务结算得以保证。所有的这一切都促成沃尔玛特有的、熟为人知的标志——天天平价。

坚持目标、战略

除成本领先外,沃尔玛还非常重视集中化战略的实施。1962 年 3 月 1 号,第一个凯马特商店在密西根的戈登城开业,正是第一家沃尔玛开业的前几个月。凯马特早期发展很快,迅速占领了美国各大主要城市,留给沃尔玛的只剩下那些小城镇和小社区了。这时就需要决策是选择拼大城市,还是趁机进入小城镇呢? 沃尔顿毅然选择了后者,并在阿肯色州罗杰斯小城开办第一家沃尔玛百货商店。就这样,沃尔玛采取了以小城镇为主要目标市场的发展战略,成功避开与凯马特、西尔斯无意义的拼杀,并安全度过了创业初期。在总成本领先战略的配合下,沃尔玛将凯马特、西尔斯等竞争对手一一击败,最终建立起今日的零售王国。沃尔玛强大后并没有放弃,而是继续坚持目标集聚战略,这体现在最近几年与法国的世界著名跨国连锁零售商——家乐福的世界市场争夺战中。家乐福的市场主要集中于法国、比利时、西班牙、葡萄牙、意大利、波兰、希腊等欧洲小国,针对于此沃尔玛在这些国家一个分店都不开,而是集中力量开发家乐福没有开发的或势力相对弱的美国、德国、英国、加拿大、韩国和中国等市场,这是坚持集中化战略的体现。

"巨鳄"来了

让我们先来看看沃尔玛的世界连锁网络:沃尔玛是如此强大,并且没有停止扩张的步伐,目前其任务是集中力量开拓亚洲市场。中国这块诱人的大"蛋糕",沃尔玛怎么会轻易让给家乐福呢? 有人形容沃尔玛是张着"血盆大口"进来的,于是我国的零售商皆惊呼"巨鳄"来了。

(资料来源:《管理科学文摘》)

本章开篇案例揭示出,企业战略业务单元(SBU)必须具备基本竞争战略。

图 6-1 模型显示,"经营层战略"与"公司层战略"构成"战略制定",企业可拥有多种战略业务单元。但不同 SBU 竞争方略可以不同,该 SBU 方略即本章讨论的"经营层战略",亦称业务层战略(Business-level strategy)。那些拥有明确经营战略的

SBU,在行业内定位准确,竞争优势明显。

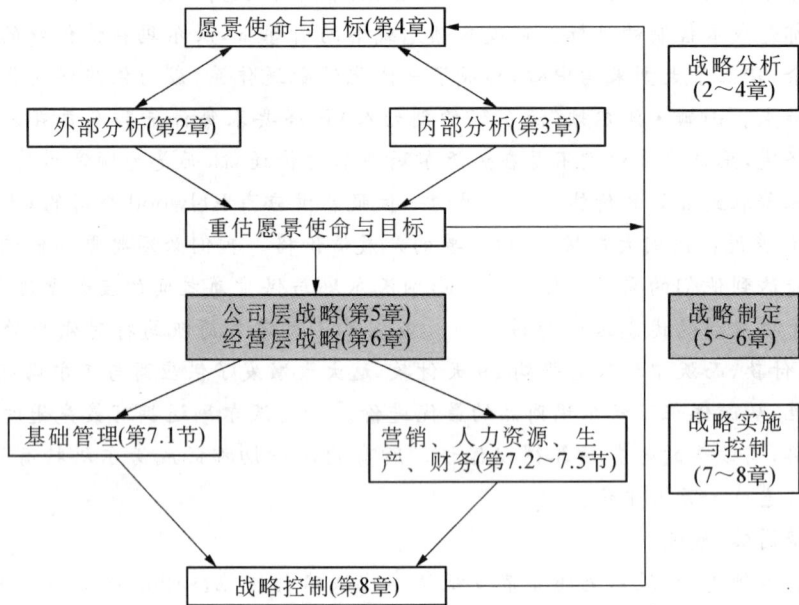

图 6-1 综合战略管理模型

  SBU 竞争优势通常体现在两个方面:一是成本优势,即与同一档次企业竞争,体现成本优势;二为差异化优势,即和同类企业竞争,体现标新立异。美国哈佛商学院波特教授,根据上述两种优势,提出 SBU 可采取三种基本竞争战略:成本领先战略、差异化战略和集中化战略。因 SBU 竞争范围可分为宽泛领域与狭窄领域,故广义上,亦可认为 SBU 通过四种经营层战略,即成本领先、差异化、集中成本领先与集中差异化,形成竞争优势。图 6-2 展示了四种广义经营层战略之间的区别与联系。因循惯例,本书依然采用成本领先战略、差异化战略和集中化战略。

		竞争优势的基础	
		低成本	差异化
竞争范围	整体产业	成本领先	差异化
	细分市场	集中成本领先	集中差异化

图 6-2 竞争战略示意图

6.1 成本领先战略

  成本领先战略也称为低成本战略,是指企业通过有效途径降低成本,使企业的全部成本低于竞争对手的成本,甚至是在同行业中最低的成本,从而获取竞争优势的一种战略。成本领先战略是三种通用战略中最清楚明了的,在这种战略的指导下企业决定成为所在产业中实行低成本生产的厂家。企业经营范围广泛,为多个产业部门服务甚至可能经营属于其他有关产业的生意。企业的经营面往往对其成本优势举足轻重。成本优势的来源因产业结构不同而异,它们可以包括追求规模经济、专利技术、原材料的优惠待遇和其他因素。例如,在电视机方面,取得成本上的领先地位需要有足够规模的显像管生产设施、低成本的设计、自动化组装和有利于分摊研制费用的全球性销售规模。在安全保卫服务业,成本优势要求极低的管理费用、源源不断的廉价劳动力和因人员流动性大而需要的高效率培训程序、追求低成本的生产厂商地位不仅仅需要向下移动学习曲线,而是必须寻找和探索成本优势的一切来源。典型的低成本生产厂商销售实惠的产品,并要求从企业掌握的资源中获取规模经济的成本优势或绝对成本优势。

如果一个企业能够取得并保持全面的成本领先地位,那么它只要能使价格相等或接近于该产业的平均价格水平,就会成为所在产业中高于平均水平的出类拔萃者。当成本领先的企业的价格相当于或低于其竞争厂商时,它的低成本地位就会转化为高收益。然而,一个在成本上占领先地位的企业不能忽视使产品差异化的基础,一旦成本领先的企业的产品在客户眼里不被看作是与其他竞争厂商的产品不相上下或可被接受时,它就要被迫削减价格,使之大大低于竞争厂商的水平以增加销售额。这就可能抵销了它有利的成本地位所带来的好处。得克萨斯仪器公司(Texas Instruments)和西北航空公司(Northwest Airlines)就是两家陷于这种困境的低成本厂商。前者因无法克服其在产品差异化的不利之处,而退出了手表业;后者则因及时发现了问题,并着手努力改进营销工作、乘客服务和为旅行社提供的服务,而使其产品进一步与竞争对手的产品并驾齐驱。

尽管一个成本领先的企业是依赖其成本上的领先地位来取得竞争优势的,而它要成为经济效益高于平均水平的超群者,则必须与其竞争厂商相比,在产品差异化的基础上取得价值相等或价值近似的有利地位。产品差异化基础上的价值相等使成本领先的企业得以将其成本优势直接转化为高于竞争厂商的利润;产品差异化基础上的价值近似意味着为取得令人满意的市场占有率所必需的降低幅度还不至于冲销成本领先企业的成本优势,因此,成本领先企业能赚取高于平均水平的收益。

成本领先地位的战略一般必然地要求一个企业就是成本领先者,而不只是争夺这个位置的若干厂商中的一员。许多厂商未能认识到这一点,从而在战略上铸成大错。当渴望成为成本领先者的厂商不止一家时,他们之间的竞争通常是很激烈的,因为每一个百分点的市场占有率都被认为是至关重要的。除非一个企业能够在成本上领先,并"说服"其他厂商放弃其战略,否则,对盈利能力以及长期产业结构所产生的后果就可能像一些化工行业中出现的情况一样,那是灾难性的。所以,除非重大的技术变革使一个企业得以彻底改变其成本地位,否则小成本领先就是特别依赖于先发制人策略的一种战略。

成本领先战略的成功取决于企业日复一日地实施该战略的技能。成本不会自动下降,也不会偶然下降。它是艰苦工作和持之以恒的重视成本工作的结果。企业降低成本的能力有所不同,甚至当它们具有相似的规模、相似的累计产量或由相似的政策指导时也是如此。要改善相对成本地位,与其说需要在战略上做出重大转变,还不如说需要管理人员更多的重视。

许多企业失于从战略的角度充分理解它们的成本行为,而不能利用改善其相对成本地位的机会。企业的估价和按照成本地位采取行动时会犯的一些最常见的错误包括:

(1) 集中于生产活动的成本,别无他顾。

提起"成本",大多数管理人员都会自然而然地想到生产。然而,总成本中即使不是绝大部分,也是相当大一部分产生于市场营销、推销、服务、技术开发和基础设施等活动,而它们在成本分析中却常常很少受到重视。审查一下整个价值链,常常会得出能大幅度降低成本的相对简单的步骤。例如,近年来电脑和电脑辅助设计的进步对科研工作的成本有着令人注目的影响。

(2) 忽视采购。

许多企业在降低劳动力成本上斤斤计较,而对外购投入却几乎全然不顾。它们往往把采购看成是一种次要的辅助职能,在管理方面几乎不予重视;采购部门的分析也往往过于集中在关键原材料的买价上。企业常常让那些对降低成本既无专门知识又无积极性的人去采购许多东西;外购投入和其他价值活动的成本之间的联系又不为人们所认识。对于许多企业来说,采购方法稍加改变便会产生成本上的重大效益。

(3) 忽视间接的或规模小的活动。

降低成本的规划通常集中在规模大的成本活动和(或)直接的活动上,如元器件制作和装配等等,占总成本较小部分的活动难以得到足够的审查。间接活动,如维修和常规性费用常常不被人们重视。

(4) 对成本驱动因素的错误认识。

企业常常错误地判断它们的成本驱动因素。例如,全国市场占有率最大的又是成本最低的企业,可能会错误地以为是全国市场占有率推动了成本。然而,成本领先地位实际上可能来自企业所经营地区的较大的地区市场占有率。企业不能理解其成本优势来源则可能使它试图以提高全国市场占有率来降低成本。其结果是,它可能因削弱了地区上的集中一点而破坏自己的成本地位。它也可能将其防御战略集中在全国性的竞争厂商上,而忽视了由强大的地区竞争厂商所造成的更大的威胁。

(5) 无法利用联系。

企业很少能认识到影响成本的所有联系,尤其是和供应厂商的联系以及各种活动之间的联系,如质量保证、检查和服务,等等。利用联系的能力是许多日本企业成功的基础。松下电器公司和佳能公司认识和利用了联系,即使它们的政策与传统的生产和采购方法相矛盾。无法认识联系也会导致犯以下一类的错误,如要求每个部门都以同样的比例降低成本,而不顾有些部门提高成本可能会降低总的成本的客观事实。

(6) 成本降低中的相互矛盾。

企业常常企图以相互矛盾的种种方式来降低成本。它们试图增加市场占有率,从规模经济中获益,而又通过型号多样化来抵销规模经济。它们将工厂设在靠近客户的地方以节省运输费用,但在新产品开发中又强调减轻重量。成本驱动因素有时是背道而驰的,企业必须认真对待它们之间的权衡取舍问题。

(7) 无意之中的交叉补贴。

当企业在不能认识到成本表现各有不同的部分市场的存在时,就常常不知不觉地卷入交叉补贴之中。传统的会计制度很少计量上述产品、客户、销售渠道或地理区域之间所有的成本差异。因此企业可能对一大类产品中的某些产品或对某些客户定价过高,而对其他的产品或客户却给予了价格补贴。例如,白葡萄酒由于变陈的要求低,因此所需要的桶比红葡萄酒的便宜。如果酿酒厂商根据平均成本对红、白葡萄酒制定同等的价格,那么成本低的白葡萄酒的价格就补贴了红葡萄酒的价格了。无意之中的交叉补贴又常常使那些懂得成本、利用成本来削价抢生意以改善自身市场地位的竞争厂商有机可乘。交叉补贴也把企业暴露在那些仅仅在定价过高的部分市场上集中一点的竞争厂商面前。

(8) 增值的考虑。

为降低成本所做的努力常常是在现有的价值链争取增值改善,而不是寻求重新配置价值链的途径。增值改善可能会达到收益递减点,而重新配置价值链却能通往一个全新的成本阶段。

(9) 损害差异化的形象。

企业在降低成本中万一抹杀了它对客户的差异化的特征,就可能损害其与众不同的形象。虽然这样做可能在战略上是合乎需要的,但这应该是一个有意识选择的结果。降低成本的努力而主要侧重在对企业差异化没有什么好处的活动方面。此外,成本领先的企业只要在任何不花大钱就能创造差异化的形象的活动方面下功夫去做,也会提高效益。

6.1.1 成本领先战略类型

根据企业获取成本优势的方法不同,可以把成本领先战略概括为如下几种主要类型:

(1) 简化产品型成本领先战略,就是使产品简单化,即将产品或服务中添加的花样全部取消。

(2) 改进设计型成本领先战略。

(3) 材料节约型成本领先战略。

(4) 人工费用降低型成本领先战略。

(5) 生产创新及自动化型成本领先战略。

6.1.2 成本领先战略适用条件

(1) 现有竞争企业之间的价格竞争非常激烈。

(2) 企业所处产业的产品基本上是标准化或者同质化的。

(3) 实现产品差异化的途径很少。

(4) 多数顾客使用产品的方式相同。

（5）消费者的转换成本很低。

（6）消费者具有较大的降价谈判能力。

企业实施成本领先战略,除具备上述外部条件之外,企业本身还必须具备如下技能和资源:

（1）持续的资本投资和获得资本的途径。

（2）生产加工工艺技能。

（3）认真的劳动监督。

（4）设计容易制造的产品。

（5）低成本的分销系统。

6.1.3　成本领先战略收益与风险

采用成本领先战略的收益在于:

（1）抵挡住现有竞争对手的对抗。

（2）抵御购买商讨价还价的能力。

（3）更灵活地处理供应商的提价行为。

（4）形成进入障碍。

（5）树立与替代品的竞争优势。

采用成本领先战略的风险主要包括:

（1）降价过度引起利润率降低。

（2）新加入者可能后来居上。

（3）丧失对市场变化的预见能力。

（4）技术变化降低企业资源的效用。

（5）容易受外部环境的影响。

6.1.4　成本领先战略实施步骤

（1）确定价值链并将其分离出来,然后为其制定成本和资产属性。

（2）确定相应的成本驱动因素及它们之间的相互影响方式。

（3）确定竞争对手的价值链、成本和成本优势的来源。

（4）通过成本驱动因素或通过重新配置价值链来制定战略以降低成本。

（5）注意不要销蚀差异化。

（6）可持续性测试。

战略聚焦　企业视点

格兰仕的成本领先战略

格兰仕前身是梁庆德在 1979 年成立的广东顺德桂洲羽绒厂。1991 年,格兰仕最高决策层普遍认为,羽绒服装及其他制品的出口前景不佳,并达成共识:从现行业转移到一个成长性更好的行业。经过市场调查,初步选定家电业为新的经营领域(格兰仕所在地广东顺德及其周围地区已经是中国最大的家电生产基地);进一步地,格兰仕选定小家电为主攻方向(当时,大家电的竞争较为激烈);最后确定微波炉为进入小家电行业的主导产品(当时,国内微波炉市场刚开始发育,生产企业只有4家,其市场几乎被外国产品垄断)。

1993年,格兰仕试产微波炉1万台,开始从纺织业为主转向家电制造业为主。自1995年至今,格兰仕微波炉国内市场占有率一直居第1位,且大大超过国际产业、学术界确定的垄断线(30%),达到60%以上,1998年5月市场占有率达到73.5%。格兰仕频频使用价格策略在市场上获得了领导地位。1996年到2000年,格兰仕先后5次大幅度降价,每次降价幅度均在20%以上,每次都使市场占有率总体提高10%以上。

格兰仕集团在微波炉及其他小家电产品市场上采取的是成本领先战略。格兰仕的规模经济首先表现在生产规模上。据分析,100万台是车间工厂微波炉生产的经济规模,格兰仕在1996年就达到了这个规模,其后,每年以两倍于上一年的速度迅速扩大生产规模,到2000年底,格兰仕微波炉生产规模达到1200万台,是全球第2位企业的两倍多。生产规模的迅速扩大带来了生产成本的大幅度降低,成为格兰仕成本领先战略的重要环节。格兰仕规模每上一个台阶,价格就大幅下调。当自己的规模达到125万台时,就把出厂价定在规模为80万台的企业的成本价以下。此时,格兰仕还有利润,而规模低于80万台的企业,多生产一台就多亏一台。除非对手能形成显著的品质技术差异,在某一较细小的利基市场获得微薄盈利,但同样的技术来源又连年亏损的对手又怎么搞出差异来?当规模达到300万台时,格兰仕又把出厂价调到规模为200万台的企业的成本线以下,使对手缺乏追赶上其规模的机会。格兰仕这样做目的是要构成行业壁垒,要摧毁竞争对手的信心,将散兵游勇的小企业淘汰出局。格兰仕虽然利润极薄,但是凭借着价格构筑了自己的经营安全防线。格兰仕的微波炉在市场上处于绝对的统治地位,低成本领先战略是其发展壮大的战略组合中的重要一环。

(资料来源:《现代企业》)

6.2　差异化战略

差异化战略是将公司提供的产品差异化或服务差异化,形成一些在全产业范围中具有独特性的东西。实现差异化战略可以有许多方式:设计或品牌形象、技术特点、外观特点、客户服务、经销网络及其他方面的独特性。最理想的情况是公司使自己在几个方面都差异化。例如卡特皮勒推土机公司,不仅以其经销网络和优良的零配件供应服务著称,而且以其极为优质耐用的产品享有盛誉。所有这些对于大型设备都至关重要,因为大型设备使用时发生故障的代价是昂贵的。需要指出,差异化战略并不意味着公司可以忽略成本,但此时成本不是公司的首要战略目标。

如果差异化战略成功地实施了,它就成为在一个产业中赢得高水平收益的积极战略。波特认为,推行差异化战略有时会与争取占有更大的市场份额的活动相矛盾。推行差异化战略往往要求公司对于这一战略的排他性有思想准备。这一战略与提高市场份额两者不可兼顾。在建立公司的差异化战略的活动中总是伴随着很高的成本代价,有时即便全产业范围的顾客都了解公司的独特优点,也并不是所有顾客都将愿意或有能力支付公司要求的高价格。

产品差异化带来较高的收益,可以用来对付供方压力,同时可以缓解买方压力。当客户缺乏选择余地时,其价格敏感性也就不高。最后,采取差异化战略而赢得顾客忠诚的公司,在面对替代品威胁时,其所处地位比其他竞争对手也更为有利。

实现产品差异化有时会与争取占领更大的市场份额相矛盾。它往往要求公司对于这一战略的排他性有思想准备,即这一战略与提高市场份额两者不可兼顾。较为普遍的情况是,如果建立差异化的活动,总是成本高昂。例如:广泛的研究、产品设计、高质量的材料或周密的顾客服务等,则实现产品差异化将意味着以成本地位为代价。然而,即便全产业范围内的顾客都了解公司的独特优点,也并不是所有顾客都愿意或有能力支付公司所要求的较高价格(当然在诸如挖土机械设备行业中,这种愿出高价的客户占了多数。因而卡特彼勒的产品尽管标价很高,仍有着占统治地位的市场份额)。在其他产业中,差异化战略与相对较低的成本和与其他竞争对手相当的价格之间可以不发生矛盾。

6.2.1　差异化战略类型

(1) 产品差异化战略。产品差异化的主要因素有:特征、工作性能、一致性、耐用性、可靠性、易修理性、式样和设计。

(2) 服务差异化战略。服务的差异化主要包括送货、安装、顾客培训、咨询服务等因素。

(3) 人事差异化战略。训练有素的员工应能体现出下面六个特征:胜任、礼貌、可信、可靠、反应敏捷、善于交流。

(4) 形象差异化战略。

6.2.2　差异化战略适用条件

(1) 可以有很多途径创造企业与竞争对手产品之间的差异,并且这种差异被顾客认为是有价值的。

(2) 顾客对产品的需求和使用要求是多种多样的,即顾客需求是有差异的。

(3) 采用类似差异化途径的竞争对手很少,即真正能够保证企业是"差异化"的。

(4) 技术变革很快,市场上的竞争主要集中在不断地推出新的产品特色。

除上述外部条件之外,企业实施差异化战略还必须具备如下内部条件:

(1) 具有很强的研究开发能力,研究人员要有创造性的眼光。

(2) 企业具有以其产品质量或技术领先的声望。

(3) 企业在这一行业有悠久的历史或吸取其他企业的技能并自成一体。

(4) 很强的市场营销能力。

(5) 研究与开发、产品开发以及市场营销等职能部门之间要具有很强的协调性。

(6) 企业要具备能吸引高级研究人员、创造性人才和高技能职员的物质设施。

(7) 各种销售渠道强有力的合作。

6.2.3 差异化战略收益与风险

实施差异化战略的意义在于：

（1）建立起顾客对企业的忠诚。

（2）形成强有力的产业进入障碍。

（3）增强企业对供应商讨价还价的能力。这主要是由于差异化战略提高了企业的边际收益。

（4）削弱购买商讨价还价的能力。企业通过差异化战略，使得购买商缺乏与之可比较的产品选择，降低了购买商对价格的敏感度。另一方面，通过产品差异化使购买商具有较高的转换成本，使其依赖于企业。

（5）由于差异化战略使企业建立起顾客的忠诚，所以这使得替代品无法在性能上与之竞争。

差异化战略也包含一系列风险：

（1）可能丧失部分客户。如果采用成本领先战略的竞争对手压低产品价格，使其与实行差异化战略的厂家的产品价格差距拉得很大，在这种情况下，用户为了大量节省费用，放弃取得差异的厂家所拥有的产品特征、服务或形象，转而选择物美价廉的产品。

（2）用户所需的产品差异的因素下降。当用户变得越来越老练时，对产品的特征和差别体会不明显时，就可能发生忽略差异的情况。

（3）大量的模仿缩小了感觉得到的差异。特别是当产品发展到成熟期时，拥有技术实力的厂家很容易通过逼真的模仿，减少产品之间的差异。

（4）过度差异化。

6.2.4 差异化战略实施步骤

（1）分辨相关买方。

（2）判断公司对买方价值链的影响。

（3）确定买方的购买标准。

（4）确定独特性的实际和潜在来源。

（5）确定差异化的实际和潜在来源的成本。

（6）评估各差异化选择方法的利益与成本。

（7）可持续性测验。

（8）减少那些不会影响差异化的成本。

战略聚焦　企业视点

差异化进攻战略的6个基本原则

执行差异化进攻战略的公司，面临着在各个产品样式和细分市场之间无法分享规模成本、经验、技术秘诀、形象等难题。那么解决之道在哪里？差异化进攻是一个最有难度的进攻战略。

差异化进攻的执行难度

波音是一个典型的采用差异化进攻战略的例子,该公司研制了短程运输机波音737、中短程客机波音727;后来还研制出中远程喷气运输机波音707、远程宽机身运输机波音747等。1919年成立的可口可乐也为差异化进攻的实施提供了范例。公司每年支出巨额费用,通过报刊、电视、广播等宣传媒体大做广告,使可口可乐成为世界闻名的饮料,行销世界各国。目前,该公司已成为世界上最大的软饮料、糖浆、果汁及咖啡、茶叶生产企业之一。本田也采用品牌差异化进攻战略,开发出思域、雅阁、时韵、阿库拉等品牌。IBM采用差异化进攻的座右铭是:"我们的优势是,我们制造所有的产品。无论你需要什么产品,我们都能够向你提供:微型计算机、小型计算机、超小型计算机、大型机、超大型计算机等各种类型的计算机以及工作平台、软件层以及所有的其他软件类型。"

总之,执行差异化进攻战略的理念是:公司能够提供消费者需要的所有产品,但是这些产品是不同类型的产品。

然而,当一个公司要进入一个新行业或者新地区时,必须具备下列特征:你需要选择多个细分市场进入;需要为每一个细分市场提供具有特色的产品样式;无法在产品样式和细分市场之间获得协同效应。因此,公司的各个产品样式和细分市场之间,无法分享规模成本、经验、技术秘诀或者形象。由于这个原因,市场销售能力也是有限的。公司不是作为一个独立的整体经营,而是作为几个小部门的联合体运营的。

在该战略的执行中,导致失败的基本因素有3个:①你所经营的细分市场的数量;②你要以使产品样式的数量和细分市场的数量一样多为目标,也就是说要保证细分市场销售与产品样式相匹配,特定的细分市场销售特定样式的产品;③需要保证在细分市场和产品样式之间做到很好的搭配。

实施差异化进攻的6个基本原则

如果你能够严格遵守实施差异化进攻的6个基本原则,那成功的可能性会相对较大。

(1)每一种产品和它所在的细分市场之间,要很好地匹配起来。这首先要从产品的品牌名称开始做起,每个名称都应能简要地对该产品的样式作出说明。比如,绿的梦天然浓缩柠檬汁是一种含有天然柠檬汁的饮料。通用电气、米勒淡啤酒、眼镜以及胶粘剂公司都能从产品名称清楚地表明产品特征和品牌。《财富》、《商业周刊》、《人物》、《航行》杂志等品牌也能满足这样的条件。

(2)和品牌名称一样,所有其他产品样式的特点必须能很好地和细分市场需求相结合。沙拉·李系列的短袜被设计成不同的颜色和款式,以极具吸引力的白色塑料袋来包装,其产品的价格合理,并且在不同的超市进行销售。为了满足实用、低价的市场需求,该公司不是以商店为目标市场,而是选择了超市,这样,女人每天都可以有规律地买到它制造的针织品。

所有产品之间能起到彼此强化的作用也是很重要的。多芬香皂以女人的美容为主要市场——产品的价格、型号和清洁特性并不是该产品强调的重点。该香皂的包装盒和化妆箱极为相似,并不是简单的纸制包装,这是为了满足女人追求美观的需求。香皂本身是椭圆形的，颜色呈现奶油色，并且在促销中强调该香皂能产生很多的泡沫。该产品的这些特征都是通过这样的广告词体现出来的："经常使用多芬香皂，能够使你的皮肤变得像奶油一样。"产品样式的各种特征起到了相互强化的作用，这种协同效应使产品本身具有的优势更强。

（3）为了增强每一个产品样式在特定细分市场的集中优势，公司须清晰区分出各种产品的差异化特征。这同第 1 个规则一样，也是从名称开始体现的；与此同时，还要考虑产品的类型、价格和市场需求等。

名称差异化可以用《泰晤士报》来加以解释。当杂志社发行一种商业杂志时，该杂志并不称为《时代商业》，而是称为《财富》。相似地，照片杂志并不被称为《时代照片》，而是称之为《生活》；还有金钱杂志被叫做《金钱》，而不是《时代财经》。

吉列公司使用价格差异化竞争战略，占据了手动剃须刀市场的主导地位；安豪泽一布施公司则用布施、百威和米狮龙品牌开创了啤酒业的一个新台阶。

另一个关于需求差异化的例子，是拥有 2 个连锁店的达登餐厅。这里的 2 个连锁店是指红龙虾连锁店和奥利弗连锁店，分别销售食品和意大利厨房烹调法调制的流行食品。

（4）选择进入一个细分市场的产品类型，须要有与细分市场成功因素一致的优势，否则该产品就会面临竞争失败的风险。

1958 年，德州仪器公司发明了集成电路，每年能够从半导体专利的版税中获取上百万美元的利润。然而，该公司没有把主要生产销售能力都投放在具有竞争优势的领域，而是进入消费电子产品领域，接着是个人计算机、膝上型电脑、微型计算机和软件、数字化手表等领域，并采取了差异化的扩张战略。最终，他们的大多数冒险举动都没有成功——微型计算机和数字化手表部门都倒闭了，萧条的家庭计算机部门也使德州仪器损失了 600 万美元。这种战略上失败的原因在于，该公司没有把实力集中在具有成功优势的细分市场中。

（5）保持优势力量进入，以此来补偿公司的 2 个劣势。这里我们所说的 2 个劣势是指：第一，进入的细分市场对我们来说是一个新的细分市场，与比我们早进入该市场的竞争对手相比会有某种程度的劣势；第二，没有共享资源在新进入的细分市场和其他细分市场之间分配，因为我们当前采用的竞争战略是基于产品样式的差异化。

不论用哪个尺度来衡量（销售量、总资产或者市场资本总额），石油帝国埃克森公司的规模比 IBM 和施乐要大。但是十几年来，埃克森试图在办公自动化市场上吞并 IBM 和施乐的竞争战略始终没有成功。该公司很毅然而冒险地决定生产数字化系统、计算机屏幕、电话回复系统、高级工作平台、具有选择记忆功能的磁盘系统、半导体激光及其他产品。但是，埃克森把它自身的资源都分散在办公自动化的各个不同的细分市场，这就削弱了集中的优势力量，所以无法建立起足够强大的桥梁来进入任何一个细分市场，更别说要占据市场的主导地位。

对于具有相当规模的大公司来说，在一个单一的行业内部保持雄厚的实力进入一个细分市场很重要。美国汽车和贺曼卡片公司就为我们提供了很好的反面案例。

从 1954 年美国汽车公司建立到 1987 年被出售给克莱斯勒汽车，该公司的规模一直比美国 3 大汽车公司——通用、福特和克莱斯勒规模要小。所以，美国汽车有意识地把其战略重点放在该汽车行业的小的细分市场上，在这个细分市场上，位居美国汽车市场前 3 位的汽车公司实力相对较弱。比如，在微型小汽车和小汽车领域，3 大巨头就不具备竞争优势。作为可以选择的战略之一，美国汽车完全可以开发出由吉普汽车提供的市场机会。

在 20 世纪 70 年代，吉普汽车的销售额比美国其他类型的汽车的销售额要大，获利也高。但美国汽车其他类型汽车的损失却很大。因为，该公司选择了相反方向来发展：追求产品扩张，想以此成为一个全线生产的汽车制造商。美国汽车没有选择少做事来争取做得更好的理念，没有把主要实力投放在较具优势的细分市场上，而是全线扩张，这样该公司就找不出一个具有竞争优势的市场。所以，在原来存在的问题基础上，该公司的经营状况更加恶化了，表现在：生产了豪华的大使车、运动休旅车、厢式旅行车等产品。到了 1986 年，美国汽车剩下的唯一财产就是累积的亏损带来的税收庇护 5 亿美元。第二年，克莱斯勒收购了美国汽车，并且停止了除吉普汽车以外的所有其他类型汽车的生产。短短几年，吉普汽车的销售额就实现了翻番增长。

从美国汽车的发展历程中，我们可以得出这样的结论：较少的产品样式（或者细分市场）并不一定意味着有较低的销售收入；相反，这可能意味着在某一产品样式（或者细分市场）实力更为雄厚，拥有较多的销售收入。

无论一个公司在一个行业内还是行业外扩张生产线，这一理论都适用于所有想扩张生产线的公司。以贺曼为例，该公司成功地在贺卡行业内部实现了扩张的战略。典型的贺曼生产线包括：为折扣商店服务的大使生产线、为幽默卡片设计的鞋盒生产线、为宠物拥有者提供的爱宠生产线。所有这些生产线的扩张，在财务上都做得很好。但是，当该公司把战略目标转移到珠宝、复古耳环、印刷业、相框、西班牙语言的电视节目（包括将奇特款式的小产品投放到有线电视产品和不动产领域）等领域时，结果怎样呢？导致了该公司业绩的惨淡。

（6）跟踪资金的流向。因为该战略是所有进攻战略中风险最大的一个战略，所以，一个公司选择进入的细分市场必须是具有吸引力的细分市场（根据销售额、单品毛利和增长率来确定是否具有吸引力）。我们要记住：在战略中一个最重要的词就是"不"——是对"什么领域我不该进入"的界定。

（资料来源：《计算机世界》）

6.3　集中化战略

集中化战略即聚焦战略，是指把经营层战略的重点放在一个特定的目标市场上，为特定的地区或特定的购买者集团提供特殊的产品或服务。即指企业集中使用资源，以快于过去的增长速度来增加某种产品的销售额和市场占有率。

该战略的前提思想是：企业业务的专一化，能以更高的效率和更好的效果为某一狭窄的细分市场服务，从而超越在较广阔范围内竞争的对手们。这样可以避免大而弱的分散投资局面，容易形成企业的核心竞争力。

6.3.1 集中化战略类型

集中化战略主要有以下两种类型：

（1）差异化集中，即满足某一特定市场的独特需求。

（2）成本优势集中，即在某一特定市场建立成本领先优势。

集中化战略与其他两个基本的竞争战略不同。成本领先战略与差异化战略面向全行业，在整个行业的范围内进行活动。而集中化战略则是围绕一个特定的目标进行密集型的生产经营活动，要求能够比竞争对手提供更为有效的服务。公司一旦选择了目标市场，便可以通过产品差别化或成本领先的方法，形成集中化战略。就是说，采用重点集中化的战略的公司，基本上就是特殊的差别化或特殊的成本领先公司。

采用"集中化战略"的结果是，公司要么可以通过满足特定群体的需求而实现差异化，要么可以在为特定群体提供服务时降低成本，或者可以二者兼得。这样，企业的盈利潜力会超过行业的平均盈利水平，企业也可以借此抵御各种竞争力量的威胁。但是，"集中化战略"常常意味着企业难以在整体市场上获得更大的市场份额，该战略包含着利润率与销售额之间互以对方为代价这一层含义。

集中化战略使用于以下行业企业：①具有完全不同的用户群；②各个细分市场没有完全开发；③企业资源不允许其追求广泛的细分市场。

在具体的策略选择当中，企业在通过市场细分，确定目标市场为某一特定的市场区域、特定的顾客群、特定的生产范围后，应选择适合于这些特定目标市场的竞争方式，使企业始终处于市场竞争中的优势地位，这是占领和巩固目标市场的关键。按照市场营销学的分类，竞争方式主要有三种基本类型：产品、服务和价格。

（1）在目标市场内，以产品性能和质量为主要竞争方式，把重点放在研究、开发和生产设计精美、质量上乘独具特色的产品方面，使企业的产品特色与竞争对手的同类产品相比具有绝对的优势。

（2）在目标市场内，以产品的售前、售中和售后服务为主要竞争方式。按照市场需求和产品特点决定服务的种类和范围，充分发挥产品的整体功效，建立顾客心目中良好的企业形象，从而赢得市场竞争的胜利。我国的海尔从开拓家电市场之初就确立了建立与产品相应的服务策略，售前售后服务都优于竞争对手，进而从产品和服务两个方面把对手甩在后边。

（3）在目标市场中以价格为主要竞争手段，灵活运用适合于不同市场情况和产品特点的价格策略，有效地降低产品成本，避免资源的浪费。实质上，这是集中化的成本领先战略的结果。日本爱华电子公司总经理卯木直曾经说过："如果你生产的产品同你竞争对手的产品一模一样，而价格却只有他的一半，那么你就在那个市场上占有绝对主导地位"。低价策略的运用，使爱华公司从20世纪60年代一个濒临倒闭的公司，变成收入超过40亿美元的生产家用电子产品的大公司。

6.3.2 集中化战略适用条件

集中化战略最突出的特征是企业专门服务于总体市场的一部分。要实施集中化战略，企业最重要的是通过市场研究找到自己的目标市场。一种产品的整体市场之所以可以细分,是由于消费者或用户的需求存在差异性。引起消费者需求差异的变量很多,实际中,企业一般是组合运用有关变量来细分市场,而不是单一采用某一变量。概括起来,细分消费者市场的变量有四类,即地理变量、人口变量、心理变量、行为变量。以这些变量为依据来细分市场就产生出地理细分、人口细分、心理细分和行为细分四种市场细分的基本形式。细分之后,企业决策者接下来的工作就是,通过市场定位找到本企业的市场切入点。一个理想的市场定位,应该是:足够大,该市场要大到能够满足一个企业生存所需的规模和购买力;足够深,该市场要深到足以使得企业在较长时期内的发展无空间之忧;足够相称,企业的能力和资源与为该市场提供优质服务所需之条件相称。

6.3.3　集中化战略收益与风险

集中化战略的收益主要表现在:

(1) 集中化战略便于集中使用整个企业的力量和资源,更好地服务于某一特定的目标。

(2) 将目标集中于特定的部分市场,企业可以更好地调查研究与产品有关的技术、市场、顾客以及竞争对手等各方面的情况,做到"知彼"。

(3) 战略目标集中明确,经济效果易于评价,战略管理过程也容易控制,从而带来管理上的简便。

集中化战略的风险主要表现在:

(1) 由于企业全部力量和资源都投入了一种产品、服务或一个特定的市场,当顾客偏好发生变化,技术出现创新或有新的替代品出现时,就会发现这部分市场对产品或服务需求下降,企业就会受到很大的冲击。

(2) 竞争者打入了企业选定的目标市场,并且采取了优于企业的更集中化的战略。

(3) 产品销量可能变小,产品要求不断更新,造成生产费用的增加,使得采取集中化战略的企业成本优势得以削弱。

6.3.4　集中化战略实施步骤

集中化战略并非单指专门生产某一产品,而是对某一类型的顾客或某一地区性市场作密集性经营,其核心是瞄准某个特定的用户群体、某种细分的产品线或某个细分市场,建立成本或差异优势。

集中化战略实施步骤,与前面"成本领先战略、差异化战略"之实施过程类似,但事先需进行市场细分,选择企业的目标市场,然后确定企业是采用"集中成本战略"还是"集中差异化"战略。

战略聚焦　企业视点

联华的集中化战略

联华超市近来在全国频频布点。在很短的时间内新开门店40家,同比增长14%。它以标准超市、大卖场及便利店为主,也包括迪亚天天折扣店,其中标准超市

20家、便利店13家、世纪联华大卖场4家。

联华超市方面指出,从新增门店的地域上看,标准超市和便利店还是集中在长三角地区的上海、江苏以及浙江。而按照联华超市的集中化发展策略,世纪联华大卖场的重点突进方向是北京等基本形成规模的中心城市,通过密布迅速形成规模优势。

同时,联华超市的标准超市还将在今年全面转型。有关人士透露,联华标准超市在便利店和大卖场的挤压下,生存空间狭窄,而其港汇店转型联华超级生活馆后,业绩却成倍增长。超级生活馆无论在外部装潢还是在内部商品陈列上均有创新,据介绍,年轻消费者更认可这种模式,进口商品在卖场的商品结构中占有不小的比例,如食品、酒、饮料、调味品等大类,占到了销售额的6%左右。

业内普遍将联华超级生活馆视为其标超门店转型的样板。由于销售增幅迅猛,联华超市已在青浦设立了第二家超级生活馆。联华超市有关人士指出,目前标准超市的转型分为三类——高端、生鲜、社区便利型等,具体经营模式将视标超门店的具体位置而定。

(资料来源:《每日经济新闻》)

6.4　概念性难题

在实践中,很难在上述三种一般战略之间,又快又准地作出区分,因为它们存在许多概念性难题。

在成本领先战略的概念中,首先它只聚焦于内部措施,而不是市场需求。它可用于获得市场份额,但内部措施只针对重要的市场份额,而不是成本领先中所指的所有市场份额。其次,它假设只有一家企业,如果全面的成本领先战略适用于整个行业,则只有一家企业能通过该战略获得成功。但是情况也并非绝对如此,因为在市场上可能会有多家企业想要采取全面的成本领先战略,特别是在频繁引进新科技的市场中。而参与整个市场竞争的企业可能具有各种不同的能力或优势,在不同细分市场中成功实现成本领先战略。第三,它假设低成本意味着较低的产品定价。事实上,低成本并不意味着你必须采用较低的价格或与竞争对手打价格战。采用成本领先战略的企业可以选择将高利润投资于研发或营销,或在产品上实施差异化战略。实施差异化战略也可以产生较高利润。成本领先战略的企业在选择其他竞争战略方面有更多的自由。

在差异化战略概念中,首先,波特认为差异产品总能以高价出售。但是,为了增加市场份额,差异产品可能采用与竞争产品一样的售价。其次,在竞争对手的选择上难以作出决定:应与哪些企业形成差异?竞争对手是谁?他们是否为其他细分市场服务?他们是否在同样的基础上竞争?第三,对差异化的来源难以定论:包括企业所提供的产品及服务的所有方面,而不仅仅指产品。例如,饭店的目标在于营造一种氛围,以及提供高品质的食品。

集中化战略的概念性难题可能比较少,因为它与市场细分的理念融合得非常贴切。在实际中,大多数企业或多或少都会采取该战略,设计能满足特定目标市场的产品和服务。

6.5 本章小结

战略业务单元是公司中的一个单位，或者职能单元，它是以企业所服务的独立的产品、行业或市场为基础，由企业若干事业部或事业部的某些部分组成的战略组织。战略业务单位必须在公司总体目标和战略的约束下，执行自己的战略管理过程。在这个执行过程中其经营能力不是持续稳定的，而是在不断变化的，可能会得到加强，也可能会被削弱，这取决于公司的资源分配状况。

业务层战略(Business-level strategy)，即经营层战略，其与企业相对于竞争对手而言在行业中所处的位置相关。那些在行业内定位准确的企业通常能更好地应付五种竞争力量，要想找准定位，企业必须决定其准备采取的行动能否以不同于竞争对手的方式开展活动或开展完全不同于竞争对手的活动。

企业通常在四种广义的业务层战略中进行选择，已在某一特定竞争领域形成和利用某种竞争优势：成本领先、差异化、集中成本领先和集中差异化。企业的竞争优势主要体现在两个方面：第一是成本优势，即和同一档次企业的竞争中体现出其成本优势；第二是差异化优势，即和同类企业竞争中体现出其产品的不同特点。企业的竞争范围可以分为在宽泛的领域中竞争或在狭窄的领域中竞争。

工具箱

1. 成本领先战略实施步骤
2. 差异化战略实施步骤
3. 集中化战略实施步骤

讨论题

1. 论述成本领先战略的含义、风险、收益与实施步骤。
2. 论述差异化战略的含义、风险、收益与实施步骤。
3. 论述集中化战略的含义、风险、收益与实施步骤。

本章参考文献

［1］ 迈克尔·波特.竞争战略［M］.北京:华夏出版社,1988.
［2］ 迈克尔·波特.竞争优势［M］.北京:华夏出版社,1988.
［3］ 加里·哈默,等.战略柔性［M］.北京:机械工业出版社,2000.
［4］ 安德鲁·坎贝尔,等.战略协同［M］.北京:机械工业出版社,2000.
［5］ 小乔治·斯托尔克,等.企业成长战略［M］.北京:中国人民大学出版社,2001.
［6］ 迈克尔·科特,加里·哈默,等.未来的战略［M］.北京:四川人民出版社,2000.
［7］ 黄丹,余颖.战略管理:研究注记与案例［M］.北京:清华大学出版社,2005.
［8］ 王方华,陈继祥.战略管理［M］.上海:上海交通大学出版社,2003.
［9］ 希特,爱尔兰,等.战略管理(第四版)［M］.吕巍,译.北京:机械工业出版社,2002.
［10］ (美)戴维.战略管理(第十版)［M］.李克宁,译.北京:经济科学出版社,2006.
［11］ 21世纪商业百科 http://www.21cbr.com/#.

【第四篇】

战略实施与控制

第7章

战略实施

学习目标

通过学习本章,你应能够做到:

1. 定义什么是公司治理。
2. 解释战略制定与战略实施之间的关系。
3. 了解为什么说企业组织结构对于战略实施非常重要。
4. 了解什么是流程再造。
5. 讨论生产作业计划与战略实施之间的关系。
6. 解释预计财务报表分析是战略实施的一个重要工具。

战略名言

企业所采用的战略应能够打破正常的产业发展进程并创造不利于竞争者的新的产业条件。

——伊恩·C·麦克米伦

没有"尽善尽美"的战略决策。人们总要付出代价。对相互矛盾的目标、相互矛盾的观点及相互矛盾的重点,人们总要进行平衡。最佳的战略决策只能是近似合理的,而且总是带有风险的。

——彼得·德鲁克

战略制定者的绝大多数时间不应该花费在制定战略上,而应该花费在实施既定战略上。

——亨利·明茨伯格

开篇案例

联想终于实现扭亏为盈

联想终于实现扭亏为盈了。继去年第四季巨亏 2.25 亿美元之后，上一季度净亏损 1 600 万美元之后，联想季内实现了扭亏为盈，实现 5 300 万美元净利润。史上的巨亏还未曾被市场淡忘，但新财季这虽仅有 5 300 万的净利润足以让董事们兴奋。11 月 5 日，联想集团（HK：0992）改变以往在香港发布业绩的习惯，将这个好消息放在北京发布。

另一个对于复出的柳传志来说的好消息是，2009/10 财年中期（4 月 1 日至 9 月 30 日），联想全球占有率达到 8.9%，达到收购 IBM 的 PC 业务以来的新高。这是复出半年的柳传志董事长交出的首份成绩单。

柳传志说，联想战略、业务模式没有问题，需要强化的执行力，"以 CEO 杨元庆为首的管理层有很强的执行力，这是期内业绩上涨的直接原因"。

没有问题的业务模式是交易型与关系型业务模式。所谓的战略是两个拳头战略，一为联想成熟市场，包括欧、美、日本等发达国家市场，也包括中国市场，主防守；一为新兴市场，包括东南亚、俄罗斯、拉美等区域，主进攻。

强化执行力

《21 世纪》：联想上一季度扭亏为盈，是因为战略与商业模式调整，不是因为执行？

杨元庆：战略、商业模式与执行力是分不开的。战略到位，执行不到位，也达不到目标。年初经过组织架构调整后，联想明确了战略，同时加强执行力。我们的战略，是两个拳头战略，左手是防守，成熟市场与中国市场，右手是进攻，新兴市场，这个战略执行得十分到位。

在防守方面，我们的打法是保住市场份额，稳定客户，目标是扭亏，这一点今年要达到。在进攻方面，陈绍鹏领导新兴市场，包括拉美地区等，增长率达到 8%。这样的势头是可以持续的。除了战备与商业模式外，产品策略也十分关键。比如 Idia 产品，全球增长 57%，中国以外的市场增长 127%。这提高了联想的市场占有率与利润率。

《21 世纪》：去年底，联想业绩出现了比较大的问题，是战略不清楚，还是执行问题？

杨元庆：不能说过去没有战略没有方向，也不能说过去战略不清晰。就提出在成熟市场与新兴市场两个方向发展，新兴市场竞争激烈，要稳住地位，新兴市场有很大空白，要扩张与制胜的机会。实际上两三年以前，甚至三四年以前，联想其实就已经明确了战略。

除了战略没有执行好外，还有就是业务模式没有执行好。业务模式包括交易型业务模式与关系型业务模式。联想的优势就是在中国发展起来的交易型业务模式，联想在中国战胜了所有跨国竞争对手，联想要把中国的经验复制到全球，才有机会获得更高的市场份额。交易型业务模式向海外复制的过程中，没有执行好。

《21 世纪》：过去你是董事长。董事长负责战略，CEO 负责执行。

杨元庆：我不想把过去的失误归咎为某个人的责任，我们过去执行不到位，不是某个人的原因。但我现在作为 CEO,将在执行上加大力度。

《21 世纪》：经济危机给每个公司都带来了冲击，联想是如何适应的？

杨元庆：联想遇到的问题有内部的，也有外部的。外部环境无法控制，与其他大公司一样，必须适应。适应的方式是该裁员的裁员，使得成本费用能够下调，使得在规模萎缩的情况下你还能少"流血"或者不"流血"。

复制中国模式

《21 世纪》：新兴市场与消费市场的增长，是联想扭亏最重要的原因，是如何复制的？能不能说得更清晰一些？

杨元庆：主要是四个方面，第一先是让组织结构与业务模式相匹配。这样就能降低供应链、服务、售后的成本，使端到端的业务模式，更简洁、高效，更有竞争力。二是快速推出有竞争力的产品，尤其是低价位的产品。目前全球 1 000 美元以下产品占 80%,在新兴市场多为 700 美元以下产品。联想把在中国区销售的产品，比如昭阳，甚至包括中小企业的产品，引到国外，填补低价位产品的空白，增强了竞争力，抓住了快速增长主流市场。三是在新兴市场复制中国的渠道模式。比如信誉金制度，这是中国的做法，引进到国外后，联想迅速发展了众多渠道合作伙伴。四是团队建设。联想从中国派出专家，到国外教中国的业务模式。新兴市场联想取得了好成绩，拉动联想业绩扭亏，但这块市场竞争激烈，联想还有很多地方需要改进。

《21 世纪》：继上一季度之后，联想毛利率继续下降，是什么原因？

杨元庆：联想的策略是以现在换未来，以短期换长期，事实上也达到了这种效果。受三个原因影响。一是产品正由高端向低端市场发展，低端市场的利润率更低；二是不少零部件价格上涨，包括 LCD、内存价格。尤其是在中国，市场迅速增长，超过所有人的预期。为了响应市场的快速增长，联想多花了一些钱，买进零部件，占领市场；三是新兴市场开拓，新兴市场主要为交易型业务，毛利率低。但随着市场成熟，新兴市场的利润率会上升。联想付出的代价值得的，联想的市场份额、PC 销售数量、销售额、净利润绝对值都上升了。

你还应看到好的一面，在竞争如此激烈的情况下，费用率在下降。这表明我们在毛利率非常低情况下，也能生存。

《21 世纪》：全球占到了 8.9%,已是联想历史上的新高，对未来业绩发展，你有何预期？

杨元庆：我们希望业绩保持现在的高速增长，我们希望很快。我们原来预计，三四年后，联想业绩将达到两位数的增长。现在，我们预计会提前。

《21 世纪》：随着市场形势趋好，联想的战略重点会不会发生变化？

杨元庆：两个拳头战略在三五年内不会变化。但会有微调，明年会在成熟市场加大力度，加快成熟市场的增长份额。

《21 世纪》：随着电子商务发展，网上零售渠道会变成重要的渠道，联想有没有想法？

杨元庆：这个趋势十分明显。在美国，电子商务已经吃掉很大部分传统渠道。中国的发达城市也有这样的趋势，发展速度惊人。但在其他新兴市场，网络渠道会慢点。

联想的原则是最早进入新渠道，新业务，做先行才是。联想在中国已经有积极的推进,比如京东商城,淘宝商城。尽管目前对销售的贡献不大,但未来很重要。

《21世纪》:类似上网本的低价电脑会不会成为联想的业务重点?

杨元庆:未来用户对不同价位的产品的需求会越来越复杂,上网本只是其中之一,目前已经占到整个市场的10%,已经进入稳定阶段,联想会开发出不同价位的产品,匹配市场的需求。为了低价而低价,是没有前途的。

(资料来源:《21世纪经济报道》2009年11月6日)

本章引例说明,正确实施战略之于企业,意义重大。

在企业确立了战略目标,并相应地选择了实现战略后,如何把企业战略贯穿于企业实际运营中,实现企业的战略目标,就成了企业战略管理的一个关键内容。战略实施是通过一系列行政、经济激励手段组织企业员工,将企业战略转化为企业实际成果,图7-1模型显示,企业制定出的战略,要通过两大"基石"实施,它们是"基础管理"与"营销、人力资源、生产运营、财务"等四大职能部门(如图7-2)。

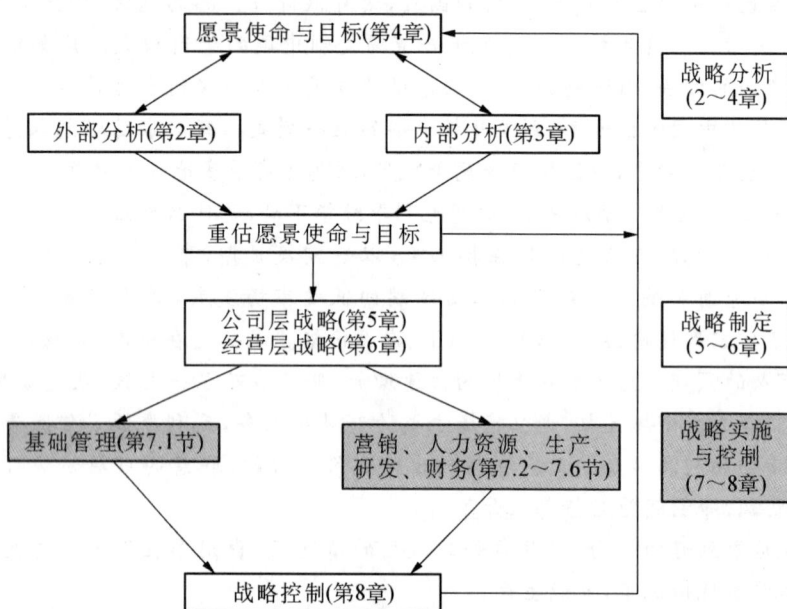

图7-1 综合战略管理模型

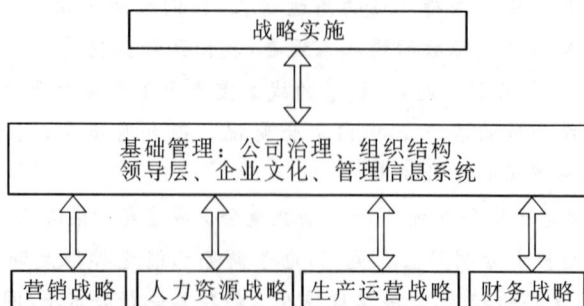

图7-2 战略实施结构图

7.1 基础管理

7.1.1 公司治理

1）公司治理的内涵

公司治理是一个多角度多层次的概念,很难用简单的术语来表达。但从公司治理这一问题的产生与发展来看,可以从狭义和广义两方面去理解。狭义的公司治理,是指所有者,主要是股东对经营者的一种监督与制衡机制。即通过一种制度安排,来合理地配置所有者与经营者之间的权利与责任关系。公司治理的目标是保证股东利益的最大化,防止经营者对所有者利益的背离。其主要特点是通过股东大会、董事会、监事会及管理层所构成的公司治理结构的内部治理。广义的公司治理则不局限于股东对经营者的制衡,而是涉及到广泛的利害相关者,包括股东、债权人、供应商、雇员、政府和社区等与公司有利害关系的集团。公司治理是通过一套正式或非正式的、内部或外部的制度或机制来协调公司与所有利害相关者之间的利益关系,以保证公司决策的科学化,从而最终维护公司各方面的利益。因为在广义上,公司已不仅仅是股东的公司,而是一个利益共同体,公司的治理机制也不仅局限于以治理结构为基础的内部治理,而是利益相关者通过一系列的内部、外部机制来实施共同治理,治理的目标不仅是股东利益的最大化,而且是要保证公司决策的科学性,从而保证公司各方面的利益相关者的利益最大化。

传统的公司治理大多基于分权与制衡而停留在公司治理结构的层面上,较多地注重对公司股东大会、董事会、监事会和高层经营者之间的制衡关系的研究。因此,公司治理可以说是侧重于公司的内部治理结构方面。但从科学决策的角度来看,治理结构远不能解决公司治理的所有问题,建立在决策科学观念上的公司治理不仅需要一套完备有效的公司治理结构,更需要若干具体的超越结构的治理机制。公司的有效运行和科学决策不仅需要通过股东大会、董事会和监事会发挥作用的内部监控机制;而且需要一系列通过证券市场、产品市场和经理市场来发挥作用的外部治理机制,如公司法、证券法、信息披露、会计准则、社会审计和社会舆论等。在最近OECD制定的《公司治理原则》中,已不单纯强调公司治理结构的概念和内容,而是涉及许多具体的治理机制。该原则主要包括以下五个方面:①股东的权力;②对股东的平等待遇;③利害相关者的作用;④信息披露和透明度;⑤董事会责任。显然,治理机制是比治理结构更为广泛、更深层次的公司治理观念。

2）有效的公司治理制度

有效的公司治理要求董事会把工作重点放在全面地监督和管理公司上来,并且不必参与公司的日常运作。这样,董事会能够对企业组织结构持有一个综合和客观的角度,不仅使得股东获利,而且也使企业整体受益。

建立一个有效的公司治理制度,将有助于建立健康和充满活力的资本市场。以下是建立一个有效的公司治理制度时需要考虑的因素:

(1) 人员比过程更重要。

这一点是最关键的,也是最难实现的。近年美国和欧洲公司破产的教训证明,如果企业中的经营人员没有适当的独立性、没有适合的专业性以及没有充分发挥非执行董事的重要作用,任何一种企业结构都不能保证成功。

企业应对非执行董事在公司中所起的作用有充分的了解,非执行董事的职责可以分为四种不同的角色,即战略角色、监督或绩效角色、风险角色和人事管理角色。

战略角色。战略角色是指非执行董事是董事会的正式成员,因此有权利也有责任为企业的战略成功作出贡献,从而保护股东的利益。企业中管理层必须具有清晰的战略方向,而非执行董事应当利用他们从生活阅历,特别是商业经历中获得的大量经验,来确保已选定的战略是稳健的。就该角色而言,他们在认为合适的情况下,可能会对战略的任何方面提出质疑,并提供建议帮助制定成功的战略。

监督或绩效角色。非执行董事应当使执行董事对已制定的决策和企业业绩承担责任。在这方面,他们应当代表股东的利益,并致力于消除因代理问题使股东价值降低的可能性。

风险角色。风险角色是指非执行董事应当确保企业设有充分的内部控制系统和风险管理系统。就该角色而言,非执行董事应当确信财务信息是完整的,财务控制与风险管理系统是健全的且具有抵御风险的作用。

人事管理角色。人事管理角色是指非执行董事应对董事会执行成员管理的有关责任进行监督。这一般涉及人员任命和薪酬问题,也可能包括合同或纪律方面的问题及接班人计划。

（2）股东的责任。

股东的问责机制并非总是有效的。部分原因是因为股东只能在股东大会中行使投票权,而在公司日常工作中的重要决议中没有投票权,总的来说股东在危机来临之前是完全被动的。

事实上,建立一个真正强有力的公司治理制度,要求股东必须接受他们的责任,积极参与股东大会,并在股东大会中提问及投票。如果股东(无论是个人或机构)对于公司治理没有兴趣,非执行董事有效地履行其作为股东监护人的职能就非常困难。股东不应该放弃自己对于董事会的责任。公司需要积极的股东,并听取他们的意见,否则他们就会对公司治理中的问题视而不见。

（3）外部审计必须是独立的。

人们也越来越多地认为,必须寻找办法保证审计师的独立性。重要的是,保持独立性就不能为审计客户提供某些可以影响其独立性的非审计服务,然而这不一定意味着审计师不能从事任何非审计工作。

在某些情况下,也可能出现审计师忘记了其作为股东代理人的基本职能,并忽略了自身在公众利益方面的作用。如果投资者不能相信审计的首要责任是审计师的专业标准和市场诚信,那么他们将失去对金融市场的信心。而且失去信心将反映在股票价格下降和资本成本增加上来。因此,在审计监督方面进行额外投资,甚至花费更多的审计直接成本,是完全值得的。

（4）信息披露和透明度至关重要。

公司治理的方法之一就是适量披露信息。由于对公司治理发展的关注,除了企业自身积累汇总了一系列的行为守则外,监管机构亦颁布了公司治理守则。

主要的原则是企业应披露其年度报告和账目是否符合这些良好治理的守则,如果出于一些理由,他们未能在每个方面都符合守则,则应当说明原因。

3) 几种主要的公司治理评价指标体系

公司治理评价萌芽于 1950 年杰克逊·马丁德尔提出的董事会业绩分析。美国机构投资者协会在 1952 年设计了第一个正式评价董事会的程序,随后出现了公司治理诊断与评价的系列研究成果。较为完善的公司治理评价系统是 1998 年标准普尔(Standard and Poors)创立的公司治理服务系统。该指标综合了一些国际组织和公司治理专家提出的公司治理原则。整个公司治理评价体系由国家分析和公司评分两部分组成。国家分析主要评价一个公司所处的外部环境,如法律规则、法律实施、监督和信息结构等,侧重于外部治理机制。公司评分则主要分析公司管理层、董事会、股东及相关人互动的有效性,主要集中于内部治理结构和运作,侧重于内部治理机制。综合考虑内部治理机制和外部治理机制是标准普尔公司治理服务系统的特色之一。公司治理结果则采用公司治理分值(CGS)来表示。10 分为最高,0 分为最低。总的 CGS 分值由所有权结构与影响、公司与金融相关人的关系、财务透明性与信息披露、董事会与经理层结构和运作 4 个方面的分值综合得出,其中金融相关人包括了公司的股东和债权人。

1999 年欧洲戴米诺推出了自己的公司治理评价系统。其评价体系包括 70 多个指标,指标主要包括 4 个方面:股东权利和义务(涉及指标包括一股一票、投票权限制、投票程序等);接管防御的范围(涉及指标包括董事会是否可以运用毒丸条款、黄金降落伞、期权条款等);对公司治理的披露(涉及与公司结构有关的非财务信息的数量和质量);董事会结构和功能(涉及独立董事、董事会主席与 CEO 关系、董事选举、董事酬金、董事会委员会的运作与权力)等。戴米诺公司治理评价系统特别强调接管防御措施对公司治理的影响,也十分重视国家分析的作用。国家分析提供了一个分析的基准,主要侧重于两个方面的分析:一是与公司治理有关的法律方面的分析;二是对各国公司治理的分析,反映了各国蓝筹公司的公司治理实践。

2000 年亚洲里昂证券推出了公司治理评价系统。其评价体系包括 57 个指标,主要集中于公司透明度、对管理层的约束、董事会的独立性、对小股东的保护、核心业务是否突出、债务是否得到控制、对股东的现金回报、公司的社会责任等方面,评价结果给予 0~100 的评分,得分越高,说明公司治理质量越好。

此外,国外的公司治理评价体系中比较著名的还有美国机构投资者服务机构(ISS, Institutional Share-holder Services)建立起的全球性上市公司治理状况数据库,为其会员提供服务;另外还有布朗斯威克(Brunswick Warburg)、ICLG(Institute of Corporate Law and Corporate Governance)、ICRA(Information and Credit Rating Agency)、泰国公司治理评价系统等。

表 7-1 显示,目前国外已有 10 多种不同的公司治理评价系统,由于各评价系统关注的内容以及适用范围不同,在评价指标体系构成以及评价标准选择上呈现出较大差别。现有公司治理评价系统中,除 ICRA 以及布朗斯威克(Brunswick Warburg)采用公司治理状况的优劣与评价分值大小反方向表示以外,其他评价系统

均以评价值的高低表示治理状况的好坏。各评价系统关注的重点、采用的标准以及评价指标体系的构成也呈现出较大差别。如标准普尔公司治理服务系统关注的是宏观层面上的外部力量以及公司内部治理结构与运作对于公司治理质量的影响,该系统把公司治理评价分为国家评分与公司评分两部分;戴米诺重视公司治理环境对公司治理质量的影响,特别强调接管防御措施对公司治理的影响;里昂评价系统注重公司透明度、董事会的独立性以及对小股东的保护,强调公司的社会责任等。

表7-1 国外主要公司治理评价系统

评级机构 或个人	评价内容	适用范围	评分方法
杰克逊·马丁德尔	社会贡献、对股东的服务、董事会业绩分析、公司财务政策	公司评分	指标值越大,治理状况越好
标准普尔	国家评分:法律基础、监管、信息披露制度、市场基础;公司评分:所有权结构、金融利益相关者的权利和相互关系、财务透明度和信息披露、董事会结构和程序	公司评分与国家评分	指标值越大,治理状况越好
戴米诺	国家评分:与公司治理有关的法律分析公司 公司评分:股东权利与义务、接管防御的范围、信息披露透明度、董事会结构	公司评分与国家评分	指标值越大,治理状况越好
里昂证券	公司透明度、管理层约束、董事会的独立性与问责性、小股东保护、核心业务、债务控制、股东现金回报以及公司社会责任	公司评分	指标值越大,治理状况越好
CLSA	国家评分:公司透明度、综合性规则和监管条例、相关法规的实施、影响公司治理和公司价值最大化能力的政治和规制环境、国际公认会计准则的采用、公司治理文化的制度性机制 公司评分:管理层的约束、透明度、独立性、公平性、问责性、社会责任意识	公司评分与国家评分	指标值越大,治理状况越好
ISS	董事会及其主要委员会的结构、组成、公司章程和制度、公司所属州的法律、管理层和董事会成员的薪酬、相关财务业绩、"超前的"治理实践、高管人员持股比例、董事的受教育状况	公司评分	指标值越大,治理状况越好
DVFA	股东权利、治理委员会、透明度、公司管理以及审计	公司评分	指标值越大,治理状况越好
布朗斯威克	透明度、股权分散程度、转移资产/转移价格、兼并/重组、破产、所有权与投标限制、对外部人员的管理态度、注册性质	公司评分	指标值越大,治理状况越好
ICLG	信息披露、所有权结构、董事会和管理层结构、股东权利、侵吞(Expropriation)风险、公司的治理历史	公司评分	指标值越大,治理状况越好
ICRA	所有权结构、管理层结构(含各董事委员会的结构)、财务报告和其他披露的质量、金融股东利益的满足程度	公司评分	指标值越大,治理状况越好
泰国	股东权利、董事品质、公司内部控制的有效性	公司评分	指标值越大,治理状况越好

资料来源:南开大学公司治理研究中心公司治理评价课题组根据有关资料整理。

国内的南开公司治理指数(CCGINK)。该公司治理指数是南开大学李维安教授于 2003 年推出的评价公司治理的指标体系。该指数在借鉴国外经验的前提下,围绕中国经济转轨时期公司内部治理机制、信息披露、中小股东的保护、实施公司的独立性、董事会的独立性以及监事会参与公司治理等治理问题,建立了一套适应中国上市公司治理环境,具有中国特色的公司治理评价指标系统。

该体系从"股东利益"、"董事会"、"监事会"、"信息披露"、"利益相关者"六个维度,构造了包括 6 个一级指标、20 个二级指标、80 个三级指标的评价体系。该体系密切结合中国上市公司治理环境,将上市公司的独立性、股东权益保护、监事会参与治理等在综合评价中给予充分考虑,是既同国际接轨,又与中国实际相结合的较为完善的体系。

7.1.2 组织结构

组织结构是指企业采用的按不同任务或职位来划分和调配劳动力的方法。组织结构通过管理行为实现共同目标,因而适当的组织结构对战略的有效实施具有关键作用。尤其是组织设计的作用更加明显。组织设计是一个比组织结构更宽泛的概念,是指高层构思的战略在整个企业中得以协调实施的方法,包括组织的构建模块和协调机制的配置。其中,构建模块由组织结构与企业的人员、技术以及信息系统构成。设计流程从企业目标和战略的分析开始,阐述待实施的关键任务,接着按照组织结构划分这些任务。

集权或分权式的组织设计允许在实施战略时采用不同的方法。值得注意的是,理性的战略观念比较狭隘,而组织结构和组织设计的灵活性和重建才是实现内部整合的关键,也是在企业与不断变化的环境之间寻求契合点的关键。

信息和制造技术的发展、创新的日益重要以及复杂多变的经济环境要求管理层定期审视组织结构。审视过程需要考虑诸多因素,例如,基础结构形式的合理性、集权和分权的比例、整体设计构架对战略实施的适用性等。组织结构是一个关键变量,需要对其加以有效的管理和设计,这样才能促进和优化企业战略的实施以及战略目标的实现。

主要的价值链活动中有些关键业务流程是必须执行的,正是这些关键业务才能使企业的战略成功。这其中有两个关键问题:一是要保持企业持续的竞争优势,哪些职能是必须妥善执行的;二是哪些价值链活动的执行不当又会危及战略流程。答案往往都是那些企业集中精力实施的关键活动。要使组织结构与战略相匹配,需要将战略上的关键活动和关键部分转化为组织结构中的主要构建模块。领导者和管理者应当理解其价值链中主要职能与支持性职能之间的战略关系,从而将单位绩效与核心竞争力和核心能力关联起来。同时,领导者和管理者需要谨防出现组织设计对战略相关的活动进行不当拆分的情况,并且需要关注最终结果。将支持性活动纳入到组织设计的关键就是建立报告和协调活动,使支持性活动对战略任务的贡献达到最大化。

7.1.3 领导层

1) 领导层的重要性

关于领导层的重要性有两个相互对立的观点。比较传统的一个观点认为领导层对企业的成功至关重要。相反的观点反对上述观点,他们认为大量的制约性因素会限制领导者能力的发挥。后一种观点认为,经营结果的好坏都不能归因于领导者的行为。如果在一系列复杂的事件中领导者只充当不太重要的角色,那么上述归因于领导者的解释就过于片面和简单了。虽然领导层并不是决定成败的唯一因素,但它仍然是重要的组成要素,并具有重大影响。制定和实施业务战略是一个极其复杂的过程。同时,企业也越来越多地采用战略流程,以便在竞争中保持领先地位并保持企业的创新性和道德责任。由于实现战略成功是一个非常复杂的过程,因而它需要企业上下齐心协力。要实现这种上下一心的努力,就需要一名战略性领导者。成功的战略需要承担和奉献,而不仅仅是接受。因而,领导者在企业中所扮演的角色之一就是激发奉献精神。

2)领导层架构

在探讨领导者在企业转型实现战略目标的过程中所扮演的角色之前,企业应认清企业内部不同级别的领导层。在企业的各个层面都需要证明领导力,理解这一点是非常重要的。企业除了整体业务战略之外,还需要职能战略。对于各个部门或职能皆需制定职能战略,以便实现企业的整体业务战略目标。因此,总是有机会证明工作小组、项目小组或部门中的领导层与企业的整体愿景相一致。

包括首席执行官在内的高级经理团队以及董事会负责制定业务战略(和企业战略,若有需要)。部门流程小组的领导者应制定职能战略和职能预算,从而保证在整个企业中实施业务战略。这样,企业就能够由一个领导者的团队来领导,而不是只由首席执行官来领导。

如果没有管理者和员工出色的工作能力,企业的多数软硬件资源会变得毫无用处,因此企业应重点关注企业的领导层架构。可以从三个层次来审视这些资源:董事会、高级以及中级管理层、监督者和员工。在执行这些策略时,董事会、高级管理层的意见都非常关键。

(1)董事会。

董事会处于人力资源架构的顶端。由于董事会成员对企业事务的参与度越来越高,因而他们能够对企业运作的效率产生重大影响。在审视他们的优势和劣势的时候,可能会涉及以下问题。

董事会成员对企业的贡献是什么?能力较强的董事会成员会具备丰富的经验、知识、判断力以及有价值的外部政治关系。

董事会成员是企业内部的还是企业外部的,以及他们在多大程度上能代表企业股东的利益?虽然,由一些高级管理者担任董事会成员已经成为较普遍的现象,然而如果高级管理者在董事会成员中所占比例过高,又会导致董事会与高级管理层所代表的利益趋同化。理想情况下,董事会成员应当能代表包括少数股东、债权人、客户以及当地社团在内的多种类型的股东。多样化的董事会成员制度更有利于企业的健康发展。

董事会成员是否持有较高份额的企业股份?较高的股份持有率会提高董事会对股东的响应力,而重大的债权持有率会使董事会更多地关注企业的信誉度。

董事会成员为董事会效力了多长时间?效力时间较长能够使董事会成员对企

业了解较深;然而,适当的轮换也很有好处,因为新的董事会成员能够为战略问题提供崭新的视角。文章随后部分对董事会成员有更多表述。

（2）高层管理人员。

企业的高层管理人员应当为企业制定一个愿景并将这一愿景传达给股东,这一愿景应囊括各位股东的需求和期望。战略性领导非常重要。理想状态下,高级管理层应具有无私奉献的精神,集中精力实现股东的目标。在评估企业高级管理层的优势和劣势的时候可能会涉及如下问题。

比如,谁是关键的高级管理人员？他们在工作经验、管理风格、决策能力、组建团队、企业理解力等方面的优势和劣势是什么？比如管理人员在企业及其行业方面具备丰富的知识,这就是管理层的优势所在。而另一方面,不同背景的管理者会提出创新性的战略想法。当然,企业的管理层需求会随着企业的成长和成熟而变化。例如,刚刚起步的企业通常都由具有创新能力的人来担任管理者,但他们的管理能力却可能比较薄弱。较成熟的企业则需要强有力的管理,但同时也应当继续发扬创新精神。

关键的高级管理者为企业效力多长时间？较长的任期意味着在战略发展和战略实施方面能够具有一致性和稳定性;但较低的轮换率又会滋生自满情绪,使管理者循规蹈矩,不去寻求新机会。

高级管理者的战略优势和战略劣势是什么？有些管理者可能在战略制定方面颇具创新性,而在战略实施方面却显薄弱。而有些管理者可能会花大量的时间在与企业外部代理人的配合上,而另一些管理者会重点关注企业内部的股东和运作。

3）领导在战略实施中的作用

领导有三个阶段的转换。第一阶段是领导确认需要改变;第二阶段是领导必须提供对未来的展望;第三阶段是实施。

战略实施的关键任务包括制定新政策和预算,以便指导行动和资源在重要领域中的再分配。强大的领导能力必须确保政策得以执行和资源有效利用。没有有效的作用模式和纪律,企业中的成员就不愿意参与变化。

必须设计和使用制度来获取对分析和绩效衡量有用的战略信息。采用这些战略信息将导致人员的角色和职责以及企业层级结构的巨大变动。必须有效沟通和了解这些变化对员工的影响。应当积极对待冲突和阻力,保证他们不干扰策略的实施过程。强大的领导能力需要将计划变成现实。

7.1.4　企业文化

在战略管理中,企业战略与企业文化的关系主要表现在以下三个方面:

优秀的企业文化是企业战略制订获得成功的重要条件。优秀的文化能够突出企业的特色,形成企业成员共同的价值观念,而且企业文化具有鲜明的个性,有利于企业制定出与众不同的、克敌制胜的战略。

企业文化是战略实施的重要手段。企业战略制订以后,需要全体成员积极有效的实施,正是企业文化具有导向、约束、凝聚、激励及辐射等作用,才激发了员工的热情,统一了企业成员的意志及欲望,为实现企业的目标而努力奋斗。

企业文化与企业战略必须相互适应和相互协调。严格地讲,当战略制订之后,企业文化应该随着新战略的制订而有所变化。但是,一个企业的文化一旦形成以后,要对企业文化进行变革难度很大,也就是说企业文化具有较大的刚性,而且它还具有一定的持续性,会在企业发展过程中有逐渐强化的趋势。因此从战略实施的角度来看,企业文化要为实施企业战略服务,又会制约企业战略的实施。当企业制定了新的战略要求企业文化与之相配合时,企业的原有文化变革速度非常慢,很难马上对新战略做出反应,这使企业原有文化有可能成为实施新战略的阻力,因此在战略管理的过程中,企业内部新旧文化的更替和协调是战略实施获得成功的保证。

企业文化与企业战略相适应的关系有四种类型:

类型一:企业实施一个新战略,企业组织要素变化不大,而且这种变化与企业原有文化一致。在这种情况下,高层管理者主要考虑两个问题:

(1)利用目前的有利条件,巩固和加强企业自己的企业文化。

(2)利用企业文化相对稳定及持续性的特点,充分发挥企业文化对企业战略实施的促进作用。

类型二:企业实施一个新战略,企业的组织要素会发生很大的变化,但这些变化与企业的原有文化有潜在的一致性。这种情况大多是企业以往的效益比较好,他们根据自己的实力,寻找可以利用的机会,以求得更大的发展,或者他们总是试图扩大自己的主要产品和市场,以求得发展。总之,这种企业处于一种非常有前途的地位,他们可以在企业原有文化的大力支持下,实施新的战略。

在上述情况下,企业处理战略与企业文化关系的重点是:

(1)企业进行重大的变革时,必须考虑其与企业的基本性质与地位的关系问题,即企业的基本性质与地位是确定企业文化的基础。高层管理人员在处理战略与企业文化关系的过程中,一定要注意到企业的任务可以发生变化,但这种战略的变化并没有从根本上改变企业的基本性质和地位,因而仍然与企业原有文化保持着不可分割的联系。

(2)要发挥企业现有人员的作用,由于这些人员保持着企业原有的价值观念和行为准则,这样可以保证企业在原有文化一致的条件下实施变革。

(3)在必须调整企业奖惩制度的时候,要注意与目前企业的奖励措施相连接。

(4)企业高层管理者要着重考虑与企业原有文化相适应的变革,不要破坏企业已经形成的行为准则。

类型三:企业实施一个新的战略,企业的组织要素变化不太大,但这些要素的变化却与企业原有的文化不太协调。在这种情况下,企业的高层管理者往往在生产经营中,在不影响企业总体文化一致的前提下,对某种经营业务实施不同的文化管理,但同时要注意加强全局性协调。因此,企业在对于企业文化密切相关的因素进行变革时,根据文化的不同要求进行分别管理是一个重要手段。

类型四:企业实施一个新的战略,企业的组织要素发生了很大的变化,而这些变化与企业原有的文化很不一致。在这种情况下,企业就必须考虑采取以下四方面的措施:

(1)企业的高级管理层要下定决心进行变革,并向全体员工讲明变革企业文化的意义。

（2）为形成新的企业文化，企业要招聘一批具有新的企业文化意识的人员，或在企业内部提拔一批与新企业文化相符的人员。

（3）企业要奖励具有新企业文化意识的分部或个人，以促进企业文化的转变。

（4）要让全休职工明确新企业文化所需要的行为，要求企业职工按照变革的要求工作。

7.1.5　管理信息系统

管理信息系统（Management Information Systems，简称 MIS）是以人为主导，以信息技术为基础，将信息流联系起来，对信息进行收集、传输、存储、加工、更新和维护，产生管理者所需要的信息，改善协同合作、效率与决策制定，协助企业管理资源并获利的信息处理系统。在现代社会已深入到各行各业。在未来认识到拥有有效的管理信息系统的重要性将不只是一种选择，而是一种必然要求。信息是了解和理解企业经营的基础。在很多产业，信息正在成为决定成败的非常重要的因素。有效的信息系统会极大地促进企业战略管理的实施。

信息的搜集、检索和存储可以通过向同一客户销售多种商品、监督供应商、使管理者和雇员掌握信息、协调各分部的活动及基金管理等而给企业带来竞争优势。良好的信息系统还可以使企业降低成本。质量和服务的改善也往往来自信息系统的改善。

7.2　营销战略

市场营销是负责实施战略选择的一种职能战略。企业要对环境作出反应，应选择：一是竞争战略，其包括成本领先战略、差异性战略和集中化战略；二是企业如何成长，比如采用产品/市场战略；三是增长方式，其包括有机式增长或并购式增长等。营销战略解决了上述问题中的前两个问题，这是因为，营销战略使得企业能够将有限的资源集中运用到最佳机会上，并阐述了企业应如何赢得客户、发掘市场机会和在市场领域保持竞争性，以增加销量和利润并实现持续的竞争优势。营销战略有助于企业通过为产品目标进行定位来创建波特的基本竞争战略，即成本领先战略、差异化战略和集中化战略，并且有助于实施安索夫矩阵中定义的产品/市场战略。

7.2.1　营销战略实施的变量

对战略实施非常重要的两个变量是市场细分和产品定位。市场细分和产品定位是营销中对战略管理最为重要的因素。

1）市场细分

市场细分可被定义为：根据客户的需要和消费习惯，将市场划分为不同客户群的市场。市场细分是战略实施中的一个重要变量，这至少基于三个主要原因：

（1）诸如市场开发、产品开发、市场渗透和差异化等战略都需要通过新的市场和产品来不断增加销量。要想成功地实施这些战略，就需要新的或改进的市场细分方法。

（2）市场细分使企业能够利用有限的资源进行经营，无须大量生产、大量经销和大量的广告。市场细分使小型企业在与大型企业的竞争中通过单位利润最大化和单位细分市场销量最大化而获得成功。

（3）市场细分决策会直接影响营销组合变量：产品、价格、地点和促销。

在细分市场时，考虑如下因素很重要：①可衡量性，是否有充分的已公布数据使集团能够精确地识别并选择应纳入细分市场的企业；②可进入性，销售力量或促销媒体是如何有效进入细分市场的；③适应性，细分市场是否符合集团的目标和资源；④稳定性，细分市场是否在一定时间内保持稳定，这样可在未来对其进行预测；⑤足量性，细分市场的大小是否足以在财务上具有可行性和获利性。如果一个细分市场未能满足上述若干条件，则很难制定并维持一个成功的市场细分战略。

战略聚焦　企业视点

宝洁：日用品帝国

宝洁为什么能在短短的 10 年间成为中国日用品市场的霸主？

市场先行优势

20 世纪 80 年代，中国日用品市场产品不多，消费者只能单调选择几个质量差、包装粗糙、缺乏个性的国产品牌。宝洁发现了这一巨大的市场空白，以创新式的轻便小包装面世，"海飞丝"、"玉兰油"等品牌迅速成为中国消费者的首选。随着中国经济的发展，消费者，尤其是青年人的消费心理和消费方式发生了变化。青年人求新、好奇、追求名牌、喜欢广告、注重自我，具有先导消费作用，因此宝洁选择青年消费群作为其目标市场，采取了一系列营销手段。比如，用当时的青春偶像郑伊健、张德培等作广告，并配上"滋润青春肌肤，蕴含青春美"等广告语，还举办了"飘柔之星全国竞耀活动"等一系列围绕年轻人的促销活动。

深入细致的市场调研

深入细致的市场调研是宝洁成功的基础。进入中国后，宝洁确立了三大基本经营原则：①推出的任何新产品在测试阶段，就要比竞争者具有明显的优势。②尽早发现一个消费趋势，并引导消费者消费。③对消费者需求及偏好进行细致的监测。

为了深入了解中国消费者，宝洁在中国建立了庞大的消费行为数据库和完善的市场调研系统，帮助宝洁从一开始就了解中国消费者的需求及生活习惯。比如，他们洗头及刷牙的方式、对目前产品的意见以及喜欢什么样的宣传方式等。通过深入细致的调研，宝洁不断地挖掘着中国消费者的需求趋势。比如，在推出舒肤佳时，宝洁把其功能定位在除菌上——在当时，这是中国消费者并没有意识到的，并通过广告的诉求"妈妈爱心护全家"，从而引导其消费。

适时的分区域销售渠道

在这一时期，宝洁适应当时中国的国情，产品基本上通过分销商、一级批发商、二级批发商、大店、小店，最终进入寻常百姓家。宝洁将中国分为四个销售区域：华东区、华南区、华北区、西南区。四个销售区域又分别设有区域分销中心、营销、财务、行政、后勤、人力资源等部门。区域分销中心分管所属区域内的分销商,全国有300多个分销商,1999年宝洁超过80%的销售额是通过分销商销售的(周伟,2005)。

价值链上不同程度的本土化

以消费者需求为出发点,宝洁在价值链上实施不同程度的本土化。越靠近消费者的部分,本土化程度就越高,反之,本土化程度就越低。比如,财务和资本运作这两个领域离消费者较远,宝洁需要全球统一筹划和运作。相反,离消费者最近的产品,都给它们起一个中国名称,并作为一个本土品牌运作。据调查,中国消费者根本不认为飘柔、海飞丝、潘婷等是外国品牌。

宝洁还采取了多品牌策略,在这一时期建立了海飞丝、玉兰油、护舒宝、潘婷、舒肤佳、碧浪、汰渍、帮宝适、品客和沙宣等诸多品牌;在新品牌推出阶段使用公司名称来推荐,一旦获得市场认可就只强调独立的产品品牌;宝洁还鼓励品牌之间的竞争,在同一市场发展两个或更多的品牌,让它们彼此竞争,从而增强了产品在本地市场的竞争力。

(资料来源:部分内容摘自 http://www.lpcyw.cn/article/show.asp? id=2466)

2)产品定位

进行市场细分后,企业可以选择特殊客户群为目标。下一步就是找出这些客户有哪些需要,也就是如何定位企业的产品。进行产品定位需要进行分析和调查。人们常犯的一个错误是假定企业已经知道客户的需求。不计其数的研究表明客户认同的服务及这些不同服务的重要性与生产商认为应提供的服务之间存在巨大差异。许多企业都通过填补客户与厂商在优质服务认同上的差异而取得了成功。最重要是客户认为哪些服务是优质服务,而不是厂商认为应该提供什么样的服务。

识别出应集中营销精力的目标客户为如何满足特殊客户群的需求打下了基础。产品定位是指了解用户/使用者认为具有竞争性的品牌或产品。产品定位需要开发一种图表,以反映与竞争者的产品或服务相比要想在业内取得成功,自身产品或服务最重要的方面。产品定位必须进行以下步骤:①选择能对行业内产品或服务加以有效区分的关键标准;②画出一张二维的产品定位图,并在每个坐标轴上都标出具体的标准;③将主要竞争者的产品和服务划分在合成的四象限矩阵中;④在定位图中找出企业的产品或服务在指定目标市场最具竞争力的区域;⑤制定一项营销计划,以便适当地定位企业的产品或服务。

7.2.2 营销组合

营销组合是企业为了在目标市场实现其所希望的效果而确定的一组可控营销变量。营销组合有四个基本要素 4Ps:产品(Product)、促销(Promotion)、地点(Place)和价格(Price),它们是企业为满足客户需求和取得一定利润所必须管理的基本要素。

1)产品策略

产品组合或产品系列包括特殊的战略业务单位为购买者提供的所有产品或产品线。在快速变化的产品市场中,企业要不断改良产品来吸引客户选择高价值、高价格的产品。

产品在营销组合中具有两个作用。首先,产品起到了满足客户需求的作用。其次,产品差异化也是企业竞争性战略的重要组成部分。核心产品由产品的主要特征构成;引申产品是附加特征,能够使产品差异化。最重要的是客户如何看待产品。客户会看中以下要素,以下任意一种要素都能使企业的产品从竞争者中脱颖而出:美感和样式、持久性、品牌形象、包装、服务等。

企业可选择的产品策略包括:

(1) 开发标准化产品。开发无虚饰但有质量保证的产品,适用于成本领先战略;或者开发差异化或定制产品,适用于壁龛市场战略。

(2) 产品线特色化。选择产品线中的一或两个项目发挥特殊作用。比如,通过采用适当促销手段,为价格适中的低端产品或价格高昂的高端产品创建优秀的产品形象。

(3) 产品线削减。许多产品线都含有"死树枝",它们是指销售人员和管理层花费大量精力而无法取得好的销售成绩的产品线。销售和成本分析有助于识别出这种产品,以便停止生产这种产品。

(4) 战略联盟或合营。产品的另一个方面是品牌。品牌具有三个基本特点,包括名称、标记、关联性和个性。品牌名称应受法律保护、便于记忆并与产品自身相一致(若有可能)。标记含义是使品牌具有可辨认性的设计、商标、符号和一系列视觉特征。而关联性和个性则有助于使用者通过品牌将企业的产品与竞争性产品区分开来。

2) 价格策略

定价是营销工具中最有力的策略。价格策略与产品的销售价格有关。定价目标可能如下:

(1) 通过利用需求、弹性和成本信息使利润最大化——经济学理论中的目标。

(2) 实现投资的目标回报率(ROI 或 ROCE)。这一目标会导致采用成本导向定价法。

(3) 实现目标市场份额(比如采用渗透定价法)。

(4) 当市场对价格非常敏感时,其目标是增强竞争力而不是领导市场。

营销组合的价格要素能够带来收益。由于要考虑成本和市场因素,因而市场商人并不能完全自由地定价,但他们可以在不同情况下采用不同的定价策略。如质优价高的定价、跟随市场领导者或市场的定价策略、产品差别定价法以及产品上市定价法。

无论企业选择采用何种定价策略,重要的是企业应懂得价格与其他营销组合要素之间具有很强的相互作用。定价必须考虑到产品的质量和促销费用。在几乎每个市场都能观察到以下现象:一是质量和广告费用相对较高的品牌会取得最高的价格。反之,质量和广告费用相对较低的品牌,其产品的售价就比较低廉。二是质量中等但广告费用相对较高的品牌能够收取高价。相对不知名的产品而言,消费者显然愿意为知名产品支付更高的价格。

3) 分销策略

即确定产品到达客户手上的最佳方式。分销策略要克服地点、时间、数量和所有权上的差异,其与如何分销产品以及如何确定实体店的位置相关。该决策取决于若干变量:①企业产品类型的现有分销渠道;②为企业产品建立自己的网络所需的费用;③存货的成本,以及该成本随着分销策略的不同如何变化;④企业产品类型所处的监管环境。

分销策略应当与价格、产品和促销相关。可获取产品的地点对于客户对产品的质量感知和状况感知非常重要。分销渠道必须使产品的形象目标与客户的产品感知相符合。

分销功能通过分销渠道来体现。分销渠道包括产品或服务的移动和交换过程中所涉及的所有机构或人员,如零售商、批发商、分销商和经销商、代理商、特许经营和直销。

4) 促销策略

一个成功的商人必须与其客户建立有效的沟通方式。"独特销售主张"必须吸引目标客户的注意。如果客户不知道有这种产品在销售,他当然不会购买。实务中,促销是营销组合中营销部门最具控制权的一个要素。促销的目的是:赢得潜在客户的注意;产生利益;激发客户的购买渴望;刺激客户的购买行为。促销可以广泛开展,可以着重于普通客户的需求;也可以利用专业媒体,以着重强调产品的差异性。企业将其产品或服务的特性传达给预期客户的方式被称为促销组合。

促销组合由四个要素构成:

(1)广告促销。其涉及在媒体中投放广告,以此来使潜在客户对企业产品和服务产生良好印象。应仔细考虑广告的地点、时间、频率和形式。

(2)营业推广。其采用非媒体促销手段,比如为"鼓励"客户购买产品或服务而设计的刺激性手段。例如,试用品、折扣、礼品等方式都已为许多企业所采用。

(3)公关宣传。通常是指宣传企业形象,以便为企业及其产品建立良好的公众形象。

(4)人员推销。采用人员推销时,企业的销售代表直接与预期客户进行接触。与广告促销和公关宣传不同,与客户面对面地交谈是一种更积极的方式;因为销售代表能够完整地解释产品的细节,针对客户对其产品提出的问题对客户进行咨询和回答,适当时候还可以演示产品的"用途"。

促销组合反映了使产品到达目标客户的各种方式。一般管理层所要确定的是在什么时间对什么产品采用什么样的促销技术。这一问题有多个解决方案,取决于产品的类型、目标客户、可用的沟通渠道等。

7.2.3 营销计划

营销计划是实施企业战略的一种方式,需要制定具体的实施计划并且需要控制。营销计划在形式上与企业战略计划类似,但在内容上却属于一个特殊的范畴。企业战略计划旨在引导企业的整体发展;营销计划从属于企业计划,但也探讨了许多相同的问题并给出了一些解决方案。营销计划的战略组成部分关注企业在特定市场或市场组的发展方向,以便实现一组指定目标。营销计划还需要一个运营组成部分来定义要执行的任务和活动,以便实现理想战略。营销计划与产品和市场尤为相关。

例如,企业战略计划中制定的目标可能是企业整体的利润增长20%,而营销计划中的目标可能是使产品A的销量增长20%。在企业战略计划中,外部环境评估包括对政治、经济、技术和社会文化因素的评估,但是营销计划中的外部评估仅仅评估影响客户、产品和市场的环境因素。

营销计划包括以下阶段:

(1)市场分析。这一阶段包括建立审计流程(以评估宏观和微观市场环境)、进行细分市场分析和制定客户、竞争者和发展战略。不清晰地了解上述问题,就难以设定目标和制定战略。

(2)设定目标。一旦了解了市场分析中产生的问题,就可以设定目标了。目标应当与企业的整体使命和企业目标相一致,并且目标必须符合实际情况。

(3)制定战略。一旦设定了一致的目标,就可以开始制定战略了。在本阶段中,将对各种战略选择进行评价,以便确定实现以下目的的最佳方式:避开企业的弱点;提高市场吸引力;与企业资源相匹配;提高盈利能力。

(4)实施。这通常是营销计划流程中最难的部分。要实现有效实施,需要不同企业、人员和部门之间相互协作。企业的结构和文化应当支持这种协作,提供良好的沟通,并便于获取信息及适当资源。事实上,企业内出现的许多问题、冲突和折衷方法都是实现有效实施的障碍。

(5)评估和控制。本流程的最终阶段是建立一个有效的监控系统来测评绩效。

7.3　人力资源战略

7.3.1　人力资源的战略作用

企业的经营和职能的有效性在很大程度上取决于其所雇佣的员工。所有管理者都希望自己部门的员工是出色的。要确保实现这一点,管理者需要认清有计划的系统性方法对招聘和选择员工的重要性。企业聘用的人员应具备适当的能力、性情和积极性,否则有关激励、授权以及承诺的理论都会变得毫无用处。

阿姆斯特朗对人力资源管理作了如下描述:它是取得、开发、管理和激发企业的关键资源的一种战略性和一贯性方法,企业借此实现可持续竞争优势的目标。

人力资源管理需要考虑以下事项:

(1)发展人力资源,以增加产品或服务的价值。

(2)使员工为企业的价值观和目标而努力。

(3)为管理层的利益而不是员工的利益服务。

(4)为人事问题提供战略性解决方法。

(5)使人力资源的发展与人力资源策略相联系。

战略性要素是指,为了发挥有效作用人力资源管理必须补充和发展企业的战略性经营目标。人力资源策略应具有清晰一致的政策并鼓励所有员工为企业目标的实现付出努力。人力资源策略必须具有灵活性;能够对内外变化作出回应;能在约束条件与机遇的框架内发挥作用,同时仍可以为实现企业的整体目标作出贡献。

从上文可以看出,人力资源管理具有战略性质。任何战略的关键成功因素就是确保在适当的时间、适当的地点有可利用的适当的人力资源。

有效的人力资源策略应包括现实的计划和程序。该策略的目标应包括如下事项:

(1) 精确识别出企业为实现短期、中期和长期的战略目标所需要的人才类型。

(2) 通过培训、发展和教育来激发员工潜力。

(3) 应尽可能地提高任职早期表现出色的员工在员工总数中所占的比重。

(4) 招聘足够的、有潜力成为出色工作者的年轻就业者。

(5) 确保采取一切可能措施来防止竞争对手挖走企业的人才。

(6) 招聘足够的、具备一定经验和成就的人才,并使其迅速适应新的企业文化。

(7) 激励有才能的人员实现更高的绩效水平,并激发其对企业的忠诚度。

(8) 寻求方法来提高最有才能的人员的绩效和生产效率。

(9) 创造企业文化,使人才能在这种文化中得到培育并能够施展才华。这种文化应当能够将不同特点的人才整合在共享价值观的框架内,从而组建出一个金牌团队。

7.3.2 人力资源规划

人力资源规划是指企业为取得、利用、改善和维持企业的人力资源而采取的策略。人才规划为制定人力资源规划提供了良好的开端。

人才规划包括四个主要阶段:

(1) 分析现有的员工资源。包括优势、劣势、年龄跨度、经验和培训水平等。

(2) 估计资源可能发生的变化。包括资源流入企业、资源在企业内流动以及资源流出企业。

(3) 估计企业未来的人才需求,包括如下方面:数量、类型、质量及技能构成等。

(4) 确定人才供需之间的缺口,并制定消除该缺口的政策和计划。

人力资源规划流程考虑了更广泛的环境因素(例如,雇员的结构类型、自动化的发展、定性技术的使用等),因而超出了简单的定量分析。该流程也与企业的整体发展有关,并且该流程应与企业目标和能够实现这些目标的组织结构相关。人力资源计划流程还关系到人员的发展,以使其具备满足未来业务需要的技能。该流程还通过利用适当的激励技术来提高企业内所有员工的绩效。

7.3.3 人力资源计划

人力资源计划旨在消除人才的预期供需之间的缺口。内部人才供应的预期包括人员的数量、技术/能力、经验、年龄/职业、激情以及预期的自然损耗;而人才需求的预期包括所需的新技能、所需的新工作态度、工作/职责的增长/缩减以及所需的新技术等。要消除人才供需之间的缺口,企业应关注以下几个方面:

(1) 招聘计划。所需招募的员工数量、招聘时间以及招聘渠道。

(2) 培训计划。所需的受训人员的数量及/或现有员工的培训需求。

(3) 再发展计划。用于员工的调动和再培训的计划。

（4）生产力计划。用于提高生产力、降低人力成本和确定生产力目标的计划。

（5）冗余计划。选择冗余人员，对冗余人员进行再发展、再培训或再分配的政策，以及对冗余人员实行的支付政策。

（6）保持计划。为了降低可避免的劳动力浪费和留住人才而采取的行动。

该计划应当包括预算、目标和标准。企业应当分配实施和控制计划的职责（包括报告和监控计划实现的程度）。

7.3.4　招聘与选拔

所有企业都有其自身的招聘方式，并且招聘成功的比例也不尽相同。重要的是，企业应认清过去有用的、成功的招聘和选拔方法，并努力开发出一种适用的、设计良好的体系。

招聘计划包括：说明所招募的职位的准确性质；确定该工作所需的技术、态度和能力；确定该职位理想候选人的要求；以及通过广告或其他手段吸引求职者。

在招聘时，除了要初步确定某项工作是否需要补充人手和初步确定该工作描述和人员说明之外，还应确定是进行企业内部招聘还是企业外部招聘。上述两种招聘方式各具优缺点。

1）内部招聘

由现有员工来补充空缺职位时称为内部招聘，这种方式通常适用于存在某种职业结构的工作，比如具有管理或行政性质的员工。多数企业总是从其底层员工中选拔主管人员。企业采用内部招聘政策具有如下优点：①通过晋升现有员工来进行内部招聘，这种方式能调动员工积极性，培养员工的忠诚度，激发员工的工作热情，并且有助于鼓舞员工的整体士气；②在处理现有员工时，可通过已知数据进行选拔，并且可通过在内部取得反馈来考察员工是否适合该工作；③内部招聘能节约大量的招聘和选拔时间及费用；④如果需要培训，则招聘成本较高，但是，内部招聘通常无须作介绍，并且企业可以仅按照自身要求对员工进行培训。

内部招聘的缺点如下：①未被选拔的员工容易产生负面情绪，或者员工晋升后成为前同事的主管会比较困难；②适合该工作的员工在企业外部；③会降低"新视点"进入企业而产生的变化；④由于员工认为晋升只是时间问题，因此内部招聘容易诱发自满情绪。

2）外部招聘

外部招聘是指由企业外部的员工来补充空缺职位。一般而言，外部招聘的优缺点与内部招聘的相反，但是应注意以下事项：①当企业无法在内部找到具有特殊技术和技能的员工时，外部招聘必不可少。在某种程度上，外部招聘对于重建人员配备非常有必要。②有必要给企业注入新鲜血液。由于企业外部的人员具有在其他企业中工作的经验，因而通常能给企业带来新的思想和不同的工作方法。而另一方面，应牢记入职新人很可能难以改变其做事方式并且难以适应新技术和新方法。

招聘与选拔流程的目标在于以流程中最低的成本为适当的工作雇佣适当的人员。下文阐述了标准雇佣程序，但在实际中，该流程会因企业或因同一企业中的不同级别而异。

选拔流程的标准步骤为：①填妥工作申请表；②进行初步筛选面试；③进行能力倾向测试；④进行深入的选拔面试；⑤检查申请人的资质和证书；⑥发出工作邀请。

7.3.5 继任计划

继任计划应当是人力资源计划中不可或缺的一部分，并且应当支持企业所选择的战略。所设计的计划应当能够适应企业经营方式可能发生的任何变化。只有当管理层的发展与企业的发展步调一致的时候，企业的战略目标才有可能实现。

（1）继任计划的益处如下：①如果各个级别管理者的发展属于继任计划的范围，则会促进其发展，这种计划通过提出与企业需求直接相关的目标来专注于管理层的发展；②容易实现持续性领导，从而减少方法和政策上的不当变动；③通过建立相关标准，改善管理能力的评估结果。

（2）成功的继任计划有四大特征：一是该计划应当重点关注未来的需求，特别是战略和文化上的要求；二是该计划应当由高级管理层引导，各级管理层也负有重要责任，不应将继任计划看作是人力资源部门的责任，这一点非常重要；三是管理层的发展与管理层的评估和选择同样重要；四是评估应当客观，最好有一个以上的评估人对各位管理者进行评估。

7.3.6 激励和奖励机制

人力资源管理最重要的方面是激励员工，确保他们按照企业的目标高效率地进行有效工作。除了员工的类型和素质之外，战略实施还受激励的程度和性质的影响。

积极的员工是指能够自觉投入一定努力来获得其重视的事物的员工。他们所重视的事物因人而异。当然，激励员工可以采用多种方法，比如，担心失业；给予物质激励；制定自我实现目标以及制定企业或企业内小组（如团队或质量圈）的发展目标。

激励战略的确定取决于企业的理念。企业应创造性地运用激励技术和奖励机制，并且使其与战略实施中的必要因素和目标紧密相关。领导者需要使其员工赞成这一战略并愿意为实现这一战略付出努力。这样，企业在制定工作实施方面的决策时，允许员工参与其中；使工作变得有趣，使员工有满足感；将员工个人的努力融入团队和工作小组中，从而方便交流相互的观点并营造出相互支持的氛围；以及确保有意义的激励结果和事业结果与战略构想的成功实施和战略目标的实现相关联。

企业的奖励和评估机制应当反映出企业的价值观和信念。改变员工绩效和奖励之间的关系能够有效地促进战略实施过程中所需的新的价值观和行为的发展。

7.3.7 绩效评估

绩效评估有助于目标的制定，有助于实现整体战略目标。绩效评估还能发现能力差距和业绩差距，并为奖励水平提供相关信息。

有效的评估机制应在结果的计量和行为的计量上寻求一个平衡点。制定企业目标和个人目标仅仅是一个开始。由于企业可能会设定多种目标并采用多种计量标准，因此企业还需要对企业的绩效进行计量。企业可以通过以下几个要素来计量绩效：工作的效果、目标的实现程度和达成效率，以及实现目标过程中的资源利用情况。

可以采用以下几种方法对个人进行评估：

（1）员工的等级评定。根据员工的总体绩效为员工评级。这一方法通常带有偏袒性，并且通常不具有反馈价值。

（2）评级量表。这一方法通常将个人绩效拆分成若干特征或绩效领域，比如可接受工作的数量、工作质量以及主动性等等。

（3）核对表。采用这种方法时，会提供给评分者一份与工作绩效相关的表述清单。评分者必须为每个员工选择最恰当的表述。

（4）自由报告。这一方法通常是指为每个员工完成一份报告。这一方法可以在评估过程中给予充分的自由度。

（5）评估面谈。这一方法是许多评估机制的一个共同特点，并且通常与上述的评分方法之一结合使用。它能够为员工提供反馈。员工通过这些反馈能够发现自身的优缺点，并能够讨论提高其未来绩效所需采取的措施。因此，评估面谈是评估过程中的一个关键环节。

建立系统化的员工评估体系的益处：第一，为他们来年目标的统一提供了一个渠道，确保员工所追求的目标与企业的业务战略相一致；第二，评估体系提供了概括和应对影响员工绩效的不利因素的机会；第三，提供反馈，并激励员工与促进员工的发展；第四，确定个人发展需求，使其胜任未来的职位；第五，评估体系确定继任和提拔的候选人。

7.3.8　员工的培训和发展

为确保员工在技术和社交上的能力、促进其职业发展，以及为使其胜任专业部门或管理职位，培训是非常有必要的；并且培训是员工持续发展过程的一个重要部分。

7.4　生产运营战略

7.4.1　运营管理

1）运营流程及计划

所有运营流程都涉及到转化过程，但是转化过程在四个方面或范畴上有所不同，它们分别是能力、种类、需求变动以及可见性。上述每个因素都会影响企业运营的企业方式和管理方式。

（1）能力。运营流程在所处理的投入量上和产出量上有所不同。

其含义是：较高的投入或产出量能使运营流程成为资本密集型流程。在这种流程中，工作专门化并具有完备的系统来指导工作的完成，单位成本应当较低。较低的投入或产出量意味着每名员工都要执行一项以上的任务，这样专业化无法实现。在这种流程中，系统化程度较低并且与高产量情况相比单位产出成本较高。

（2）种类。这是指企业提供的产品或服务的范围，或者企业对这些产品或服务投入的范围。

其含义是：如果种类繁多，则企业需要具有灵活性并能够适应个别客户的需求。因而企业的工作会变得较为复杂，并且单位成本较高。如果种类有限，则企业应对运营流程进行明确限定；这种运营流程具有标准化、常规的运营程序及较低的单位成本。

（3）需求变动。在某些企业中，需求在一年中因季节而异（如旅游业或玩具业）或者在一天中因时间而异（例如，公共交通的使用量）。需求变动可能是可预测的也可能是无法预测的。

其含义是：当需求变动较大时，运营会产生产能利用率的问题。运营流程应尽量预测需求变动并相应调整产量。例如，旺季的时候旅游业聘用兼职员工。而在旅游淡季，企业的设备和员工都处于未被充分利用的状态，因而单位成本很可能比较高。当需求稳定时，运营流程更可能实现较高的产能利用率，并且成本会相应较低。

（4）可见性。可见性是指运营流程为客户所见的程度。许多服务都对客户高度可见。运营流程的高可见性需要员工具备良好的沟通技巧和人际关系技巧。与可见性低的运营流程相比，这种运营流程需要更多的员工，因而，运营费用较高。

其含义是：当可见性高时，客户的感性认识会在很大程度上影响他们对运营流程的满意度。如果客户需要等待，就有可能会产生不满，这时员工需要具备很高的人际沟通技巧。具有可见性的运营流程的单位成本可能比较高。当可见性较低时，生产和销售之间可以存在时间间隔，从而允许运营流程充分发挥作用。在可见性较低的运营流程中，联系客户的技巧并不重要，但是单位成本应当较低。

运营计划包括以下几个阶段：确定运营目标；将业务战略或营销战略转化为运营战略，这就是工作得以具体完成的方式；通过与竞争者的绩效相比较来评估企业当前的运营绩效；以缺口分析为基础来制定战略；执行战略，并通过对环境变化作出反应来不断地检查、改善和改良战略。

2）生产计划

生产或运营能力、局限性和政策能够极大促进或阻碍目标的实现。生产流程通常构成了企业总资产中的大部分资产。战略实施流程中的大部分都发生在生产现场。以下几个方面的生产决策对战略实施的成败具有重大影响：工厂规模、工厂地点、产品设计、设备的选择、工具的类型、库存规模、库存控制、质量控制、成本控制、标准的使用、工作专业化、员工培训、设备与资源利用、运输与包装以及技术创新。

在研究工厂地点和生产设备之前所必须考虑的因素包括主要资源的可利用性、该地区的当前平均工资水平、与收发货物相关的交通费用、主要市场的地点、该地区所在国家的政治风险以及可用的培训过的员工。对于高技术企业而言，由于经常需要改变主要产品，因此生产成本与生产灵活性同等重要。某些行业（比如生物技术和整形外科等）所依赖的生产体系必须具有足够的灵活性，从而使其能够进行频繁的产品变更和新产品的快速引入。

3）产能计划

产能计划是指确定企业所需的生产能力以满足其产品不断变化的需求的过程。对产能计划而言，"产能"是指企业在指定时间内能够完成的最大工作量。

企业产能与客户需求之间的差异导致效率低下，如资源未得到充分利用或者客户需求未得到完全满足。产能计划的目标就是使这种差异最小化。对企业产能的需求因产量的变化而变化，比如增加或降低现有产品的产量或生产新产品。企业可以通过以下方式来提高产能：引进新技术、设备和材料；增加员工或机器的数量；以及增加轮班的次数或收购其他生产设备。

产能计划的类型包括领先策略、滞后策略和匹配策略。

领先策略是指根据对需求增长的预期增加产能。领先策略是一种进攻性策略，其目标是将客户从企业的竞争者手中吸引过来。这种策略的潜在劣势在于其通常会产生过量存货；过量的存货导致成本高昂又浪费。

滞后策略是指仅当企业因需求增长而满负荷生产或超额生产后才增加产能。该策略是一种相对保守的策略，它能降低浪费的风险但也可能导致潜在客户流失。

匹配策略是指少量地增加产能来应对市场需求的变化。这是一种比较稳健的策略。

7.4.2 流程再造

流程再造就是企业规模化以后，由组织过程重新出发，从根本思考每一个活动的价值贡献，然后运用现代的资讯科技手段，最大限度地实现技术上的功能集成和管理上的职能集成，以打破传统的职能型组织结构（Function-Organization），建立全新的过程型组织结构（Process-Oriented Organization），从而实现企业经营在成本、质量、服务和速度等方面的改善。结果是把组织内部的非增值活动压缩到最少，使全体活动都面向顾客需要、市场需求的满足而存在。"再造"就是"使流程最优"。

1993年，哈默（Hammer）与钱皮（Champy）发表《企业再造》，根据哈默和钱皮的定义，"业务流程重组就是对企业的业务流程（Process）进行根本性（Fundamental）再思考和彻底性（Radical）再设计，从而获得在成本、质量、服务和速度等方面业绩的戏剧性的（Dramatic）改善"，使得企业能最大限度地适应以"顾客、竞争和变化"为特征的现代企业经营环境。

"业务流程"是指一组共同为顾客创造价值而又相互关联的活动。哈佛商学院的波特（Michael Porter）教授将企业的业务流程描绘为一个价值链（Value Chain），竞争不是发生在企业与企业之间，而是发生在企业各自的价值链之间。只有对价值链的各个环节（业务流程）进行有效管理的企业，才有可能真正获得市场上的竞争优势。流程要面向顾客——包括组织外部的和组织内部的顾客。流程跨越职能部门、分支机构或子单位的既有边界，流程再造不仅对流程进行再造，而且要将以职能为核心的传统企业改造成以流程为核心的新型企业。

美国的一些大公司如 IBM、科达、通用汽车、福特汽车、XEROX 和 AT&T 等纷纷推行 BPR，试图利用它发展壮大自己。实践证明，这些大企业实施 BPR 以后，取得了巨大成功，企业界把它视为获得竞争优势的重要战略，看成一场工业管理革命。

据有关资料报道,目前在600多家欧美大型企业中,有70％的企业在推行BPR计划,有15％的企业表示正在积极考虑。人们希望运用这一"新的工业工程理论"来加速企业自身的发展,提高企业的经济地位和在国际、国内两个市场的竞争能力。

企业流程再造的特点是:①在崭新的资讯技术支持下,以流程为中心,大幅度地改善管理流程;②放弃陈旧的管理做法和程序;③评估管理流程的所有要素对于核心任务是否重要。专注于流程和结果,不注重组织功能。在方法上以结果为导向,以小组为基础,注重顾客,要求严格衡量绩效,详细分析绩效评估的变化。

战略聚焦　企业视点

波音公司的流程再造

1997年,波音历史上第一次出现亏损,民用飞机生产上的问题造成的亏损达1.78亿美元,1998年营业亏损更达2.66亿美元。当年年底,波音在华尔街的巨大压力下宣布大幅裁员,同时对民用飞机集团高层管理进行重大改组,撤换了总裁伍达德,由原信息、空间及防御集团总裁穆拉利接替。在很短的时间内,穆拉利和他的团队就扭转了民用飞机集团的局面。

1999年波音创下按时交付620架飞机和20亿美元营业利润的记录,波音股票也上涨了27％。今年波音民用飞机部分的营销收入预计为360亿美元,营销利润率可望达到10％。穆拉利领导下的波音之所以盈利,就是遵循了波音"携手合作"的宗旨。

"携手合作"是波音1989年研发波音开发777系列飞机时提出的口号。在此之前,波音已经感受到公司变大以后各部门分割、各程序系列化所带来的困惑。每个人干的只是某种行当中的一小块,大家不能分享知识与资源,其结果就是生产程序臃肿,效率不高。

在穆拉利领导研发777系列的时候,管理层决定打破原来的工作模式。这种飞机有300多万个部件,参与工作的工程师就有两万多人,设计过程全部使用电脑。穆拉利等人当时提出了"携手合作生产优选新型飞机"的口号,邀请客户和供应商参与设计过程。开始的时候波音员工对此并不习惯。他们习惯于把活干完了再拿给别人看,而不习惯外人看着自己工作并在旁指指点点。此外,他们还担心外人看出自己的弱点,担心外人把他们的设计拿走。但后来的事实证明,用户的参与给波音带来了很大的好处,他们在777飞机的设计和生产过程中提出了数千条大大小小的建议。更为重要的是,从研发777开始,波音认识到,不但倾听客户的意见非常有用,而且所谓"优选"必须由客户说了算。在以后开发新一代737的过程中,"携手合作"有了进一步的发展,波音将航空公司的代表请进公司,在波音办公大楼里为他们设立了办公室,设计人员与客户一起工作,以便随时听取他们的意见,对设计加以改进。本来波音有理由给这种全新的飞机取一个新名字,但后来还是听从客户的意见沿用旧的名字,为的是保持737的品牌。

波音后来说,实际上737飞机是波音和航空公司用户共同研制的。穆拉利在接受采访时说:"我所做的就是使民用飞机集团重新回到以客户为中心的方向上来。

为了使波音按期交货,我们把客户请到公司的会议上来一起商量,同时动员每一个员工为按时交货而努力。每一架飞机交付,我们都要庆祝,每一个为定期交货做出贡献的人,都要受到鼓励。"

除了重新发扬"携手合作"的宗旨外,穆拉利还领导工程师们在改善生产流程、提高效率方面下了很大功夫。他说,作为一名工程师,过去他想的只是如何使飞机飞得快、飞得高、飞得远。在当了民用集团总裁之后,他首先要考虑如何缩短飞机交付周期的时间和降低每一架飞机的成本,最终使公司提高利润和扭亏为盈。他说,提高效率和降低成本的关键是减少和简化飞机的零部件,以便简化生产和组装过程,从而使更多的人知道怎样生产和安装。在这方面电脑发挥了重要作用。在设计和生产每一个新的部件之前,工程师们都要通过计算机系统进行模拟试验。由于工艺的改善,近几年波音民用飞机的生产率每年提高15%～20%。长远地说,波音希望在四至五年内使飞机的零部件减少15%,使生产率每年提高4%～5%。

穆拉利在长期的管理工作中深知保持一支优秀工程师队伍的重要性。穆拉利这样概括工程师的作用:"工程师是财富创造的源泉。工程师的创造是从无到有的,他们运用头脑凭空创造出有用的东西。"但是这些年来,不少工程师离开了波音,跳槽到"新经济"行业。穆拉利为此非常注重对技术人员的培养和提高,出钱让他们参加各种培训项目,参加培训的员工无需与公司签定培训后要继续为波音效力的合同之类。也就是说,员工参加培训得到了证书,可以自由地到另外的公司谋职,波音不会阻拦。穆拉利说:"波音的工程师们说,他们希望得到更多的重视和赏识。对波音来说,这是一个非常重要的信息。我们要为他们提供更好的机会,要使他们感觉到自己的价值。我认为这一点非常重要,不但对工程师,对所有员工都应如此。"在穆拉利的领导下,波音员工的积极性被调动起来,波音的劳动生产率由此大大提高。

约有70%～75%的欧美企业正计划实施BPR,更有许多企业通过BPR已取得了喜人的成绩。例如Ford汽车公司、AT&T、IBM、意大利的BAT、德国西门子公司的NixdorfService等等,此外,亚洲也有许多公司纷纷接受这一思想,其中不乏像泰国的泰华农民银行、台湾的永大机电工业公司这样的成功之例。有人预言,它将成为未来企业管理的主流。

(资料来源:部分内容摘自 http://news.carnoc.com/list/2/2733.html)

7.4.3 研究与开发

研发有两种类型:产品研究和流程研究。

(1)产品研究—新产品开发。必须谨慎控制新产品开发过程,新产品是竞争优势的主要来源,但新产品上市也可能花费大量的资金。为确保企业的资源都集中应用在成功几率较高的项目上,进行项目筛选是非常必要的。

(2)流程研究。流程研究关注于生产产品或提供服务的流程,旨在建立有效的流程来节约资金和时间,从而提高生产率。流程研究对提高质量管理也至关重要。

研发战略并不能独立于企业的其他部分单独进行。业务战略会关注企业想要拥有的广泛产品以及企业想要参与竞争的广泛市场。这种战略会受到企业的竞争力战略的支持,并集中关注企业成功实施业务战略所需的技术。

研发人员是战略实施中不可或缺的部分。研发雇员和管理者所执行的任务包括:转化复杂技术,使流程与当地的原材料相适应,使流程与当地的市场相适应,根据特殊的品味和规范来改进产品。诸如产品开发、市场渗透或市场差异化等战略的实施需要成功地开发新产品,或者极大地改良旧产品。然而,管理层对研发的支持程度通常受到资源可利用性的制约。

战略实施至少存在三种主要的研发方法。第一种战略是成为向市场推出新技术产品的企业;这是一个富有魅力的、令人兴奋的战略但同时也是一个危险的战略。第二种方法是成为成功产品的创新模仿者,从而使启动风险和成本最小化。这种方法必须有先驱企业开发第一代新产品并证明存在该产品的市场,然后落后的企业开发类似的产品。这种战略要求企业拥有优秀的研发人员和优秀的营销部门。第三种战略是通过大量生产与新引入的产品相类似、但价格相对低廉的产品来成为低成本生产者。由于产品已经被客户所接受,因此价格对作出购买决定而言越来越重要。规模营销替代人员销售成为主要的销售战略。这种研发战略要求企业对工厂和设备进行不断投资,但与前两种战略相比其所需的研发费用较低。

然而,对于是获取外部企业的研发技术还是在企业内部开发研发技术,许多企业都左右不定。以下指南有助于企业做出决策:

(1)如果技术进步速度缓慢、市场增长率适中,并且新的市场进入者有很大的进入障碍,则企业内部研发是最佳选择。原因在于研发(如果成功)能够为企业带来可以利用的、暂时性的产品或流程垄断。

(2)如果技术变化速度较快而市场增长缓慢,则花费大量精力进行研发会给企业带来较大风险;原因在于这可能使企业开发出一种完全过时的、没有任何市场的技术。

(3)如果技术变化速度缓慢但市场增长迅速,则通常没有足够的时间进行企业内部的研发。在这种情况下,最佳方法是从外部企业取得独家或非独家的研发技术。

(4)如果技术进步和市场增长都很迅速,则应从业内的资深企业取得研发技术。

研发战略要求管理层制定鼓励创新性构思的政策。这包括若干方面:

(1)必须给予创新财务支持,并可以通过为研发的市场研究投入资金以及为新构思投入风险资金来实现。

(2)必须使员工有机会在一个能够产生创新构思的环境中工作,这需要适当的管理风格和组织结构。

(3)管理层能积极地鼓励员工和客户提出新构思。下级员工参与到开发决策中来能够鼓励他们更多地参与开发项目并为项目的成功付出努力。

(4)组建开发小组并由企业负责项目小组工作。

(5)在适当情况下,企业的招聘政策应集中于招聘具有必备创新技能的员工。应对员工进行培训并使其与时俱进。

(6)由特定的管理者负责从环境中或从企业的内部沟通中获取与创新构思有关的信息。

(7)战略计划应有助于创新目标的达成;对成功实现目标的员工应给予奖励。

在实施不同类型的基本业务战略时,研发部门与其他职能部门之间应进行有效沟通和协作。制定清晰的政策并确定明确的目标能够使营销、财务/会计、研发以及信息系统部门之间的冲突最小化。

7.5 财务战略

7.5.1 获取资金

成功的战略实施必须有足够的资金做保证。除来自营业净利润和变卖资产所得外,企业的两个基本资金来源渠道为借债和发行股票。确定这两者在资本结构中的比重对于成功进行战略实施至关重要。每股收益与利息和税前收益(EPS/EBIT)分析是确定在战略实施中,在借债、发行股票及两者结合使用的三者中,何者为最佳融资方式的一种应用得最为广泛的技术。这一技术用于分析在各种假设的利息和税款前收益条件下,债务或发现股票融资对每股收益的影响。

进行 EPS/EBIT 分析应当考虑到如下几点:首先每股收益水平更低时,股票或者债务融资的盈利水平可能更高,如果企业的经营目标是绝对的利润最大化,而不是股东财富的最大化或者一些其他标准,则融资方式的最佳选择将是发行股票而不是举债;其次是灵活性问题,当企业的资本结构发生变化时,其满足未来资金需求的灵活性也会发生变化。仅采用举债融资或者仅采用股票融资可能会导致过于僵化的责任和义务、限制性的契约关系及其他会严重削弱企业未来进一步融资能力的约束条件。此外,在进行此项分析时,与股票价格、利率和债券价格相关的时机因素非常重要。在股票价格低落时,从成本与需求两方面看债务融资都是最有利的选择。然而,当利率高昂时,发行股票则更加具有吸引力。

7.5.2 预计财务报表

预计财务报表是在企业的各项预算和预测基础上编制的,是专门反映企业未来一定预算期内预计财务状况和经营成果的报表的总称。它的作用是为企业财务管理活动提供控制企业资金、成本和利润总量的重要手段,它涉及企业的采购、生产、管理、销售、资本等各项活动,因此,它可以从总体上反映企业在一定期间内经营活动的全局情况。预计财务报表是财务管理的重要工具,包括预计损益表、预计资产负债表和预计现金流量表。预计现金流量表平时可以现金预算代替。

1) 预计损益表的编制

预计损益表又称损益表预算,是反映企业预算期的财务成果报表,其内容、格式与实际的收益表完全相同,只不过数字是面向预算期的,以上述各有关预算为基础来编制的。

预计损益表是在汇总预算期内销售预算、产品成本预算、各项费用预算、营业外收支预算、资本支出预算等资料的基础上编制的。资料来源详见表内摘要说明。其中所得税项目为估算数,不是根据利润总额乘所得税税率计算的,原因是利润总额存在一些纳税调整项目,以避免引起后面一系列的连锁变动。

通过编制预计损益表,可以了解企业在预算期的盈利水平。如果预算利润与企业的目标利润有较大差距,就要调整部门预算,设法达到目标利润,或者经企业领导同意后修改目标利润。

2)预计资产负债表的编制

预计资产负债表是反映企业预算期末财务状况的报表。它是以本年度的资产负债表、各项经营业务预算、资本支出预算以及财务预算为基础来编制的。其内容、格式与实际的资产负债表完全相同,只不过数据是面向预算期的。

预计资产负债表的编制方法主要有两种,一是预算汇总法,二是销售百分比法。其中:预算汇总法依照实际资产负债表调整而来。首先按照下列会计方程式逐项调整出每一项目的金额,然后根据会计恒等式验证其左右方,使之达到平衡即可。这两步的公式是:

$$期末余额＝期初余额＋本期增加额－本期减少额$$
$$资产＝负债＋所有者权益$$

上式中的期初余额可取自预算年度前的实际资产负债表,本期增减数则取自各有关的预算表。可见,预期资产负债表的保证必须和其他各项预算同步进行。

3)预计现金流量表的编制

预计现金流量表是反映企业预算期内现金和现金等价物流入和流出状况的报表。它是在现金预算的基础上,结合企业预算期内相关现金收支资料编制的。其内容、格式与实际的现金流量表完全相同。在实际中,往往以“现金预算”代替现金流量表,所以在此处不再叙述现金流量表的编制过程。

4)预计财务分析

预计财务分析是一种重要的战略实施技术,因为它可以使企业考察各种行动和方法的预期结果。进行预计财务分析的 6 个步骤如下:

(1) 在制定预计资产负债表之前要首先制定预计损益表。要以尽可能准确的销售预测开始。

(2) 用销售额百分比方法预测损益表中的销售成本和支出项目。

(3) 计算预计净收益。

(4) 从净收益中减去当年全部红利。

(5) 预计资产负债表中各项目,起始于留存收益,之后预测股东权益、长期负债、流动负债、总负债、总资产、固定资产及流动资产(按此顺序)。

(6) 对预计报表进行说明。

7.5.3 财务预算

财务预算是一系列专门反映企业未来一定期限内预计财务状况和经营成果,以及现金收支等价值指标的各种预算的总称。

财务预算是反映某一方面财务活动的预算,如反映现金收支活动的现金预算;反映销售收入的销售预算;反映成本、费用支出的生产费用预算(又包括直接材料预算、直接人工预算、制造费用预算)、期间费用预算;反映资本支出活动的资本预算等。综合预算是反映财务活动总体情况的预算,如反映财务状况的预计资产负债表、预计财务状况变动表,反映财务成果的预计损益表。上述各种预算间存在下列关系:销售预算是各种预算的编制起点,它构成生产费用预算、期间费用预算、现金预算和资本预算的编制基础;现金预算是销售预算、生产费用预算、期间费用预算和资本预算中有关现金收支的汇总;预算损益表要根据销售预算、生产费用预算、期间费用预算、现金预算编制,预计资产负债表要根据期初资产负债表和销售、生产费用、资本等预算编制,预计财务状况表则主要根据预计资产负债表和预计损益表编制。

财务预算的作用财务预算是企业全面预算体系中的组成部分,它在全面预算体系中有以下重要作用:

(1)财务预算使决策目标具体化、系统化和定量化。

在现代企业财务管理中,财务预算到全面、综合地协调、规划企业内部各部门、各层次的经济关系与职能,使之统一服从于未来经营总体目标的要求;同时,财务预算又能使决策目标具体化、系统化和定量化,能够明确规定企业有关生产经营人员各自职责及相应的奋斗目标,做到人人事先心中有数。

财务预算作为全面预算体系中的最后环节,可以从价值方面总括地反映经营期特种决策预算与业务预算的结果,使预算执行情况一目了然。

(2)财务预算有助于财务目标的顺利实现。

通过财务预算,可以建立评价企业财务状况的标准。将实际数与预算数对比,可及时发现问题和调整偏差,使企业的经济活动按预定的目标进行,从而实现企业的财务目标。

战略聚焦　企业视点

竞购沃尔沃,吉利迈大步

福特汽车已经选择由中国吉利控股集团牵头的一个财团,作为旗下沃尔沃公司的优先竞标者。这标志着,吉利在实现其堪称中国汽车厂商迄今最具雄心的全球化扩张计划方面,迈出了重要一步。

福特汽车1999年斥资64亿美元收购了沃尔沃,但承受着沃尔沃亏损的压力,福特汽车去年决定出售这一部门。瑞典方面对沃尔沃被吉利收购后的可能命运表示了担心,近期福特与吉利的谈判在如何处理出售交易中某些知识产权的问题上出现了紧张气氛。

吉利在声明中强调,沃尔沃目前的工厂、研发中心、工会协议和经销商网络将得以保留。未来的沃尔沃将由独立的管理团队领导,总部仍设立在瑞典哥德堡。据称吉利的竞标得到了中资银行的支持。该公司还承诺会增强沃尔沃在增长迅速的中国市场的销售网络和采购商机。吉利创始人兼董事长李书福说,我们很高兴看到与福特的协商取得进展。沃尔沃对福特这一决定表示欢迎。

据了解谈判内情的人士说,吉利的竞标最近因知识产权问题而有停顿的危险。出现争端的问题是,福特将以何种价格、将何种技术转让给吉利,以及两家公司未来将如何解决技术方面可能出现的争端。这些问题是否已彻底解决还不清楚。但吉利一名高层人员说,双方在关键问题上取得了进展。吉利谈判代表近日在欧洲与福特的代表举行了谈判。

（资料来源：华尔街日报中文网 2009 年 10 月 29 日）

7.6　本章小结

　　成功的战略制定不能保证成功的战略实施。这两者虽然相互依赖，不可分离，但却有着不同的特性。简言之，战略实施意味着变革。人们普遍承认："真正的工作起始于战略制定之后。"成功的战略实施需要良好的基础管理、市场营销、人力资源、生产运营、财务会计等，还取决于各职能部门和分管管理者之间的合作。

工具箱

　　1. 企业战略与企业文化的关系
　　2. 制定营销计划的方法
　　3. 企业价值评估方法
　　4. 预计财务分析
　　5. 营销组合 4Ps
　　6. 流程再造

讨论题

　　1. 从科学还是艺术这一角度比较战略制定与战略实施。
　　2. 为你所熟悉的一个企业确定一个长期目标和两个支持性年度目标。
　　3. 解释为什么说企业文化对于战略实施非常重要。
　　4. 假设你刚收购了一家生产家电的公司，而且企业要采用市场渗透战略。你将如何对这一产品市场进行细分？给出你的规矩。
　　5. 为什么说 EPS/EBIT 分析是一项重要的战略实施技术？并讨论其分析的局限性。
　　6. 管理、市场营销、财务、研究开发的主管对战略制定的参与是如何促进战略实施的？
　　7. 在编制预计财务报表分析时，为什么不能盲目地用历史比率？

本章参考文献

[1]　Michael A. Hitt, R. Duane Ireland. Strategic Management: Competitiveness and Globalization: Concepts [M]. 6th ed. Cincinnati: South-western college Pub.

[2]　王方华，吕巍. 企业战略管理[M]. 复旦大学出版社，2007.

[3]　阳明管理公司. 公司战略与风险管理[EB/OL]. www. ampoc. org.

[4]　迈克尔·波特. 竞争战略[M]. 北京：华夏出版社，1988.

[5]　迈克尔·波特. 竞争优势[M]. 北京：华夏出版社，1988.

[6]　加里·哈默，等. 战略柔性[M]. 北京：机械工业出版社，2000.

[7]　安德鲁·坎贝尔，等. 战略协同[M]. 北京：机械工业出版社，2000.

第8章

战略控制

学习目标

通过学习本章,你应能够做到:

1. 描述进行战略评价的方法。
2. 描述进行战略的框架。
3. 讨论平衡记分卡。
4. 了解什么是战略控制。
5. 了解战略控制与环境扫描的关系。
6. 了解战略控制与预算之间的关系。
7. 描述战略控制的方法。

战略名言

战略评价必须能够使管理者尽可能容易地修改计划和对变化迅速地达成共识。

——戴尔·麦康基

尽管战略一词通常与未来相联系,它与过去的关系也并非不重要。过日子要向前看,但理解生活则要向后看。管理者将在未来实施战略,但他们是通过回顾过去而理解这一战略的。

——亨利·明茨伯格

除非战略评价被认真和系统地实施,也除非战略家决意致力于取得好的经营成果,否则一切精力将被用于为昨日而辩护,没有人会有时间和精力开拓今天,更不用说去创造明天。

——彼得·德鲁克

开篇案例

新浪之痛，症结何在？

2006 年 5 月 8 日，新浪宣布由曹国伟接任汪延担任新一届 CEO，至此，短短 7 年之内新浪 CEO 已更换了 5 位。5 月 9 日，新浪发布 2006 年第一季度末审计财报表，总营收 4 670 万美元；而同期网易总营收 6 610 万美元，TOM 4 858 万美元，百度的迅猛增长更是为业界所称叹。CEO 频频更替，业绩增长乏力，以及不时传出的被收购消息，这一切似乎预示着新浪那"唯我独尊"的时代，已在旧友新贵的夹击下渐行渐远。新浪之痛，症结何在？

2006 年 5 月 8 日，汪延平静地宣布辞去新浪 CEO 的职务，以盛年退居二线，改任公司副董事长。至此，新浪 CEO 从 1999 年并不鲜为人知的沙正治开始，到术业有专攻的王志东、资本善舞的茅道临、盛年隐退的汪延、财务出身的曹国伟，短短 7 年之内已更换了 5 位。其间，董事会的变动同样剧烈。对于一个年收入约 2 亿美元的上市公司，如此频繁的高管变动，似乎不能完全用互联网变幻莫测、行业特性纷繁复杂来解释，更不该如新浪董事长段永基所言"这很正常"。同时，新浪业务的发展也不尽如人意，除了网络新闻继续保持中国网络媒体第一品牌外，游戏、无线增值、搜索统统被竞争对手超越。网络新闻的稳固地位、变革性的广告运作模式，使得新浪的广告收益不断增加，但是广告收入的增加并没有为其带来总营收的攀升。

随着高管变动和业绩不振，新浪股东结构也频频发生震荡。先是盛大出其不意地实施收购，将 19.5% 的股权纳入囊中，之后来意不明的德国人 Michael J. G. Gleissner 买下了 6.4% 的股权，而年后与 TOM. com 的合并也甚嚣尘上。

这一切不由得让人困惑：曾经的中文第一网站，为何失去了昔日的荣耀与未来的方向？

竞争对手的出色表现，让新浪这个一度的中文第一门户网站颇为尴尬。新浪为何丧失了其竞争优势？诸多媒体和分析家都进行了分析，归纳起来主要有三类观点：一是高管频繁更替；二是发展战略摇摆；三是股权分散。然而，这些是导致新浪困境的真实原因吗？通过深入分析新浪公司治理情况，并走访有关知情人士，我们发现了这样一个奇怪的现象：

大股东为何缺席董事会？

早在 2005 年 2 月 19 日，盛大及其关联企业便宣告已成功收购了新浪 19.5% 的股份之后，成为新浪最大的股东，然而，盛大却至今仍然缺席董事会。公司治理结构研究表明，若所有权与经营权分离，同时缺乏有效的监督机制，将会产生严重的代理问题。盛大作为新浪第一大股东，却无法进入新浪高层管理团队，甚至长期缺席新浪董事会，此时，盛大作为所有者的利益显然缺乏有效的保障机制。而 2005 年初，新浪董事会和管理层作为一个整体，总控制股本占新浪总股本已不足 10%。这意味着新浪实际上是由占其股份比例不到 10% 的股东进行管理。在这种情况下，我们很难相信，新浪董事会和高管能够为新浪的整体利益而废寝忘食，毕竟，如果他们为新浪增加了一元钱的利润，他们自身只能得到其中的一毛钱。

最关心新浪业绩的，显然应该是其第一大股东盛大公司，然而，盛大却为何始终不能进入新浪董事会？对此，我们有理由怀疑，新浪很有可能在公司章程上做文章，利用公司章程中某些条款的规定，阻击收购方进入董事会。比如，利用章程设置董事提名方式、资格审查、人数限制等障碍。

还有媒体分析新浪可能利用董事会轮选制，控制盛大进入新浪的董事人数。通过设置更换董事的比例，原控制人可保持在董事会的优势地位。收购方虽取得控制股权，但一时也无法染指董事会，除非修改章程。

沿着这个思路，我们在《新浪招股说明书》第18页找到了有关反接管的相关内容：董事会有权发优先股来保障一些相关的权利，从而防止或者延缓控制权的变化。第77页关于优先股的设定如此阐述：董事会有权在没有股东进一步行动的情况下，发行375万股优先股。优先股的发行会限制普通股的股息，可以分散普通股的投票权，影响普通股的流动性，延迟、防止控制权的变化。

2005年2月，面对盛大的突然收购，新浪启用"毒丸"计划，以阻挡盛大的恶意收购与控制。然而，企业绞尽脑汁防治他人"使坏"的对策，却经常成为阻挡公司前进的绊脚石。如果公司掌握在以短线投资或是其他不利于公司发展为目的的人手中，那么这些反收购条款的设置，无疑是对这些人的保护伞。同时，大股东长期缺位，也使得公司股东的利益无法得到有效保障。而新浪的现状，无疑为上述观点提供了一个现实的证据。

（文章来源：《北大商业评论》2006年07月24日）

从本章引例看出，实施战略时，需加以恰当的控制。

有效的战略管理对企业的生存和发展会产生积极影响，为确保战略管理的有效性，企业管理层必须要高度重视战略控制。当企业的外部环境和内部因素发生变化时，以前运行再好的战略也会遇到新的问题，如不及时纠偏，企业原战略就会遭遇失败。因此，战略控制和企业生存休戚相关，及时有效的战略控制可以帮助企业未雨绸缪，防患于未然。图8-1模型显示战略控制对企业的意义所在。

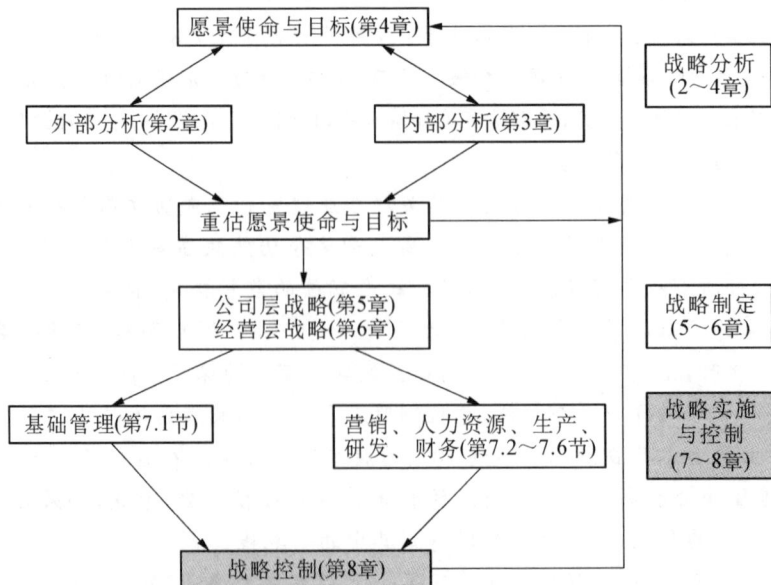

图8-1 综合战略管理模型

8.1 战略评价

8.1.1 战略评价性质

战略评价包含监测战略实施进展,评价战略执行业绩,修正战略决策,以期达到预期目标。战略评价是战略控制的基础。

在实际操作中,战略评价一般分为事前评价、事中评价和事后评价三个层次。

事前评价,即战略分析评价,它是一种对企业所处现状环境的评价,其目的是为了发现最佳机遇。

事中评价,即战略选择评价,它是在战略的执行过程中进行,是对战略执行情况与战略目标差异的及时获取和及时处理,是一种动态评价,属于事中控制。

事后评价,即战略绩效评价,它是在期末对战略目标完成情况的分析、评价和预测,是一种综合评价。

(1) 战略分析评价。战略分析评价指评价企业内外环境状况,以发现最佳机遇。此种评价也可称作现状分析评价,它一方面要检查企业现行战略是否能为企业带来经济效益,如果不能增效就要重新考虑这种战略的可行性。另一方面通过考察外部环境,判定在现行环境下企业是否有新的机遇。最后结合两方面的结果,企业或继续执行原战略或采取适应环境要求的新战略。战略分析评价主要包括以下几个方面的内容:企业的现行战略和绩效的分析;不同战略方案的评价;对企业相关利益备选方案的评价;竞争力的评价,即产品、市场、技术、人才、制度竞争力的评价。

(2) 战略选择评价。战略选择评价指战略执行前对战略是否具有可行性的分析。此处涉及很多的评价模型。它们都是首先对环境因素进行分析,然后制订判断标准并打分最后计算出结果。战略选择评价方法中所包含的数学方法主要有层次分析法、熵权系数法、主观概率和效用理论等。此种方法是针对不同战略方案可行性的研究,是用数学的方法对不同的战略方案所面临的机会与威胁设定标准,通过数学的方法计算机会与威胁的权重,并以所得风险与收益的结果选择最优的战略方案。

(3) 战略绩效评价。战略绩效评价是在战略执行的过程中对战略实施的结果从财务指标、非财务指标进行全面的衡量。它本质上是一种战略控制手段,即通过战略实施成果与战略目标的对比分析,找出偏差并采取措施纠正。平衡计分测评法使经理们能从四个重要方面来观察企业:顾客如何看?(顾客角度);必须擅长什么?(内部角度);能否继续提高并创造价值?(学习与创新角度);怎样满足股东?(财务角度)。平衡计分法解决了传统管理体系的一个严重缺陷。它是从三个不同的角度测评绩效的指标,弥补了传统财务指标的不足之处——这三个角度是顾客、内部业务流程及学习和发展。它们能使企业在了解财务结果的同时,对自己未来发展能力的增强和无形资产收购方面取得的进展进行监督。平衡计分法并不是取代财务指标,而是对其加以补充。

8.1.2 战略评价框架

表 8-1 从应考虑的关键问题,对这些问题的各种答案及企业应采取的适当行动诸方面概括了战略评价活动。

表 8-1 战略评价决策矩阵表

公司内部战略地位是否已发生重大变化?	公司外部战略地位是否已发生重大变化?	公司是否已令人满意地朝既定目标前进?	结 果
否	否	否	采取纠正措施
是	是	是	采取纠正措施
是	是	否	采取纠正措施
是	否	是	采取纠正措施
是	否	否	采取纠正措施
否	是	是	采取纠正措施
否	是	否	采取纠正措施
否	否	是	继续目前战略进程

战略评价框架具体包括以下方面:

1) 检查战略基础

可以用修正的外部因素评价矩阵和内部因素评价矩阵的方法检验企业战略的基础。修正的 IFE 矩阵应侧重于企业在管理、营销、财务、生产、研究开发及管理信息系统方面的优势和弱点的变化。修正的 EFE 矩阵则应表明企业战略如何对关键机会与威胁作出反应,还应分析:

(1) 竞争者曾对我们的战略作出何种反应?

(2) 竞争者的战略曾发生了哪些变化?

(3) 主要竞争者的优势与弱点是否发生了变化?

(4) 竞争者为何正在进行某些战略调整?

(5) 为什么有些竞争的战略比其他的更为成功?

(6) 竞争者对其现有市场地位和盈利水平满意程度如何?

(7) 主要竞争者在进行报复之前还有多大容忍空间?

(8) 我们如何才能更有效地与竞争者进行合作?

除此之外,评价还应审视一些关键问题:

(1) 我们的内部优势是否仍是优势?

(2) 我们的内部优势是否有所加强? 若是,在何处?

(3) 我们的内部弱点是否仍为弱点?

(4) 现在我们是否又有了其他新的内部弱点? 若是,体现在何处?

(5) 我们的外部机会是否仍为机会?

(6) 现在是否有其他新的外部机会? 若有,在何处?

(7) 我们的外部威胁是否仍为威胁?

（8）现在是否有其他新的外部威胁？若有，在何处？

（9）我们是否能够抵御敌意接管？

2）度量企业绩效

衡量企业业绩是战略分析中的一个步骤。企业战略关注的是企业目标的实现，因而战略分析中很有必要考察企业的业绩，特别是长期业绩。

业绩衡量可能基于财务信息也可能基于非财务信息。业绩衡量已经公认为企业日常经营中的一部分，其目的有：

（1）业绩评价是整体控制或者反馈控制系统的一部分，提供了控制行为的必要反馈。

（2）业绩评价是与利益相关者群体沟通的重要组成部分。

（3）业绩评价与激励政策以及业绩管理系统紧密相关。

（4）由于管理层追求评价满意的业绩，这会增加管理层的动力。

管理人员对于怎样定义业绩好坏存在不同认识。

股东观。股东观认为企业应基于股东的利益而存在。如果没有股东投入的股本，企业将无法启动，如果没有股东的再投入，企业将会停止运转，这就引出一个结论，即企业是为股东盈利的，因而应该把股东回报率作为企业业绩的指标。股东回报率的计算由两部分组成，资本利得与股利。这是基于市场的方法，这种方法对传统会计方法的有效性提出了质疑：

（1）会计反映的是企业过去的业绩，而市场方法反映的是对企业未来业绩的预期。

（2）会计科目是用来记录交易的，而不是用于评价企业的战略地位。

（3）并不是所有的资产都能反映在财务报表上。

（4）债务政策是变化的。

然而，即使是使用了市场价值的衡量方法，股东价值的衡量也并非易事。关键的问题在于市场是否是理性的。尽管财务理论认为，基于有效市场假说的市场是理性的，但是市场经常会出现一时盛行的股票和行业（比如互联网和生物技术行业），或出现超乎寻常的高市盈率股票，或出现操纵市场的现象。如果股票价格瞬息变化，那么基于股票价格的业绩衡量方法可能就是不适宜的衡量方法。另外，如果企业没有上市，那么股东回报率应如何计算？如果企业没有相应的市场来估计其资本回报率，那么股东的价值还是需要通过传统的会计指标来计算，比如利润率以及净资产回报率。还有可能存在的问题是：如果企业没有股东，则市场价值法就没有任何意义。例如，非营利组织的成立是出于慈善或其他的非营利目的，而用反映营利指标的业绩衡量方法来评价组织与其经营目标是相违背的。

利益相关者观。企业的利益相关者包括企业的管理层、雇员、工会、客户、供应商，以及对企业具有影响力的政府机构。每个利益相关者在一定程度上都对该企业具有依赖性，他们会对企业做出相应的要求，这些要求很可能与其他利益相关者的利益相冲突。例如，家族企业的经理人要求高增长率，这样容易稀释现有股东的控制权，这与家族企业的股东更在乎企业的控制权相矛盾。其他常见的利益冲突包括以下内容：①为了企业的成长，企业必须牺牲短期盈利、现金流和工资水平；②如果企业发展需要通过股权融资或债权融资获取资金,则可能要牺牲财务的独立性;③公有制企业要求管理层具有很强的责任心。

对于如何衡量企业的业绩,利益相关者观不同于股东观。利益相关者观认为,企业是为所有利益相关者的利益而存在的。这种观点涉及更为复杂的衡量问题,例如,应用哪些衡量方法才是适合每个利益群体的? 企业是如何权衡这些衡量方法的? 当这些衡量方法之间存在冲突时,企业该怎么做?

战略聚焦　企业视点

海外淘矿　风险藏在后期

在蒙古、哈萨克斯坦、菲律宾、印度尼西亚、马来西亚的矿产丰富区域,中国民营资本的身影正迅速增多。"我身边就有几位朋友在蒙古收购了几座矿。"11 月 3 日,一位山西煤老板告诉记者。同时,越来越多的民间资本也在东南亚很多矿产资源丰富的地区,孜孜不倦地寻觅着海外购矿的机会。

海外买矿陷阱

见到山东某钢铁股份有限公司副总刘军(化名)是在上海的一间星巴克内。他刚从东南亚某国回来不久,和记者说的一句话是:"海外购矿,就像是在拍一部好莱坞大片,紧张又刺激,也不乏冒险精神。"

由于国内现货矿价格远远高于长期协议价,这家钢铁公司去年底决定前往这个国家收购一座铁矿石矿场,然后将开采出来的铁矿石运回国内作为原材料,预期这笔收购能给企业每年降低约 25% 的铁矿石采购成本。

"原本以为只要把这座矿场的勘矿权(也称采矿权)拿到手就万事俱全,但后来才发现这是件细活,稍不留神就会犯下大错。"刘军告诉记者,他曾给自己的错误买单——主要是聘请了当地一家地质勘查机构去分析一座铁矿石矿场的储量,但它出示的数据和此后的尽职调查竟然相差很远。

"这也是很多初涉海外收矿的国内民企最先遇到的困难。"从此,刘军宁愿委托数家当地不同评级的地质勘查机构去调研分析某矿产的矿储量与开采状况,"如果他们数据都差不多,才能证明这个研究报告比较可靠。"

"境外购矿的首要风险,就是当地矿产资料不够全不够详细,真正资料只掌握在当地少数人手里。除非你在当地有很好的人脉与专业采矿知识,才可能真正了解所购矿场的真实储量与开采状况。"上述从事协助国内民企(资本)前往东南亚国家购矿的业内人士分析说,"其中比较注意的,一是当地矿场实际矿储量相比预估值是缺斤短两的,二是矿产提炼的可行性报告有时会错误,有些矿场里的矿石含有各种金属,成分与比例也不同,要是配比不够好,开采出来的铁矿石也不能用于提炼优质钢,就等于高价买了一座废矿。"

此前,这位人士曾遇到国内数家民企高价购买废矿的经历,主要差错出在尽职调查阶段不够细致,急于圈地购矿而过分轻信当地某些地质调研机构的所谓勘查报告。

让刘军最烦心的,是东南亚不少国家要求本地矿场所有者必须是具有本国国籍或拿到该国护照的人。作为一家收购当地矿场的海外公司，就只能找到一个值得信赖的当地人做"法人代表"。

"这可是一个苦差事，此前我就听几个民营企业家说过，有一些当地人通过法人代表地位，把原本属于海外机构所有的矿场占为己有。"过去两个月，他不得不留在这个国度物色可靠的"法人代表"，甚至要提供一笔不菲的年薪及公司福利待遇。但最重要的，是这个"法人代表"和这家钢铁公司老总有着远亲关系，但要不是这座矿，两人基本是不会有交往的。

隐藏的后期风险

"首笔境外购矿资金主要用于买到勘矿权（采矿权），价格并不贵。"刘军透露，当前被国内民企与民间资本主要青睐的，是年产能在30万吨左右的煤矿与年产能在40万～50万吨的铁砂矿，相应勘矿权（采矿权）作价基本在200万～300万美元左右。

但是，真正的购矿失败风险，多半是出现在采矿阶段。"在拿到采矿权后，后续开采设备才是一笔很大的资金投入，还不包括对矿场矿产质量提炼分析与相应调整开采方法所需要的额外资金投入。如果一些国内民营企业或民间资本忽然资金跟不上了，采矿权就形成废纸，最后只能折价卖掉。"上述业内人士告诉记者，类似半途而废的案例在境外购矿采矿过程中时有发生。

"即使开采出来的铁矿石质量上乘，但你还是会遇到一个意想不到的难题，就是运输的问题。"考察过东南亚不少国家多座矿场的刘军由衷感慨说，由于当地某些富含优质铁矿石（铁砂石）的矿场地处偏僻，交通相当不便捷，要把这些矿石运输出来，国内民企就不得不筹集资金修建公路与港口，再把它们海运到中国港口，最终装进公司原材料仓库。

"但是，如果把这笔运输费用计算进来，一些国内民企海外购矿用于套期保值、降低原材料采购成本的愿望就很难实现。有些海外购矿案例的综合成本支出，就可能比直接从国内港口高价购买现货矿还要高。"刘军告诉记者，正是对基础建设额外投入的担心，他不得不放弃几座储量不错的东南亚地区矿产。

"通常，国内民营企业（资本）境外购矿，必须找到熟悉当地矿产产权纠纷与有采矿专业知识的人士协助才行，否则只靠抬高收购价格与圈地购矿手段，容易遭遇收矿失败。"上述业内人士告诉记者。

淘金热再起

"目前在海外购矿的国内民间资本应该已超过100亿美元。"一位曾协助多家国内企业海外购矿的人士告诉记者。

"海外购矿不比国内买矿，任何矿场资料的错误，交易法规的疏忽，后续开采经费无法投入，及对整个海外购矿过程的风险估计不足，都会造成前功尽弃的结果。"上述人士透露，"相比国有大型企业海外购矿，国内民营资本将遭遇更多无法预测的购矿开采风险，稍有不慎，就只能选择认赔出局。"

不过，国内民间资本还是敏锐地捕捉到相对低风险的海外购矿淘金方向——随着黄金价格近期突破1000美元/盎司，黄金矿正成为国内各路民间资本海外收矿的新领域。据上述煤老板透露，当前在海外寻找黄金矿的国内民间资本规模应该不会低于 10 亿美元,除了部分资金远赴非洲淘金矿,更多同行会选择留守在周边东南亚国家寻觅买黄金矿的好机会。

"他们不大会收购储量很高的黄金矿,否则太显眼了。"一位知情人士告诉记者,通常年产能 2~3 吨,储量在 6~10 吨的黄金矿是国内大型民间资本比较看好的购矿对象,尽管首笔勘矿权(采矿权)价格就要突破千万美元,开采成本同样高昂,但若按 1 吨黄金等同于 32 151 盎司黄金,每盎司黄金 1 000 美元计算,1 吨黄金就价值约 3 215.1 万美元,一年至少有 6 400 万美元收入。

"扣除各类开采与手续费用,通常这类黄金矿的年投资回报率不会低于 30%,而且相比开采境外铁矿石与铁砂石的最大优势,黄金是不需要担负任何运输成本的,直接拿到市场抛售套现就行了。"上述知情人士表示。

(资料来源:21 世纪网—《21 世纪经济报道》2009 年 11 月 04 日)

从多角度衡量业绩时,应当为每一个关键成功因素建立一个或多个的关键性业绩指标(KPI),以便于比较。表 8-2 列出一些常用的财务和非财务性的关键业绩指标作参考:

表 8-2　财务和非财务性的关键业绩指标

活　动	关键业绩指标	活　动	关键业绩指标
市场营销	销售数量 毛利率 市场份额	新的生产发展	投诉率 回购率
生产	利用能力 质量标准	广告计划	了解水平 属性等级 成本水平
物流	利用能力 服务水平	管理信息	报告时限 信息准确度

在确定了衡量方法以及计算出具体的业绩后,又该怎样评价企业的业绩呢? 例如,企业在过去三年 ROE 的平均值为 10%,顾客满意度为 85%,这个结果是好还是不好呢?

高级管理层需要将业绩与其他因素比较后,才能够回答上述问题。业绩的比较方法包括:一是在一个时点上的衡量结果需要与相应的值进行比较,比如过去的业绩、内部设定的目标、行业的平均水平、行业最高的水平甚至世界最高的水平。二是衡量一段时间内的业绩可以使用趋势分析,结果可能是:改善的、不变的、下降的和不稳定的。衡量一段时间内的业绩也需要与相应的量进行比较。如业绩从趋势上来讲,可以说成不断上升的,但仍然低于行业平均水平。

业绩评价步骤如下:

第一,获取信息的途径。

内部信息广泛传播于整个企业。在评价一个企业时,内部信息是最易获取的信息。然而,许多企业特别是私有或家族企业认为内部信息是机密的,不可外泄的,因此会严格控制自己的信息,即使是内部人也不易获得。企业的外部人不容易获取到企业内部的信息,因而很难精准地评价企业的业绩。然而,有不少从外部获取信息的方式,包括:

(1) 财务信息。互联网、行业出版刊物、政府官方的统计数据、行业协会和行业顾问以及专家,都是获取信息的来源。

(2) 客户信息。市场份额的信息也可从上述财务信息的来源获取。市场研究机构有很多资料,其中一些信息是共享的。

(3) 内部管理指标。财务指标比如资产回报率(ROA)以及销售回报率能部分反映内部信息。

(4) 管理效率。其他信息也能在年度报告中找到,特别是相对比率,如平均每个员工的销售量以及每个商店的销售量。

(5) 学习和成长指标。这是最难评估的指标。虽然企业有很多可以表征其前景的领域,比如开发新产品,进军新的市场,以及传播知识的能力等,但是这些都是不容易量化的。

第二,对总体业绩的评价。

在对单个部分进行评价后,接下来要做的就是对企业总体业绩的评价。由于我们要考察的是战略业绩,因此我们感兴趣的是企业的长期业绩,从而应该考察至少三年的信息,并做出相应的趋势分析。然而不幸的是,这些单个指标的趋势常常不是一个方向的,要做出综合的评价并非易事,但是我们又必须做出综合评价。

第三,采取纠正措施。

战略评价的最后一项行动,采取纠正措施要求通过变革使企业为了未来而重新进行有竞争力的定位。纠正措施应当能够使企业更好地发挥内部优势,更好地利用外部机会,更好地回避、减少或缓和外部威胁以及更好地弥补内部弱点。应当为纠正措施制定明确的实施时间和适当的风险允许度。这些措施既应当同企业的经营目标保持一致,又要向社会负责。最重要的一点是,纠正行动会加强企业在产业中的竞争地位。

8.1.3 战略评价方法

关于如何评价战略的论述很多,代表性的战略评价方法有如下三种:

1) 伊丹敬之的优秀战略评价标准

日本战略学家伊丹敬之认为,优秀的战略是一种适应战略,它要求战略适应外部环境因素,包括技术、竞争和顾客等;同时,企业战略也要适应企业的内部资源,如企业的资产、人才等;第三,企业的战略也要适应企业的组织结构。企业家在制订优秀的战略时应该权衡七个方面的战略思想。

(1) 战略要实行差别化,要和竞争对手的战略有所不同。

(2) 战略要集中。企业资源分配要集中,要确保战略目标的实现。

(3) 制订战略要把握好时机。企业应该选择适当的时机推出自己的战略,时机要由自己积极创造。

(4) 战略要能利用波及效果。企业利用自己得以有成果,发动更大的优势,扩大影响,以便增强企业的信心。这一点实质上是强调企业要利用自己的核心能力。

（5）企业战略要能够激发员工的士气。

（6）战略要有不平衡性。企业不能长期的稳定，要有一定的不平衡，造成一定的紧迫感，即战略要有避嫌时更高的要求。

（7）战略要能巧妙组合。企业战略应该能把企业的各种要素巧妙地组合起来，使各要素产生协同效果。

2）美国的斯坦纳、麦纳战略评价标准

（1）战略要有环境的适应性。企业所选的战略必须和外部环境及其发展趋势相适应。

（2）战略要有目标的一致性。企业所选的战略必须能保证企业战略目标的实现。

（3）竞争的优势性。企业所选的战略方案必须能够充分发挥企业的优势，保证企业在竞争中取得优势地位。

（4）预期的收益性。企业要选择能够获取最大的利润的战略方案。需要注意的是，这里所说的战略利润是长期利润而不是短期利润。其指标很简单，用投资利润率来评价。投资利润率＝预期利润/预期投资总额。

（5）资源的配套性。企业战略的实现必须有一系列战略资源作保证，这些资源不仅要具备，而且要配套，暂时不具备而经过努力能够具备的资源也是可取的。

（6）战略的风险性。未来具有不确定性，战略具有风险性，在决策时要适当对待风险。一方面，在态度上要有敢于承担风险的勇气；另一方面，在手段上，要事先科学地预测风险，并制订出应变的对策，尽量避免孤注一掷。

3）努梅特战略评价标准

英国战略学家理查德·努梅特（Richard Rumelt）提出了可用于战略评价的四条标准：一致、协调、优越和可行。协调（consonance）与优越（advantage）主要用于对公司的外部评估，一致（consistency）与可行（feasibility）则主要用于内部评估。具体如下：

一致性。一个战略方案中不应出现不一致的目标和政策。努梅特提出如下帮助确定组织内部问题是否由战略间的不一致所引起的三条准则：①尽管更换了人员，管理问题仍持续不断，以及如果这一问题是因事而发生而不是因人而发生的，那么便可能存在战略的不一致。②如果一个组织部门的成功意味着或被理解为意味着另一个部门的失败，那么战略间可能存在不一致。③如果政策问题不断地被上交到最高领导层来解决，可能存在战略上的不一致。

协调性。协调指在评价时既要考察单个趋势，又要考察组合趋势。在战略制定中将企业内部因素与外部因素相匹配的困难之一在于绝大多数变化趋势者都是与其他多种趋势相互作用的结果，对此必须综合考察。

可行性。一个好的经营战略必须做到既不过度耗费可利用资源，也不造成无法解决的派生问题。对战略最终和主要的检验标准是其可行性，即依靠自身的物力、人力及财力资源能否实施这一战略。企业的财力资源是最容易定量考察的，通常也是确定采用何种战略的第一制约因素。人员及组织能力是对于战略选择在实际上更严格，但定量性却差一些的制约因素，因此，在评价战略时，很重要的一点是要考察企业在以往是否已经展示了实行既定战略所需要的能力、技术及人才。

优越性。经营战略必须能够在特定的业务领域使企业创造和保持竞争优势。竞争优势通常来自如下三方面的优越性:①资源;②技能;③位置。良好位置的主要特征是,它使企业从某种经营策略中获得优势,而不处于该位置的企业则不能类似地受益于同样的策略。因此,在评价某种战略时,企业应当考察与之相联系的位置优势特性。

8.2 战略控制

8.2.1 战略失效

在战略实施过程中,不容忽视的就是战略失效。战略失效是指企业战略实施的结果偏离了预定的战略目标或战略管理的理想状态。导致战略失效的原因很多,主要有以下几点:

(1) 企业内部缺乏沟通,企业战略未能成为全体员工的共同行动目标,企业成员之间缺乏协作共事的愿望。

(2) 战略实施过程中各种信息的传递和反馈受阻。

(3) 战略实施所需的资源条件与现实存在的资源条件之间出现较大缺口。

(4) 用人不当,主管人员、作业人员不称职或玩忽职守。

(5) 公司管理者决策错误,使战略目标本身存在严重缺陷或错误。

(6) 企业外部环境出现了较大变化,而现有战略一时难以适应等。

按照时间顺序,战略失效可分为早期失效、偶然失效和晚期失效三种类型。在战略实施初期,一方面,战略实施者对新的环境、工作还不适应,就有可能导致较高的早期失效率。晚期失效是指当战略推进一段时间之后,原先对战略环境条件的预测与现实变化发展的情况之间的差距随着时间的推移变得越来越大,战略所依赖的基础就显得越来越糟,从而使失效率大为提高。在战略实施过程中,偶然会因为一些意想不到的因素导致战略失效,这就是偶然失效。

应注意的是,一个原始战略是否失效,并不在于它是否能原封不动地运用到底,也不在于它的每个细小目标和环节是否都在实际执行中得以实现,而在于它能否成功地适应不可知的现实,在于能否根据现实情况作出相应的调整和修正,并能最终有效地运用多种资源实现既定的整体目标,这就需要进行战略控制。

8.2.2 战略控制概念

企业战略管理中的一个基本矛盾是既定的战略同变化着的环境之间的矛盾。企业战略的实施结果并不一定与预定的战略目标相一致,产生这种偏差的原因很多,主要有三个方面的原因:

(1) 制定企业战略的内外环境发生了新的变化。如果在外部环境中出现了新的机会或意想不到的情况,企业内部资源条件发生了意想不到的变化,是原定企业战略与新的环境条件不相配合。

（2）企业战略本身有重大的缺陷或者比较笼统，在实施过程中难以贯彻，企业需要修正、补充和完善。

（3）在战略实施的过程中，受企业内部某些主客观因素变化的影响，偏离了战略计划的预期目标。如某些企业领导采取了错误的措施，致使战略实施结果与战略计划目标产生偏差等。

对以上企业活动与预定的战略目标偏离的情况如果不及时采取措施加以纠正的话，企业的战略目标就无法顺利实现。要使企业战略能够不断顺应变化着的内外环境，除了使战略决策具有应变性外，还必须加强对战略实施的控制。

战略控制主要是指在企业经营战略的实施过程中，检查企业为达到目标所进行的各项活动的进展情况，评价实施企业战略后的企业绩效，把它与既定的战略目标与绩效标准相比较，发现战略差距，分析产生偏差的原因，纠正偏差，使企业战略的实施更好地与企业当前所处的内外环境、企业目标协调一致，使企业战略得以实现。

战略实施的控制与战略实施的评价既有区别又有联系，要进行战略实施的控制就必须进行战略实施的评价，只有通过评价才能实现控制，评价本身是手段而不是目的，发现问题实现控制才是目的。战略控制着重于战略实施的过程，战略评价着重于战略实施的过程，战略评价着重于对战略实施过程结果的评价。

8.2.3　战略控制内容

对企业经营战略的实施进行控制的主要内容有：

（1）设定绩效标准。根据企业战略目标，结合企业内部人力、物力、财力及信息等具体条件，确定企业绩效标准，作为战略控制的参照系。

（2）绩效监控与偏差评估。通过一定的测量方式、手段、方法，监测企业的实际绩效，并将企业的实际绩效与标准绩效对比，进行偏差分析与评估。

（3）设计并采取纠正偏差的措施，以顺应变化着的条件，保证企业战略的圆满实施。

（4）监控外部环境的关键因素。外部环境的关键因素是企业战略赖以存在的基础，这些外部环境关键因素的变化意味着战略前提条件的变动，必须给予充分的注意。

（5）激励战略控制的执行主体，以调动其自控制与自评价的积极性，从而保证企业战略实施的切实有效。

8.2.4　战略控制方式

从控制时间来看，企业的战略控制可以分为如下三类：

1）事前控制

在战略实施之前，要设计好正确有效的战略计划，该计划要得到企业高层领导人的批准后才能执行，其中有关重大的经营活动必须通过企业领导人的批准同意才能开始实施，所批准的内容往往也就成为考核经营活动绩效的控制标准。这种控制多用于重大问题的控制，如任命重要的人员、重大合同的签订、购置重大设备，等等。

由于事前控制是在战略行动成果尚未实现之前，通过预测发现战略行动的结果

可能会偏离既定的标准。因此,管理者必须对预测因素进行分析与研究。一般有三种类型的预测因素:

(1)投入因素。即战略实施投入因素的种类、数量和质量,将影响产出的结果。

(2)早期成果因素。即依据早期的成果,可预见未来的结果。

(3)外部环境和内部条件的变化,对战略实施的控制因素。

2)事后控制

这种控制方式发生在企业的经营活动之后,才把战略活动的结果与控制标准相比较。这种控制方式工作的重点是要明确战略控制的程序和标准,把日常的控制工作交由职能部门人员去做,即在战略计划部分实施之后,将实施结果与原计划标准相比较,由企业职能部门及各事业部定期将战略实施结果向高层领导汇报,由领导者决定是否有必要采取纠正措施。

事后控制的方法的具体操作主要有联系行为和目标导向等形式。

(1)联系行为。即对员工的战略行为的评价与控制直接同他们的工作行为联系挂钩。他们比较容易接受,并能明确战略行动的努力方向,使个人的行动导向与企业经营战略导向接轨;同时,通过行动评价的反馈信息修正战略实施行动,使之更加符合战略的要求;通过行动评价,实行合理的分配,从而强化员工的战略意识。

(2)目标导向。即让员工参与战略行动目标的制定和工作业绩的评价,既可以看到个人行为对实现战略目标的作用和意义,又可以从工作业绩的评价中看到成绩与不足,从中得到肯定和鼓励,为战略推进增添动力。

3)随时控制

即过程控制,企业高层领导者要控制企业战略实施中的关键性的过程或全过程,随时采取控制措施,纠正实施中产生的偏差,引导企业沿着战略的方向进行经营,这种控制方式主要是对关键性的战略措施进行随时控制。

应当指出,以上三种控制方式所起的作用不同,因此在企业经营当中它们是被随时采用的。

从控制的切入点来看,企业的战略控制可以分为如下五种:

(1)财务控制。这种控制方式覆盖面广,是用途极广的非常重要的控制方式,包括预算控制和比率控制。

(2)生产控制。即对企业产品品种、数量、质量、成本、交货期及服务等方面的控制,可以分为产前控制、过程控制及产后控制等。

(3)销售规模控制。销售规模太小会影响经济效益,太大会占用较多的资金,也影响经济效益,为此要对销售规模进行控制。

(4)质量控制。包括对企业工作质量和产品质量的控制。工作质量不仅包括生产工作的质量,还包括领导工作、设计工作、信息工作等一系列非生产工作的质量,因此,质量控制的范围包括生产过程和非生产过程的其他一切控制过程。质量控制是动态的,着眼于事前和未来的质量控制,其难点在于全员质量意识的形成。

(5)成本控制。通过成本控制可使各项费用降低到最低水平,以达到提高经济效益的目的,成本控制不仅包括对生产、销售、设计、储备等有形费用的控制,而且还包括对会议、领导、时间等无形费用的控制。在成本控制中要建立各种费用的开支范围、开支标准并严格执行,要事先进行成本预算等工作。成本控制的难点在于企业中大多数部门和单位是非独立核算的,因此缺乏成本意识。

8.2.5　战略控制影响因素

在制定和实施战略的过程中,必须同时考虑现有的定量分析因素、信息上的缺陷因素、不确定性因素、不可知的因素以及人类心理等因素。在这些因素中,有一些是企业的内部的特点,正是这些特点才使统一行业中的各个公司有所差异。另一些因素由于受到行业性质和环境的制约,则使一个行业中的企业战略较为相似。

无论何种行业,尽管各种因素的影响力度不同,但影响战略控制的因素可以分为三类:需求和市场、资源和能力、组织和文化。这三类因素在现代企业中呈现如下趋势:

(1)更加重视质量、价值和顾客满意。不同的需求驱动因素(如便利、地位、风格、属性、服务等)在不同的时间和地点扮演了不同的角色。现代的顾客在做出购买决策时更加重视质量和价值。一些卓有成效的公司致力于提高质量,同时降低成本。它们的指导思想是持续不断地用更少的成本提供更多的东西。

(2)更加重视关系建设和竞争导向。现代企业关注于培养顾客的忠诚度,从交易过程转向关系建设,和企业的关联者保持和谐融洽的状态。

(3)更加重视业务流程管理和整合业务功能。现代企业从管理一系列各自为政的部门转向一系列的基本业务流程,企业组成跨部门的工作团体管理这些基本流程。

(4)更加重视全球导向和区域规划。现代企业的边界日益扩张,无国界经营成为发展潮流。当企业进入国外市场时,必须转变传统风气去适应当地的影响力量。企业必须从全球化的角度进行战略思考,但战略计划和实施却是区域化、当地化。

(5)更加重视战略联盟和网络组织。一旦企业全球化,他们就会意识到无论他们多么大,他们已经失去了保证成功的某些资源和能力。考虑到完整的价值链,他们认识到了和其他组织进行合作的必要性和重要性。高层管理者把越来越多的时间用于设计战略联盟和网络组织上,以此形成竞争优势。

(6)更加重视权势架构及其影响。任何组织都存在利用权势实现个人或集团利益的现象,在许多时候,企业的战略决策就是由权势决定的。现代企业面临的复杂环境决定了人们在目标、价值观念、利害关系、职责和认识上的分歧,同时彼此对对方有控制权,在某种程度上依赖对方。

8.2.6　战略控制基本特征

企业战略的相对性使得战略控制是一个动态过程,它具有如下特征:

1)渐进性

一般来讲,总体战略是逐步演变而成的,并在很大程度上是凭借知觉得到的。虽然人们可以经常在平时的点滴想法中发现一些十分精炼的正规战略分析内容,但真正的战略却是在公司内部的一系列决策和一系列外部事件逐步得到发展,是高层管理班子中主要成员有了对行动的新的共同的看法之后,才逐渐形成。在管理得法的企业中,管理人员积极有效地把这一系列行动和事件逐步概括成思想中的战略目标。之后,高级经理们经常有意识地采用渐进的方法来进行战略控制。他们使早期的决策处于大体上形成和带有试验性质的状态,可以在以后随时复审。

2) 交互性

现代企业面临的环境控制因素的多样性和相互依赖,决定了企业必须与外界信息来源进行高度适应性的互相交流,以及去利用所获得的信息的有力的刺激因素。

对企业战略来说,最起码的先决条件是要有一些明确的目标,以便确定主要的行动范围,在这一问题上做到统一指挥,留有足够的时限以使战略有效。要使公众形成对自己有利的观点和政治行动需要很长的时间,而这需要积极地,源源不断地投入智力和资源。战略控制要求保持高质量的工作效果、态度、服务和形象等有助于提高战略可靠性的因素。由于许多复杂因素的影响,必须进行适当的检验、反馈和动态发展,注重信息收集、分析、检验,以便唤起人们的意识,扩大集体的意见,形成联合和其他一些与权力和行为有关的行动。

3) 系统性

有效的战略一般是从一系列的制定战略的子系统中产生的。子系统指的是主要为实现某一重要的战略目标而相互作用的一组活动或决策。每一子系统均有自己的、与其他子系统不相关的时间和信息要求,但它又在某些重要方面依赖于其他子系统。通常情况下,每一子系统牵涉到的人员和班子各不相同,但这些不同的班子一般并不组成分立的单位以单独实现战略目标。相反,许多高级经理们通常都是这类班子的兼职人员。他们每人都要制定出一个子系统的战略,并在制定的过程中,请不同的辅助小组参加。

子系统各自有组织的针对全公司性的某个具体问题(如产品系列的布局、技术革新、产品的多种经营、收购企业、出售产业、与政府及外界的联络、重大改组或国际化经营等),其逻辑形式十分完善,作为规范的方法,是企业总体战略的关键组成部分。不过每个战略子系统在时间要求和内部进度参数上,却很少能够配合同时进行的其他战略子系统的需要,而且各子系统都有它自己的认知性限度和过程的限度,因此必须采取有目的、有效率、有效果的管理技巧把各子系统整合起来。

有意识地运用系统性的动态控制常常有助于三个重要方面:①适应相互影响的每个主要决策所要求的各种各样的准备期和顺序安排。②克服必要的改革遇到的重要政治与信息障碍。③使个人与整个企业获悉、理解、接受并支持改革,培育出共同的愿景。

由于主要子系统的进度千差万别,因此不管在什么时候,他们在明确问题、初步概念化、进行试验、产生集体意见、具体细节、确定措施和控制等各方面处于不同的阶段。因此,除了概括的原则之外,不可能一下子提出问题,同时能顾及所有领域的企业整体战略。整体战略在细节的安排上永远不可能是真正完整的。即使所有的子系统偶尔在统一时刻安排停当,按照逻辑,战略几乎会立刻随着新数据、新情况对它的影响开始发生变化。实际上,认为应该先制定出详细的总体战略,然后再加以执行的想法是很危险的。

因此,企业管理者不应该去寻找整体战略的最终特性,反而应该接受十分模糊的战略。他们应该做出必要的规定,并进行平衡工作使主要的子系统的行动不失去控制,并避免企业工作自相矛盾。他们设法把总体战略规定得足够详细以鼓励人们朝着正确的方向前进,避免混乱。但他们又总是有意识地避免规定得过于具体,因为这样会破坏利用新信息和新机会所需要的灵活性或相应的支持。子系统和整体战略都保持了一定的笼统性,以适应和应付未来无数可能的变化。

4) 弹性和伸缩性

战略控制中如果过度控制,频繁干预,容易引起消极反应。因而针对各种矛盾和问题,战略控制有时需要认真处理,严格控制,有时则需要适度的、弹性的控制。只要能保持与战略目标的一致性,就可以有较大的回旋的余地而具有伸缩性。所以战略控制中只要能保持正确的战略方向,尽可能地减少干预实施过程中的问题,尽可能多地授权下属在自己的范围内解决问题,对小范围、低层次的问题不要在大范围、高层次上解决,反而能够取得有效的控制。

8.3 战略控制和环境扫描

由于企业组织是开放性体制,强调组织和环境的相互关系,外界环境使企业组织的重要信息源,所以战略控制必须对环境进行扫描。所谓扫描,是指企业组织在决策中获取所需信息的过程,意味着广泛收集信息的活动。这个过程的范围包含由集中程度较低的观察活动到高度的计划研究活动。一切企业组织为获取外界环境正在发生的现象和变化的知识,都需要对环境进行扫描。每当决定企业战略和长期计划,最高经营层都力求预测和理解企业环境的变化。

环境中的种种情况随着时间的变化而变化。既有复杂和急剧变化的生机勃勃的状态,也有几乎不变的静止的状态,这种状态影响着企业体制的运用,而且企业体制本身一般不能直接控制。企业体制能从外部环境的各种状态中得到各种有利因素。企业体制虽然不能直接控制外部环境的各种状态,但是能够影响它,适应它或者开拓环境。对于企业来说,外部的信息是基本的财富,为创造财富要开发扫描系统。

扫描是为了某一特定的目的而收集信息的行动。在这个意义上,如果不确定特定的目的,扫描系统设计不恰当,则通过这个系统的信息就不足以信赖。这样信息的战略价值就很小,或者说完全没有价值。假如企业使用运筹学的方法,就必须获取所需的数据和信息。换言之,必须有明确的目的,再据以收集数据和信息。

一般来说,战略控制中的扫描基本方法有二:

(1) 通查。意即"注意某一感兴趣的事",其功能是对收集信息的人提供某种程度的一般认识。

(2) 精查。精查意味着收集能解决问题的特定信息。

扫描者通过集中调查研究特定的领域,有计划地慎重选取合用的信息。按照集中程度的高低,又可以将通查和精查细分为观察和监视,调查和研究。

观察是为了取得一般信息或者对特定问题加深理解,或者为了选取关于某一件事要注意的信号(该信号有重要意义,也许含有集中精查之必要领域的信号)而利用这些扫描方式。监视是注意有明确意义的信息或信息源领域。

调查意味着为了某一特定的目的收集特定的信息,在较狭窄的范围内进行有计划的调查活动。研究是为了特定的目的而收集特定的信息,是正式成为体系的活动。

8.4 战略控制和预算控制

8.4.1 战略控制和预算控制差异

战略控制包括决定企业成功实现战略目标的范围。如果没有达到既定的目标,控制的意向应当是修改企业战略或实施该战略以便企业完成目标的能力能够得到提高。从企业经营的层面上说,在预算的时候最常遇到控制问题。在预算费用的控制中,一年或者更短的一个期间内,使用定量方法来决定实际费用是否超过了计划支出,重点是内部经营,通常在预算期结束之后采取正确的行动。但是在战略控制中,这个期间通常从几年到十几年不等,并且定性和定量的方法都要采用。而且,对内部经营和外部环境都要进行评估。采用这个过程是因为正确的间歇作用对于保持企业正常运转非常重要。表8-3中总结了这些差异。

表 8 - 3　战略控制和预算控制之间的差异

战 略 控 制	预 算 控 制
期间比较长,从几年到十几年以上	期间通常为一年以下
定性方法和定量方法	定量方法
重点是内部和外部	重点是内部
不断纠正行为	通常在预算期结束之后采用纠正行为

8.4.2 战略控制系统

1) 战略控制系统的步骤

正式的战略控制系统包括下列步骤:

步骤1:执行策略检查。

步骤2:根据企业的使命和目标,识别各个阶段业绩的里程碑(战略目标),给诸如市场份额、品质、创新、客户满意等要素进行定量和定性。

下面列出了它的特征:①它是在标出关键性的成功因素之后识别出来的;②它应当是长期目标的短期步骤;③它使管理者监视行动(例如,是否启动了一个新项目)及其结果(例如,成功启动了项目)。

步骤3:设定目标的实现层次,不需要专门定量。目标必须合理准确,应该建议战略和对策。竞争的基准是和竞争有关的对策。

步骤4:对战略过程的正式监控。监控报告不向财务报告披露那么频繁。

步骤5:奖励。虽然有些企业在年终奖的计算中应用对战略业绩的计算量,但在大多数系统中,战略目标的实现和奖励制度之间的关系并不明显。

除了正式的战略控制系统,还有很多明确的战略目标或里程碑并未被确定为管理控制程序中的一部分而受到约束和正式监控。这种非正式性能增强灵活性,减少官僚主义,并促进开放性的交流。非正式的控制并不总是会起作用,因为它使管理者在执行重大战略问题和选择的时候如履薄冰。

战略控制系统的特点可以通过两个方面来反映程序的正式程度以及能被识别的业绩评价指标数目。构建战略控制系统时,应考虑如下方面:①链接性。如果在重要机构之间架起沟通的桥梁,那么应以避免破坏的方式进行合作。②多样性。如果系统具有多样性,要注意从多样策略控制系统选择适合性较高的控制系统。③风险。高风险的企业战略决策状态可能会对整个企业不利。在高风险的企业的战略控制系统中,需要包含较多性能标准,以便更容易地把可能存在的问题检测出来。④变化。例如,时尚品制造商必须能够迅速地应对战略控制系统环境的变化。⑤竞争优势。为控制目标,要有目的地区分两个类型的业务。一是具有较弱竞争优势的业务。在这种情况下,市场份额或质量是成功的源泉。二是具有较强竞争优势的业务。在这种情况下,需要在更多地区获得成功。不过,在这类业务中最大的危险是做一些高成本的无用功。

2) 战略性业绩计量

战略性业绩计量的特征是:①它重点关注长期的事项,对大多数企业而言可能是股东财富。②它有助于识别战略成功的动因,如企业是如何长期创造股东价值。③它通过企业提高业绩来支持企业学习。④它提供的奖励基础是基于战略性的事项而不仅仅是某年的业绩。

战略性业绩计量必须是可计量的、有意义的、持续计量的、定期重新评估的、战略定义或者与之相关的,并且是可接受的。

3) 战略控制和关键性成功要素

关键性成功要素(CSF)是对于企业的成功至关重要的关键目标。例如必须做对的事情。识别关键成功要素具有如下好处:①识别关键性成功要素的过程可以提醒管理层那些需要控制的事项,并显示出次要的事项。②传统的预算控制可能使报告的成本与标准成本存在差异,而关键性成功要素能够转化为按照相同方式定期报告的关键性业绩指标。③关键性成功要素能够保证管理层定期收到有关企业的关键信息,以指导信息系统的发展。④它们能够用于将组织的业绩进行内部对比或者与竞争对手比较。

8.5 战略控制方法

8.5.1 预算与预算控制

1) 预算与预算控制的目的

预算就是财务计划。短期计划试图在长期战略计划的框架内提供一个短期目标。通常是用预算的形式来完成的。预算是一个多目标的活动,并在每个企业中广泛应用。但是,不切实际的预算、或者经理对预算进行缓冲以保证实现目标的预算、或者仅仅关注目标的实现而没有实际行动的预算都不是好的预算。这些预算都没有关注长期后果。

预算控制是一个过程,总预算移交给责任中心,允许对于实际结果和预算的比较进行持续的监控,通过个人行为保证预算目标的实现,或者为修改预算提供基础。它集中于资源的有效利用、生产成本和提供服务。应当认识到,成本并不是唯一的关键成功要素,因此预算控制系统通常是和其他绩效管理体系相辅相成的,从而产生了业绩计量的平衡计分卡。预算控制的问题是管理者通常不对是否实现目标负责。预算中,企业作为一个整体的目标,和经理个人的目标以及不同的人在不同阶段适用的控制都未必一致。

2) 预算的类型

编制预算最常用的方法有增量预算和零基预算。

(1) 增量预算(Incremental budgeting)。这种预算是指新的预算使用以前期间的预算或者实际业绩作为基础来编制,在此基础上增加相应的内容。资源的分配是基于以前期间的资源分配情况。这种方法并没有考虑具体情况的变化。这种预算关注财务结果,而不是定量的业绩计量,并且和员工的业绩并无联系。

增量预算的优点包括:①预算是稳定的,并且变化是循序渐进的;②经理能够在一个稳定的基础上经营他们的部门;③系统相对容易操作和理解;④遇到类似威胁的部门能够避免冲突;⑤容易实现协调预算。

而增量预算的缺点在于,第一,它假设经营活动以及工作方式都以相同的方式继续下去;第二,不能拥有启发新观点的动力;第三,没有降低成本的动力;第四,它鼓励将预算全部用光以便明年可以保持相同的预算;第五,它可能过期,并且不再和经营活动的层次或者执行工作的类型有关。

(2) 零基预算(Zero-based budgeting)。这种预算方法是指在每一个新的期间必须重新判断所有的费用。零基预算开始于零基础需要分析企业中每个部门的需求和成本。无论这种预算比以前的预算高还是低,都应当根据未来的需求编制预算。

零基预算通过在企业中的特定部门的试行而在预算过程中实施高层次的战略性目标。此时应当归集成本,然后根据以前的结果和当前的预测进行计量。

零基预算的优点包括:①能够识别和去除不充分或者过时的行动;②能够促进更为有效的资源分配;③需要广泛的参与;④能够应对环境的变化;⑤鼓励管理层寻找替代方法。

而零基预算的缺点在于:①它是一个复杂的耗费时间的过程;②它可能强调短期利益而忽视长期目标;③管理团队可能缺乏必要的技能。

8.5.2 杜邦财务分析法

杜邦财务分析法利用几种主要的财务比率之间的关系来综合地分析企业的财务状况,这种分析方法最早由美国杜邦公司使用,故名杜邦分析法。杜邦分析法是一种用来评价公司盈利能力和股东权益回报水平,从财务角度评价企业绩效的一种经典方法。其基本思想是将企业净资产收益率逐级分解为多项财务比率乘积,这样有助于深入分析比较企业经营业绩。

1) 杜邦财务分析的含义

一个表达式是将净资产收益率分解为三部分：利润率，总资产周转率和财务杠杆。这就是著名的杜邦分析法。

杜邦财务分析法说明净资产收益率受三类因素影响：

——营运效率，用利润率衡量；

——资产使用效率，用资产周转率衡量；

——财务杠杆，用权益乘数衡量。

净资产收益率＝利润率(利润/销售收入)×资产周转率(销售收入/资产)×权益乘数(资产/权益)

2) 杜邦财务分析法的基本思路

(1) 净资产收益率是一个综合性最强的财务分析指标，是杜邦分析系统的核心。

(2) 资产净利率是影响权益净利率的最重要的指标，具有很强的综合性，而资产净利率又取决于销售净利率和总资产周转率的高低。总资产周转率是反映总资产的周转速度。对资产周转率的分析，需要对影响资产周转的各因素进行分析，以判明影响公司资产周转的主要问题在哪里。销售净利率反映销售收入的收益水平。扩大销售收入、降低成本费用是提高企业销售利润率的根本途径，而扩大销售，同时也是提高资产周转率的必要条件和途径。

(3) 权益乘数表示企业的负债程度，反映了公司利用财务杠杆进行经营活动的程度。资产负债率高，权益乘数就大，这说明公司负债程度高，公司会有较多的杠杆利益，但风险也高；反之，资产负债率低，权益乘数就小，这说明公司负债程度低，公司会有较少的杠杆利益，但相应所承担的风险也低。

3) 杜邦分析法的财务指标关系

杜邦分析法中的几种主要的财务指标关系为：

净资产收益率＝资产净利率×权益乘数

资产净利率＝销售净利率×资产周转率

净资产收益率＝销售净利率×资产周转率×权益乘数

杜邦分析法有助于企业管理层更加清晰地看到权益资本收益率的决定因素，以及销售净利润率与总资产周转率、债务比率之间的相互关联关系，给管理层提供了一张明晰的考察公司资产管理效率和是否最大化股东投资回报的路线图。

杜邦分析法利用各个主要财务比率之间的内在联系，建立财务比率分析的综合模型，来综合地分析和评价企业财务状况和经营业绩。采用杜邦分析图将有关分析指标按内在联系加以排列，从而直观地反映出企业的财务状况和经营成果的总体面貌。

8.5.3 平衡记分卡法

卡普兰和诺顿提出了平衡积分卡，它是一种平衡四个不同角度的衡量方法。具体而言，平衡了短期与长期业绩，外部与内部的业绩，财务与非财务业绩以及不同利益相关者的角度，包括：财务角度、顾客角度、内部流程、创新与学习角度。

平衡计分卡表明了企业员工需要什么样的知识技能和系统,分配创新和建立适当的战略优势和效率,使企业能够把特定的价值带给市场,从而最终实现更高的股东价值。图8-2是对这四个不同角度进行衡量的应用实例。

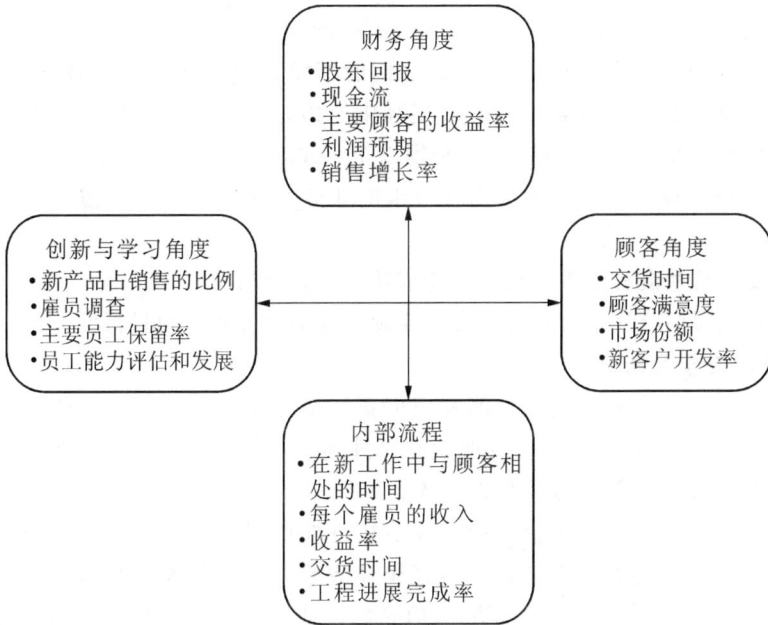

图 8-2 平衡计分卡实例

1) 财务角度

平衡计分卡在财务角度中包含了股东的价值。企业需要股东提供风险资本,它也同样需要顾客购买产品和服务及需要员工生产这些产品和服务。财务角度主要关注股东对企业的看法,以及企业的财务目标。用来评估这些目标是否已达到的方法主要是考察管理层过去的行为,以及这些行为导致的财务上的结果,通常包括利润、销售增长率、投资回报率以及现金流。

2) 顾客角度

运用平衡计分卡从更广、更平衡的角度来考虑企业的战略目标和绩效考核时,一定要非常重视客户。企业的平衡计分卡最典型的客户角度通常包括:定义目标市场和扩大关键细分市场的市场份额。

客户角度的目标和指针可以包括目标市场的销售额(或市场份额)以及客户保留率、新客户开发率、客户满意度和盈利率。卡普兰和诺顿把这些称为滞后指标。他们建议经理人要明确对客户提供的价值定位。在明确价值定位的过程中,卡普兰和诺顿定义了几个与客户满意度有关的驱动指标:时间、质量、价格、可选性、客户关系和企业形象。他们把这些称为潜在的领先指标。领先指标的设定取决于企业的战略和对目标市场的价值定位。在开发平衡计分卡时,需要考虑到这些领先指标。

高级管理层在设计企业的平衡计分卡的客户目标时,要考虑以下几个关键问题:

(1) 对目标市场提供的价值定位是什么?

(2) 哪些目标最清楚地反映了对客户的承诺?

（3）如果成功兑现了这些承诺,在客户获取率、客户保留率、客户满意度和盈利率这几个方面会取得什么样的绩效?

3）内部流程角度

把管理重心放在流程再造上将对促进组织改进起一个十分重要的作用,运用平衡计分卡的一个重要原因就在于它对业务流程的关注。

业务流程角度包括一些驱动目标,它们能够使企业更加专注于客户的满意度,并通过开发新产品和改善客户服务来提高生产力、效率、产品周期与创新。至于重点要放在哪些方面或设定哪些目标,必须以企业战略和价值定位为依据。

高级管理层在设计企业的平衡计分卡的业务流程目标时要考虑以下两个关键问题:

（1）要在哪些流程上表现优异才能成功实施企业战略?

（2）要在哪些流程上表现优异才能实现关键的财务和客户目标?

4）创新与学习角度

平衡计分卡最大的优点就是能够把创新与学习列为四个角度中的一个。多年来,知识型领导一直提倡把人力资源管理提升到事业的战略层面。卡普兰和诺顿通过平衡计分卡确定了创新与学习的战略重要性。

创新与学习角度对任何企业能否成功执行战略都起到举足轻重的作用。平衡计分卡能否成功运用的关键就是能否把企业战略和这个角度很好地衔接起来。很多企业都对人力资源投入了很多精力,但它们没能将企业战略与组织的学习和成长衔接起来。卡普兰和诺顿在对其创立的平衡计分卡工具进行描述时,特别强调了这个问题。

高级管理层在设计企业的平衡计分卡学习和成长目标时要考虑以下几个问题:

（1）经理（和员工）要提高哪些关键能力才能改进核心流程,达到客户和财务目标从而成功执行企业战略?

（2）如何通过改善业务流程,提高员工团队合作、解决问题的能力以及工作主动性,来提高员工的积极性和建立有效的组织文化,从而成功地执行企业战略?

（3）应如何通过实施平衡计分卡来创造和支持组织的学习文化并加以持续运用?

企业的成长与员工和企业能力素质的提高息息相关,从长远角度来看,企业唯有不断学习与创新,才能实现长远的发展。

像所有的业绩衡量方案一样,平衡计分卡可以激励管理层的行为,使之符合企业战略的要求。由于其应用的广泛性,它可以被用来作为企业变革的修正动因。平衡计分卡强调作业的过程而不是企业的部门,它可以支持能力为基础的战略,但这可能会给管理层造成困惑,这样就很难得到管理层的支持。平衡记分卡不仅可以应用于以营利为目的的企业,还可以应用于非营利的组织,这是因为平衡计分卡同样看重财务与非财务指标在企业实现其战略目标中的作用。

8.5.4　统计分析与专题报告

1）统计分析报告

统计分析结果可以通过表格式、图形式和文章式等多种形式表现出来。文章式的主要形式是统计分析报告。它是全部表现形式中最完善的一种。这种形式可以综合而灵活地运用表格、图形等形式；可以表现出表格式、图形式难以充分表现的不确定情况；可以使分析结果鲜明、生动、具体；可以进行深刻的定性分析。

统计分析报告，就是指运用统计资料和统计分析方法，以独特的表达方法和结构特点，表现所研究事物本质和规律性的一种应用文章。统计分析报告的特点包括：

（1）统计分析报告是以统计数据为主体。统计分析报告主要以统计数字语言来直观地反映事物之间的各种复杂的联系，以确凿的数据来说明具体时间、地点、条件下社会经济领域的成就和经验、问题与教训、各种矛盾及其解决办法。它是以统计数字为主体，用简洁的文字来分析叙述事物量的方面及其关系，并进行定量分析。

（2）统计分析报告是以科学的指标体系和统计方法来进行分析研究说明。统计是认识社会的武器，着眼于社会经济现象总体的量的方面，并在质与量的辩证统一中进行研究。因此，统计分析报告是通过一整套科学的统计指标体系进行数量研究，进而说明事物的本质。在整个分析研究中，运用一整套科学的方法，进行灵活、具体的分析。

（3）统计分析报告具有独特的表达方式和结构特点。统计分析报告属于应用文体，基本表达方式是叙述事实，让数字说话，在阐述中议论，在议论中分析。表现事物时，不用夸张、虚构、想象等手法，而是用较少的文字，精确的数据，言简意赅，精练准确地表达丰富的内涵。

（4）统计分析报告在结构上的突出特点是脉络清晰、层次分明。一般是先摆数据、事实，进行各种科学的分析，进而揭示问题，亮出观点，最后有针对性地提出建议、办法和措施。统计分析报告的行文，通常是先后有序，主次分明，详略得当，联系紧密，做到统计资料与基本观点统一，结构形式与文章内容统一，数据、情况、问题和建议融为一体。

2）专题报告

专题报告是根据企业管理人员的要求，指定专人对特定问题进行深入、细致的调查研究，形成包括现状与问题、对策与建议等有关内容的研究报告，以供决策者参考。例如"关于房地产开发战略的研究"、"关于企业形象战略的研究"、"关于企业市场竞争力的调查报告"等。

专题报告有助于企业对具体问题进行控制，有助于企业管理人员开阔战略视野，有助于企业内外的信息沟通。专题报告可以由企业内部自己完成，也可以用课题、项目的形式委托大学、科研院所或咨询机构的专业人员完成；可以企业为主，聘请有关专业人员参与来完成，也可以由外部专家牵头，企业有关人员参与来完成。这要视企业的具体情况而定。无论外部还是内部专业人员完成专题报告，都要有一定的投入，但这与因盲目决策而导致的战略失控所造成的损失相比要经济、划算得多。

经验证明，一份好的专题报告，不仅能揭示有关降低成本、提高市场份额或更好地运用资本的奥秘，而且对战略目标的实现、战略时空的选择、战略措施的实施都有很大的益处。

8.6 本章小结

本章叙述了可以促进实现年度及长期目标的战略评价和战略控制框架,讨论了战略评价与控制的主要内容和基本方法。

在成功的企业中,战略制造者们都肯于花费时间来认真、系统地制定、实施和评价战略。好的战略制定者以明确的目的和方向来推动和指引企业的前进,并不断地评价和改进企业外部与内部的战略处境。战略评价与控制可以使企业决定自己的未来,而不是持续地由那些与企业的兴衰有很少或者根本没有利害关系的外部力量来决定企业的未来。

工具箱

1. 战略评价框架
2. 平衡记分卡的业绩衡量方法
3. 杜邦财务分析法
4. 关键性业绩指标
5. 统计分析报告

讨论题

1. 为什么战略评价对今天的企业十分重要?
2. 你认为一家服务业企业在公司战略评价中应采取何种数量和质量指标?
3. 作为当地的一家超市业主,你将如何评价公司的战略?
4. 指出对于评价银行战略十分重要的一些关键财务指标。
5. 解释并讨论平衡记分卡。
6. 请为当地的一家快餐店编制一张平衡记分卡。
7. 列举战略评价的方法和战略控制的方法。
8. 叙述战略评价的框架。

本章参考文献

[1] Michael A. Hitt, R. Duane Ireland. Strategic Management: Competitiveness and Globalization: Concepts. 6 editions, South-Western College Pub.

[2] 王方华,吕巍. 企业战略管理[M]. 上海:复旦大学出版社,2007.

[3] 公司战略与风险管理[OL]. 阳民管理公司(www.ampoc.org).

[4] 迈克尔·波特. 竞争战略[M]. 北京:华夏出版社,1988.

[5] 加里·哈默,等. 战略柔性[M]. 北京:机械工业出版社,2000.

[6] 安德鲁·坎贝尔,等. 战略协同[M]. 北京:机械工业出版社,2000.

【第五篇】

盈利模式

第9章

盈利模式设计

9.1 现有盈利模式

9.1.1 "DHC化妆品"盈利模式

1）案例概述

日本通信公司DHC化妆品进入中国已有多年，此公司在华各地设有营销处，业务遍及国内各级城市，在符合条件的各级商场上柜销售，玲珑精致的包装、口碑相传的品质深获消费者喜爱。在川区伊藤洋华堂、盐市口百货等商场，每天销售额均达28 000多元，消费者的光临可谓是络绎不绝，此业绩令大牌吃惊，令国内化妆品品牌所羡慕，此品牌究竟是通过什么手段获取这么大的效应呢？

日本DHC的化妆品业务始于1983年，所有产品均以通信贩卖的形式进行销售。从基本肌肤护理开始，至化妆品、美体产品、护发用品、男士护肤品、婴儿护肤品以及健康食品。经过30年努力，DHC已经成为通信销售化妆品领域的NO.1，在洁面、卸妆、保湿品占据市场领先地位。

DHC的品牌产品在全球影响深广。作为日本通信销售第一的自然派化妆品品牌，DHC以"唤醒肌肤潜力的天然护肤"为目标，采用纯天然成分作为原料，不添加任何色素和香料，彻底保护肌肤不受伤害。彩妆、香水、美白防晒、护肤、瘦身等应有尽有。

DHC在洁面、卸妆、保湿品占据通信销售市场领先地位。它的化妆水、乳液、凝肤露、乳霜、美容油、面膜、原液、美容液深受大家喜爱，彩妆产品同样也令人着迷。

随着金喜善击败众多明星，成为日本化妆品企业DHC在亚太地区的广告代言人后，这位韩国巨星开始用她那会说话的眼睛使DHC在中国内地迅速为人们认识。但在各种媒体频繁露面的DHC或许会让大家有些好奇，因为人们从未在商场化妆品专柜或商业街的专卖店里看到DHC的产品。其实，DHC采取的是一种叫做"通信销售"的独特销售模式。这家创立于1972年的公司凭借其独树一帜的销售模式风靡国际市场，在日本通信销售化妆品市场的洁面、卸妆、保湿品等领域的占有率是No.1；同时，也在美国、瑞士和韩国等全球市场风行。

2）背景分析

● **背景**

成立于1972年的DHC,凭借无店铺网上直销的成功,已连续多年在日本护肤品卸妆品类市场占有率第一,日本总部的会员高达390万人。2005年1月,DHC进入中国内地。短短一年半的时间,销售额就达到了1亿元,发展会员200多万。DHC进入中国,采取了网上直销、电话销售和目录销售相结合的销售模式运行。而本次创新盈利模式的运行,更是得到了广大消费者的支持和喜爱,前来上网购买的人越来越多。

● **市场机会**

（1）细分市场:化妆品,特别是卸妆为主打产品。

（2）品种齐全:基础护理、特别护理、彩妆、香水、化妆用具和特别套装等六大系列400多个品种。

（3）渠道多样:网络、电话、DM目录结合。

（4）体验为王:把"免费试用"作为体验,有机会促进第二次消费。

● **DHC业务运作模式**

（1）产品陈列宣传:公司专业展示厅、各大时尚专柜参与陈列展示。

（2）媒体告知性传播:在国内14个较大城市及中央电视台作报刊、电视广告传播。

（3）使用邮政资源:客户名址资源、信函制作及投递网络、包裹配送网、代收货款信誉度。

（4）以会员制为客户连接销售渠道:按日、韩及中国台湾销售惯例。

（5）以产品DM为经常性业务扩展手段:按日、韩及中国台湾销售惯例。

（6）以呼叫中心及邮政回函为信息交流工具:按日、韩及中国台湾销售惯例。

（7）以特大型城市为开端,向全国全面销售为目标:2005年的销售目标为1亿元人民币,3年后达到5亿元人民币。

（8）以品牌销售为基础,为高端人群提供产品服务为发展方向。

● **行业前景**

比起那些发展已经成熟的老牌化妆品企业,DHC更加具有前进的潜力。具有开阔发展前景的通信销售模式,以及尚具开发潜力的通信销售市场,都是其能够更快在中国市场立足的前提条件。

但市场的发展并不以人为的猜测来改变,中国真正的市场环境,比营销学中分析的更加复杂。DHC面对的是一个非常真实的市场,在逐渐成长中日趋成熟起来。成都两家实体店的开张,正是DHC寻求自我突破的一个非常重要的创新过程。

在恰当的时机、恰当的地点,选择恰当的方式进入市场,其关键作用对于品牌发展自然不言而喻,DHC实体店的设立,是在把一个实体的产品展现在消费者面前,这对于完善这一品牌的品牌形象,稳固消费者的购买信心,树立品牌的核心价值都有着至关重要的意义。

3）竞争对手分析

国际知名品牌、药妆、DHC各自的优势与劣势如下。

优势:

（1）国际知名品牌（SK-Ⅱ、兰蔻、资生堂、嘉娜宝）资历较久,竞争力较强,经营产品多样化,公司分布范围广,能够吸引更多顾客,并且不断扩大自己的货源量,品牌突出。

（2）药妆（微姿）:针对性比较强,主要是功能方面。

（3）DHC 采用纯天然的原料,销售渠道广泛（短信,网上订购,款到发货,邮政汇款）,有免费的试用品,并有完整的售后服务。

劣势：

（1）国际知名品牌（SK-Ⅱ、兰蔻、资生堂、嘉娜宝）价格昂贵。

（2）药妆面对消费者比较窄。

（3）DHC 价格相对便宜。

4）营销策略

● 立体传播

为使自己的化妆品系列产品能够迅速深入目标受众,DHC 启动了立体式的传播,充分利用电视广告、报纸广告、车身广告等宣传方式,迅速让中国市场的消费者了解这一品牌。同时,DHC 提供体验式的消费,通过免费试用等方式让消费者体验 DHC 产品的高品质。这一人性化的服务在使顾客更为青睐 DHC 的同时也为 DHC 自己的营销创造了机会。如最近 DHC 就在中国启动了免费体验天然基础护肤六件装的活动,只需发短信直接在手机中抵扣 3 元挂号费（确保产品准确送达顾客手中）,就可以获得护肤套装,市场反响非常热烈。

● 会员制

会员制是 DHC 通信销售模式的一大特色。而加入 DHC 会员的程序非常简单,只需通过电话或上网索取 DHC 免费试用装,以及订购 DHC 商品的同时自动就成为 DHC 会员,无需缴纳任何入会费与年会费。新品上市时,会员可优先获赠试用装。同时,DHC 会员还可获赠《橄榄俱乐部》杂志,这一杂志由 DHC 主办,包含了产品目录与信息、美容体验信息、美容化妆技巧课堂等内容,成为 DHC 与会员之间传递信息、双向沟通的纽带。此外,DHC 会员还享有积分换礼品等多项优惠。采用会员制大大提高了 DHC 消费者的归属感,拉近了 DHC 与消费者之间的距离,也让更多人对 DHC 给予更高的关注度。

● 多渠道

DHC 拓展多种销售渠道,为消费者提供了产品获得的便利性。在这一点上,DHC 和戴尔可以说是异曲同工。DHC 在自己的网站为会员和非会员提供了操作非常简易的电子商务平台,消费者可以通过网站输入自己的用户名和密码,选择自己需要的产品代码和数量,就可以进行轻松购物。

800 免费电话的开通,使消费者不仅可以咨询美容信息和产品信息,也可以电话下订单购物。在北京、上海等十几个城市,DHC 实行速递配送,货到付款;同时,DHC 还开通了邮购服务,消费者可以在邮局通过邮购获得自己需要的产品。

● 强供应链

戴尔销售模式为人们所熟知却并不容易被模仿。在戴尔灵活有效的销售模式背后是其卓越的供应链管理。高效运转的供应链体系既保证了戴尔有效的库存控制,也使戴尔的供货及时准确,服务到位。与戴尔一样,DHC 强有力的供应链策略、有效的信息系统和到位的执行力度,使 DHC 在最短时间内响应顾客的需要,及时供货,让消费者能够在第一时间拿到自己想要的商品。

5) 盈利模式

● 推出"卸妆"核心产品

DHC 在众多产品中选择"卸妆"作为主打品种,这就是我们所说的核心产品,用卸妆品种切入化妆品市场。这个定位立刻让 DHC 从众多竞争对手当中区隔出来。卸妆品的使用者一定是那些经常化妆的人,这些人是化妆品的重度使用人群。这些人的化妆品使用量将会是一般女士的 3 倍以上。这样 DHC 聪明地推出"卸妆"核心产品,帮 DHC 品牌赢得了消费者的好感和信任,品牌推广无形当中带来了其他系列产品的销售。

● 走"不寻常"网上直销

该模式的亮点是 DHC 作为一家化妆品网上直销行业,并不像安利、雅芳那样是人和人之间的直销,而是企业和消费者之间的直销。这就涉及到一个问题,大量的客户名单从哪里来? DHC 通过网络、短信、800 电话推出免费试用装,利用人们爱贪小便宜的心理,留下了客户的宝贵资料。并且,虽然是免费的化妆品,但消费者却支付了试用装的快递费用,其实也就抵消了化妆品的实际成本,这样的一举两得,让企业的经营成本大幅降低。

● 借助媒介传播

凭借在接受度高的传统媒体(电视,报纸等)和新兴媒体(网络平台)上打广告,并且找来人气明星做品牌代言,其目的只有一个,那就是吸引爱美女性的关注,引发她们去试用,并进一步促成更多购买,取得网上直销的最佳效果。

● 寻觅物流合作伙伴

日本市场上的成功,却并不意味着在开发中国市场时就会事事如意。如何找到更好的物流合作伙伴,如何发展出更协调的物流合作关系是目前摆在 DHC 面前的首要课题。

在日本和美国,由于当地物流网络非常健全,DHC 的配送业务都是统一包给一家第三方物流公司来完成的。但在中国,由于物流业还存在着地区分割的情况,所以在每个地区建立网络时都需要在当地寻找物流合作伙伴,因此特别希望能有信誉良好、体制健全的物流公司与其合作。同时,当 DHC 希望能提供更为消费者青睐的货到付款服务时,它与物流公司之间的合作也面临着更大的挑战。

DHC 目前最大的问题就在于和物流公司之间的合作。提供货到付款服务,一定要跟物流公司配合,由物流公司帮 DHC 收款,然后再由它们把钱交还给 DHC。在这个环节中,DHC 会和物流公司签一个更为严格细致的合同,因此,双方是否能就此谈下来就成了一个问题。现在,DHC 正在寻找特别适合的合作伙伴,以便能为中国消费者提供货到付款服务。

据了解,截至目前,在中国内地,DHC 已经能提供货到付款服务的城市一共有14 个,包括上海、广州、深圳、北京、南京、杭州等。

6) DHC 的"脚踏两条船"

2007 年 4 月起,DHC 的会员不再仅仅通过网络或是电话订购的方式购买 DHC

的产品,遍地开花的直营店成了其销售的新渠道,为招徕那些尚未成为 DHC 会员的消费者打开了一条新途径。

可以肯定的一点是,从以通信销售模式进军中国市场,再到直营店遍地开花,当中只间隔了两年,这个"双管齐下"的战略脚步,迈得比任何其他市场还要快。所以我们有理由相信,DHC 一开始坚持的通信销售模式确实是让他们遭遇了一些尴尬。

应该说,前期的"通信销售"更多是强势品牌形象推广的一部分,销售功能并不见得很强,而在立体式的广告投放下消费者对 DHC 品牌的知晓度增加,通过网络渠道的配合,有助于增强消费者对产品的认知,从而巩固广告效果。为真正拓展和占领一定的市场份额,DHC 必然变单纯的直邮派送免费试用品为互动性和体验性更强的终端沟通。

7)DHC 的四大攻势

第一,形象攻势。国际品牌形象的树立,高档品位的宣传。

第二,信心攻势。DHC 采取的"通信销售"模式虽与戴尔极其类似,但是极易令中国消费者与"电视购物"甚至于"变相传销"联系起来,因此,DHC 必须先做到"信心销售",让中国消费者广泛接受、认可。

第三,口碑攻势。DHC 所推崇的会员制,其实很多化妆品品牌都在实行,这就迫使 DHC 要做得更好,通过会员创建强势的品牌口碑,扩大品牌知名度和忠诚度。

第四,服务攻势。供货与服务必须确保"第一时间"到位。这是 DHC"通信销售"模式另一个重要的基础,即强力有效的供应链面临的挑战。

9.1.2 "阿明食品"盈利模式

1)案例概述

在充分的市场竞争中,所有成功进入阳光下的利润区,并在利润区停留较长时间的企业,所有能够创造长期持续的,高于行业利润平均水平的企业,都值得钦佩和研究。

分析上海三明食品有限公司的盈利模式,可以让我们得到一些启示,在中国,究竟是怎样的中小企业可以走得更远。

阿明品牌注册至今,已有 20 年历史。阿明品牌由上海三明食品公司创建,该公司是国内知名的专业生产、销售"阿明"品牌休闲食品的企业。同行中,首家通过了 ISO9001 质量体系认证和 HACCP 食品卫生安全认证,并连续被评为上海市名牌产品,"阿明"商标也已连续多年被评为上海市著名商标。该公司也是唯一一家获得双殊荣的以炒货为主的休闲食品的生产企业。

上海三明食品公司的生产基地坐落于上海市闵行区华漕经济开发区,拥有 2 万多平方米的现代化厂房,5 万平方米的物流配送中心。该公司的注册资金 2 000 万元,总资产接近 3 亿元,具有每年的销售额均达到数亿元人民币的骄人业绩。

公司的主要产品从原有的香瓜子、西瓜子、白瓜子、桃仁、花生果、坚果类等传统炒货类食品,发展到现今鸭肫肝、牛肉干、牛肉丝、鱼片、蜜饯、糖果等各类中高档的休闲食品。整个市场覆盖了包括香港、台湾在内的中国各地,同时,产品还远销欧美、东南亚。

公司一直致力于将"阿明"品牌打造为中国传统休闲食品的传承者,全球休闲食品的求新者。其依靠科技与人才的力量,以及品牌精神与责任信念,获得了广大经销商的嘉许,同时在众多消费者心中树立了尚佳的著名品牌意识,成为了全球华人及外国朋友心目中最钟爱的品牌之一。

● 外部分析

表 9－1　阿明品牌外部分析表

威　　胁	机　　会
<ul><li>市场品牌数量多</li><li>商超卖场渠道费用不断上升</li><li>供应商供货价格提升</li><li>物流成本上升</li><li>生产人员成本上升</li><li>竞品宣传力度加大</li><li>竞品跟进反应速度快</li><li>劣质品的冲击</li></ul>	<ul><li>消费者对老品牌的信任</li><li>网上销售总体趋势看好,且物流成本可转嫁到买方</li><li>专卖连锁店销售趋势看好</li><li>消费者更专注自身健康,越来越抵制垃圾食品</li><li>政府对食品的安全问题加大管理力度,对劣质品生产商有一定震慑作用</li></ul>

● 内部分析

表 9－2　阿明品牌内部分析表

优　　势	劣　　势
<ul><li>品牌历史较长</li><li>区域品牌知名度,美誉度较高</li><li>消费者忠诚度高</li><li>生产力初具规模</li><li>产品品质稳定</li><li>在行业中,产品品质较高</li><li>信息管理全部电子网络化</li><li>产品几乎覆盖所有上海食品销售市场</li><li>区域同行中,利润水平较高</li></ul>	<ul><li>年轻消费者接受度低</li><li>产品过于传统,缺乏创新</li><li>对全国市场的持续投入能力有限</li><li>品牌宣传力度小</li><li>品质提升,成本上升,影响利润空间</li><li>进货和渠道成本只能通过直接转嫁消费者而保证利润,减少自身的市场竞争力</li><li>由于产品定位较高,不便在市场终端作出有力的打击对手的价格策略和促销策略</li></ul>

2) 五大盈利模式

像三明食品公司这样一个优秀且长期经营的企业,其盈利模式往往具有综合性特色,是通过将多样化的模式融合起来形成的,最终形成一个企业富有特色的不可复制的成功模式。以下内容则是我们对该企业的成功盈利模式的拆分解析。

● 同行联手模式

企业运作

➢ 2003 年 1 月,公司董事长尹文明联合各种所有制会员单位 55 家,由炒货原料供应、生产加工、销售及相关企业,成立上海炒货行业协会。

➢ 2003 年 6 月,公司联合炒货品牌发起对家乐福渠道不合理渠道收费的抵制。

➢ 先后对 ISO9001 及 ISO22000 食品安全管理体系提出调整意见。

➢ 自 2003 年起,阿明品牌产品在上海休闲食品市场的平均占有率逐年递增约11%。截至 2008 年,已达到 70%。外地所遍及城市的平均市场占有率达到约 40%。

盈利区

在渠道过于强势的环境中,供应商的联手往往可以带给渠道不可渺视的压力。这样的联手可以维持整个市场的正常生态竞争。同时,也对当地的品牌起到相互扶植的保护作用,并为抵御外来品牌和全球品牌打好一定基础。

联手同行,结合制定行业标准,可以让企业在一定时间内成为行业龙头。

模式评定

模式安全指数:★★★★★

持续盈利指数:★★★★★

创新能力指数:★★★★★

● **区域领先模式**

企业运作

➢ 自品牌建立20年来,阿明食品一直坚持精耕上海本土市场、辐射全国市场的思路。

➢ 建立上海品牌,在同行中率先获选上海市著名商标和上海市名牌产品。

➢ 1997年前,阿明食品基本占据了上海所有的主要商场专柜。之后,又占据了上海主要的超市卖场渠道。

➢ 董事长尹文明先后入选人大和政协,获得更多的区域政府支持。

盈利区

不是每个企业都适合做全国甚至全球性的企业。当地球遭受灾难的时候,巨型的恐龙是最先灭绝的动物,而小型的蜥蜴却活到今天。

多数企业可能做到的是,在一个区域市场内做到行业领先地位。俗话说,强龙难压地头蛇。一方面可以抵御强敌,力保根据地城池不失;一方面又能实现比恐龙型企业更高的利润率,因为全国性企业的运输及销售成本要比地区性企业大得多。

当然,本案例并不是提倡企业丢掉进取心,而是在根据地固若金汤之后,再脚踏实地做下一个市场。

模式评定

模式安全指数:★★★★★☆

持续盈利指数:★★★★★☆

创新能力指数:★★★☆☆

着力点和规避点

锻炼自身的抗击打能力;企业发展之后,在自己的区域内加固进入壁垒(如区域品牌忠诚度、价格、媒体关系等);加紧人才储备,把自己的成功经验以文字的形式整理成册,以备开拓下一个目标市场之用。

对手通常会推出你所没有的新产品来进攻你的根据地,不要等闲视之;知己知彼之后,应及时拿出应对之策,如针锋相对推出新产品、巩固品牌形象等。

● **原料控制模式**

企业运作

2007年,公司决定提高核桃产品的利润增长率,并控制江浙沪地区主要核桃加工品牌的原料价格。于是,采取了若干措施,如表9-3。

表 9 - 3　运作模式表

措　　施	利润贡献作用
在四川广元建立以原料收购为主要目的的广元阿明食品公司	60%
创新核桃加工工艺	20%
延伸核桃类产品的产品线	20%

盈利区

手中有粮，心中不慌。控制了行业必需的上游资源，企业既有了做大做强的可能，又在行业内占据了一览众山小的地位，有产成品定价的话语权，就能在保证自己高利润的同时，强有力地打击对手；并能团结相当一批同行联手开拓市场，成为行业"盟主"。

模式评定

模式安全指数：★★★★☆

持续盈利指数：★★★★★★

创新能力指数：★★★★☆

着力点和规避点

控制原料市场需要动用巨额的资金，一般企业是做不到的。该模式更适合那些对后来者实施沉重打击的行业领先者。

首先企业应审视要"囤积居奇"的原料对控制下游市场而言是否有价值，如果该原料有诸多的替代品，应放弃控制计划。

并不是有了资金就能买到一切，领先企业在实施该模式之前，要首先审视与绝大部分原料供应商关系是否够"铁"，然后再考虑是否有能力封住原料出货口，让对手"断炊"。

● **产品金字塔模式**

企业运作

产品金字塔模式见图 9-1。

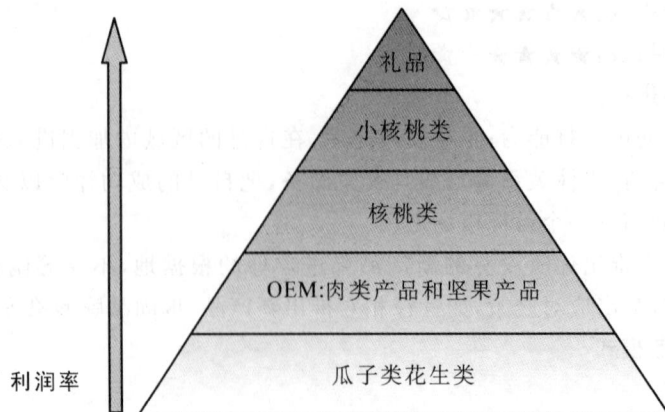

图 9-1　产品模式图

表 9 - 4　盈利表

类别	盈　利　作　用
礼品	组合类礼品,可以进行团购销售,因其无须公司经营成本以外的其他开支,因此能创造最大利润,占全年利润的50%
小核桃类	质量和口味都已经被市场公认,且品质稳定,保持同行中的最高售价,能满足高品质口味需求的消费者
核桃类	控制原料成本后,产生更多利润空间,市场价格上面也更具竞争力;利润产出则更多用在该类新品的研发上面
OEM: 肉类和坚果类	OEM产品,不具备价格优势,但品牌效应和品质掌控能力使这个类别的产品也具有很好的销售表现
瓜子类、 花生类	低利润产品,但市场覆盖最大,最易被市场接受,销量最高,对品牌起到很好的宣传和维护作用

盈利区

为了满足不同客户对产品风格、颜色等方面的不同偏好,以及个人收入上的差异化因素,企业为了使自己的客户群最大化,不得不推出高中低各个档次的产品,从而形成产品金字塔。在塔的底部,是低价位、大批量的产品;在塔的顶部,是高价位、小批量的产品。

大多数利润集中在金字塔的顶部,但塔底部的产品也具有重要的"防火墙"作用,可以有效阻碍竞争者的进入,保护顶部产品的丰厚利润。

模式评定

模式安全指数:★★★★☆

持续盈利指数:★★★★☆

创新能力指数:★★★☆☆☆

着力点和规避点

应建立以用户为中心的产品体系设计,注意用户的偏好和购买能力,适时调整自己的价格策略。

每一个档次的产品所定位的客户群一定要明确,并把它们分别投放到各自适合的市场中去,切忌含糊不清。

高档产品力求利润,低档产品力求做"量"。

● **速度改进模式**

企业运作

见表 9 - 5。

表 9 - 5　改进表

项目	包　装	产　品	渠　道
措施	袋包装产品从材质和画面上,年年更新	每年开发或引进2~3个产品	2007年开始,大力发展团购、电子商务、直营专卖店、加盟店

项目	包　装	产　品	渠　道
作用	・ 防止竞争对手模仿或被不法商贩假冒 ・ 增加对产品品质质量保护 ・ 迎合市场需求,对付竞争	・ 始终把握市场龙头地位 ・ 扩大品牌覆盖面,更多占据市场	・ 大力发展直销、直营、加盟渠道 ・ 向上整合资源,减少渠道资金投入,提高盈利空间

盈利区

创新速度高于行业平均水平的企业总是具有先行优势,推出的新产品总能获得超额回报,随着效仿者的跟进,利润开始受到侵蚀。此时创新者的速度优势再次发挥出来,又推出新的产品获得另外的利润,效仿者又跟进的时候,创新者又推出新的产品……

周而复始,这样的企业所获得的利润率总是超过行业平均利润率很多,而且始终处于行业的龙头地位。

模式评定

模式安全指数:★★★★☆

持续盈利指数:★★★★★

创新能力指数:★★★★★

着力点和规避点

选择该模式的企业本身应是学习型企业,适应新事物的能力强。研发投入会相当高,技术人才储备要充足。

创新的速度不仅表现在深度,还表现在广度上。速度太快,技术太超前,不一定能被广大客户所认同,曲高和寡而失败的例子中外皆有。最好是保持领先 1 年到 2 年的技术距离。

新产品推出之前,先设计好原有产品的退出步骤,避免撞车和不必要的库存积压。

3) 小结

通过以上五大盈利模式的运作,上海三明食品有限公司的劣势逐步发生了巨大转变,见表 9 - 6。

表 9 - 6　模式转换表

模式运作前的劣势	劣势转变为优势
・ 年轻消费者品牌接受度低 ・ 产品过于传统,缺乏创新 ・ 对全国市场的持续投入能力有限 ・ 品牌宣传力度小 ・ 品质提升,成本上升,影响利润 ・ 进货和渠道成本只能通过直接转嫁给消费者而保证利润,减少了自身的市场竞争力 ・ 由于产品定位较高,不便在市场终端作出打击对手的价格策略和促销策略	・ 年轻人品牌接受度提高 ・ 引入产品研发专业人才,每年都有新产品成功上市 ・ 外地市场的开发,改变原先的分公司模式为办事处模式,降低运作成本,提升管理持续能力,将更多资金用于精耕上海市场 ・ 控制原料源头,开辟利润源,保持利润高于行业平均水平 ・ 开辟直营、直销、加盟渠道,整合资源,使销售终端管理主动性更强

理论上,将企业的生命周期分为孕育期、成长期、成熟期、衰退期,这四个阶段。而一个成功企业往往就是能够在企业成熟的阶段继续寻找突破,将劣势转变成优势,不受瓶颈的影响,使公司再次飞跃到另一个高度,经历更高层次的成长阶段和成熟阶段。

9.1.3 "春秋航空"盈利模式

1) 案例概述

春秋航空方面透露,2009 年上半年公司完成营业收入 8.94 亿元,同比增长 20%;利润 4 117 万元,同比增长 200%。春秋航空董事长王正华补充,截至 7 月 25 日,春秋航空已实现利润 7 000 多万元,这一数字不包括上半年即将返还的民航建设基金。2008 年,春秋航空因获得 2 000 余万元的民航建设基金而实现盈利 2 104 万元。王正华透露,公司目前拥有 13 架空客 A320 飞机,其中一架为自购。到 2015 年,公司的机队规模将快速扩张至 100 架。

春秋航空开航 4 年来,运营飞机已增至 13 架,运营 30 多条国内航线,建成了一个初具规模的廉价航线网络。由于拥有母公司春秋国旅的客源保障,其平均客座率高达 95%,居全世界航空公司之首。春秋方面表示,在进入国际航空市场后将扩大机队规模,目标到 2015 年拥有 100 架空客 320 或 319、321 客机,其中一半购买一半租赁。

至于购机和租赁所需的巨额资金问题,王正华表示将通过上市融资的办法解决。他说,上市一方面是为了钱,更重要的是为了引入现代企业制度。春秋航空作为民营企业,目前权力过于集中,正好借此机会形成科学的公司治理结构。据透露,春秋将选择一个较好时机在上海 A 股上市,融资规模在 10 亿元以上。

作为民营航空的代表,春秋航空一直坚持"廉价"路线。开航几年来,其票价比中国国际航空股份有限公司、中国东方航空股份有限公司、中国南方航空股份有限公司等全服务公司平均低 20%~30%,按运送一千万旅客计,省下了近 20 亿人民币。廉价带来了高知名度、95% 的高客座率、更大的市场蛋糕,也带来了巨大的成本压力。

商务旅客的迅速增加是重要原因,这些乘客对廉价航空的服务质量提出了更高的要求。近年来,春秋航空的"廉价"机票吸引了越来越多的商务旅客,目前已有 70% 是回头客。他们不但买一两折特价票,也买四五折的票,成为新利润来源。由于经常乘机出行,他们习惯于安静的机上环境,自然很难接受春秋航空的"客舱叫卖"。

2) 背景介绍

● 宏观经济分析

2008 年开始,世界经济贸易增速有所放缓。美国次贷危机引起了国际金融市场的动荡以及美国经济的减速,并在一定程度上拖累全球经济增长。同时,次级贷款危机蔓延也会进一步影响全球资本市场和货币体系稳定,导致一些国家的保护主义势力抬头,影响国际贸易和投资健康发展。

未来全球经济增长放缓会减慢航空运输需求的增长,新市场的开放和新的路线、服务的提供,会对航空运输需求增长产生促进作用。预计国际客运增长将有所放慢,国内客运增长略有加快。航空运输增长较快的市场主要在中东、亚太和非洲地区,欧洲整体增长水平接近世界平均水平,北美市场比较成熟,增长速度相对较小。

成熟的国际低成本航空

美国 1990 年低成本公司市场份额为 7％,2005 年市场份额为 26％;欧洲目前市场份额为 17％;亚洲 2003 年是 0.5％,2005 年是 5.5％,低成本公司发展非常迅速。

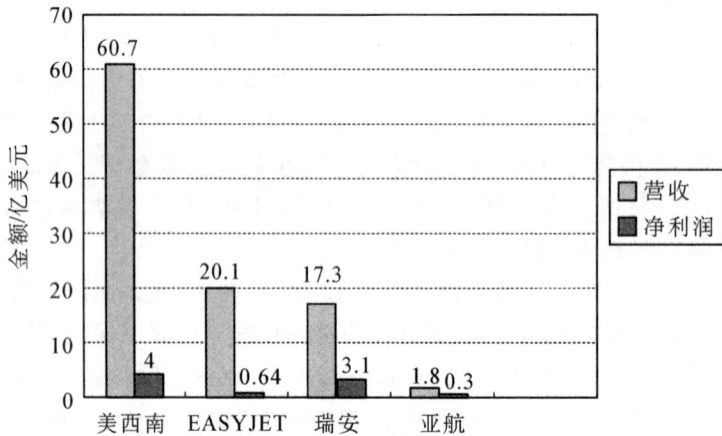

图 9-2　部分航空公司销售额和利润对比

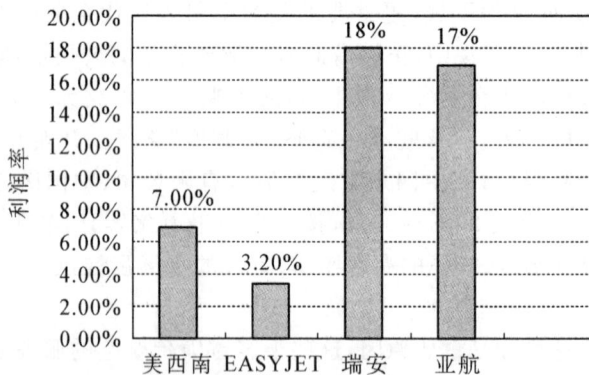

图 9-3　部分航空公司利润率对比

以上的资料充分说明国际的低成本航空是成熟的、成功的。尤其是低成本航空鼻祖美西南航空在历经"9·11"事件、"非典"后依然一直保持着盈利性经营。

中国的低成本航空初显市场

中国航空比重不断上升,2005 年达到 11.7％。由于其他种类运输规模远大于航空运输,几个百分点的改变对航空公司就意味一个巨大市场;民航客公里票价逐年降低,2004 年降到 0.58 元,而铁路客公里票价大约在 0.06 元到 0.55 元之间。

坚持绝对低成本可从铁路分流巨大客源,如果票价不低,铁路同样可以分流航空客源。

一项调研显示,自费客中有 93％愿意选择低成本航空,公费客中有 68％愿意选

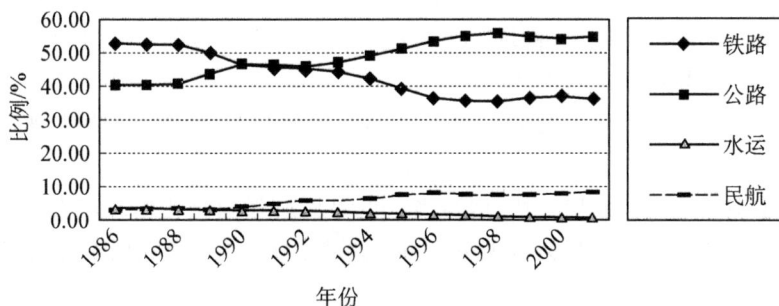

图 9-4　低成本航空市场图

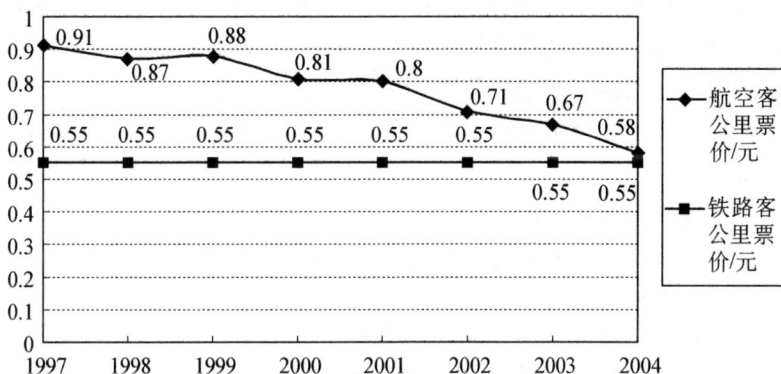

图 9-5　航空和铁路价格图

择低成本航空,航空运输市场中自费客占 40％,公费客占 60％。二者综合相加,愿意选择低成本航空的旅客比例达到 78％。

以 2005 年民航运输旅客 1.38 亿计算,低成本航空的目标顾客大约就有 1 亿人次。而且随着潜在需求的开发,低成本航空市场份额将会越来越大,因为潜在需求大部分是低成本航空的需求。

从"小康"之家,长途旅游的需求来看:70 年代末 80 年代初,多数选择火车硬座;80 年代末 90 年代初,逐步选择火车硬卧;90 年代末 21 世纪初,逐步选择了飞机。这就是低成本航空在中国必然出现的经济和市场的原因。

春秋从 1997 年开始利用早晚航班、包位、包机、高客座率取得了运营方面低成本航空雏形的成功尝试,运转 13 个月便获得了低成本航空的初步成功。

低成本航空出现的因素:

(1) 根本原因是经济发展到一定阶段。

(2) 旅客出行的需要和市场的因素。

(3) 文化社会科技等因素。

(4) 政府的支持也是重要因素。

● 市场分析

行业前景分析

中国被认为是民航业中发展最快、发展潜力最大的国家。据波音公司预测,未来20年间,中国将需要2 400架新飞机,成为全球第二大航空市场。国际机场协会也表示,中国已经成为世界上机场数目增长最快的国家。目前国际民航平均的人机比是100:1,而我国民航业平均的人机比是200:1,这意味着,仅以国际民航水平计算,未来20年我国就需要民航类人才24万人,而如果以我国现在的民航水平计算则需人才48万人。

虽然中国民航事业发展很快,但与当今世界民航强国相比仍有较大差距。中国目前面临专业技术人才特别是飞行员短缺、管理水平较低、经营成本相对较高等多方面问题。

行业内影响因素分析

有利因素:

(1) 深化民航体制改革,提高对外开放水平,增强行业整体活力和发展能力。

(2) 重视安全运行管理和提高服务质量,为行业可持续发展提供保障。

(3) 更加灵活的国内航空运价将增加航空运输市场需求。

(4) 不断增加运力和加强基础设施建设,为航空运输发展提供有利条件。

不利因素:

(1) 航空运输安全基础较弱。

(2) 行业综合基础设施和资源不能适应航空运输发展要求。

(3) 政策法规有待完善。

(4) 人才结构性短缺问题依然严重。

(5) 国际油价持续处于高位,对行业盈利环境产生不利影响等。

● 竞争对手

民营航空公司:春秋航空公司、吉祥航空公司、鹰联航空公司。

优势:机制灵活,市场反应比较快。体现在具体方面就是管理方面,决策很快,非常灵活,票价水平比较低廉。

国外航空公司:马来西亚亚航、新加坡虎航、捷星航空、菲律宾宿务航空等国外低成本航空公司。

优势:品牌知名度高,商务舱、头等舱客座率高,服务周全。

3) 现有的盈利模式

● 成本优势

春秋航空内部,有一个专门琢磨廉价的团队,研究从各个环节降低成本,规划模式——市场部负责推广,辅助收入部负责“空中商城”上的产品销售和售后,甚至连飞机采购、飞行员培训等环节也大力节约成本。

这套廉价模式在春秋内部被概括为“两高、两低、两单、两控”的低成本策略以及差异化服务。

“两高”是指高客座率、高日利用率。保证客座率平均在94%以上,比行业平均水平70%摊薄成本20%。飞机每天从早上6时至深夜零时,飞行时间12小时,比行业平均水平9小时摊薄成本33%。

“两低”是指低营销费用、低管理费用。少用代理,提供网上机票直销,行业水平营销占总成本的9%,而春秋营销约占成本的3%,摊薄营销成本67%。低管理费用，人机比例行业平均水平是120∶1，春秋设定为60∶1，摊薄成本50%。

"两单"是指单一机型、单一舱位。全部采用单一空客320机型，减少航材储备、减少培训费用，技术人员可以通用。飞机上单一舱位，适当间距，空客320的行业水平一般为156座，春秋安排180座，除去头等公务舱高收入，摊薄成本10%。

"两控"是指控制可控成本、控制日常费用。在控制可控成本的同时，努力扩大可控成本的范围。飞机上不供应免费餐食和饮料的服务；手提行李体积不超过20×30×40 cm，重量不超过10 kg，免费行李重量不超过15 kg；不论什么原因，航班延误不赔偿。

空中商城模式

"空中商城"被视为春秋一项特色服务，主要就是"机上销售"，即在客舱内销售餐饮、纪念品。春秋航空的辅助收入占到了总收入的7%，但与欧洲此类航空公司相比却还有不小的差距。欧洲瑞安航空和马来西亚亚航等国际知名廉航公司此项收入的占比高达15%～21%。

2005年通航后，春秋航空就推出了这一业务，目前商品种类已经增至285种，主要是小礼品和日常用品。

2010年，春秋航空打算在"空中卖房卖车"上有所突破。旅客在飞机上签订意向书，春秋航空给予信息帮助，根据旅客留下的个人信息，再由房地产商与乘客接触。

春秋航空还有一个大胆设想，准备在飞机的行李架和机身上贴上广告，甚至还想把座位间的通道变成新品展示的T台。

廉价机票

成本优势和空中商城造就了春秋航空的廉价机票。

交通费用在旅游成本中占了50%～70%的比例，"1元"、"99元"、"199元"和"299元"的票价如同一个个重磅炸弹，消费者笑开了花，而同行们却板起了脸。

客座保证

依托于其母公司——春秋旅游，春秋航空与其旅游板块进行捆绑销售，实现互赢。

4) 盈利模型设计

● 消费者需求分析

国内有90%的人没有坐过飞机，普通老百姓能接受的飞机票价也就300元以下。

主要客户：春秋旅游的客源；旅游客辅助；立足最广大消费群（中小企业商务客、价格敏感的商务客、年轻白领、学生、探亲访友者等）。

定位：早晚以旅游客为主；中间黄金时段高密度飞行运送商务客等消费群，商务散客所占比例57%左右。

（1）目前及未来的客户需求是什么？

目前的客户需求：便宜的机票、安全、便捷、准点、良好的客户服务、开通更多的主要航线、货运的需求。

客户的未来需求：对不良服务或航班延误的投诉处理以及事后赔偿；更便捷的网络直购以及增值服务；国际航班的增加。

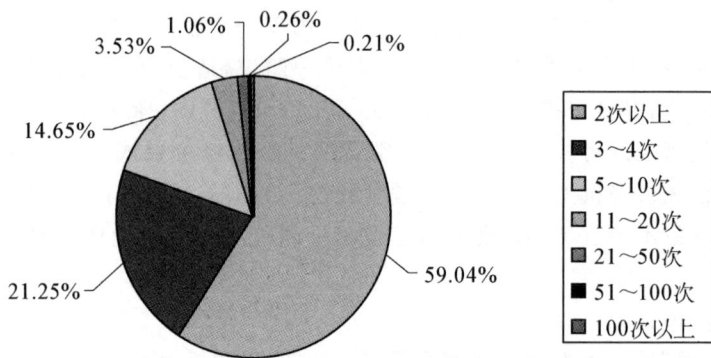

图 9-6 乘客乘坐飞机次数图

（2）何种方式可以满足这种需求和偏好？

> 提供更便捷的购票渠道。
> 航空联盟，资源共享。
> 直销降低成本，降低票价。
> 开设投诉处理部门。
> 加强员工培训。
> 提供更好的航空保险产品。
> 空中运输服务与货站处理业务整合。

（3）最适合于这种方式的产品和服务是什么？

> B2C 电子商务网上直销。
> 开通周边航空客货运输业务。
> 航空联盟网络系统。
> 上海世博会前开通国际航线。

（4）提供这些产品和服务的投入要素和资源是什么？

> 与政府保持良好的关系并和航空联盟公司之间保持良好的合作。
> 人力资源的投入。
> 资金。

（5）使用这些投入要素和资源所需关键资产和核心能力是什么？

> 与政府以及各相关利益集团之间的人脉关系。
> 稳定的现金流和上市融资。

● **盈利模式**

（1）持续低价模式——进一步扩大成本优势。

低价是大多数消费者很难拒绝的东西。坚持 B2C 网上直销为主，电话、门市销售为辅。与其他航空公司合作，资源共享，进一步节约成本。

（2）改善型"空中商城"。

在空中，以资料形式代替乘务员的宣传，顾客可以根据自己的需求，选择是否接受这样的信息，从商品内容上，也更加详尽。让合作企业提供若干纪念品，让顾客记住企业的产品（例如房企、车企）。

（3）适当提供快速食品。

选择适合的食品企业进行合作，让企业免费提供快速食品，帮助食品企业进行宣传活动，扩大知名度。这样，既不增加成本，又改善了顾客对食物的要求。

（4）建立顾客辅助系统。

在一定条件下，航班延误或取消，顾客将得到赔偿或相应补偿。在公交站点与机场之间，免费接送春秋航空旅客。

（5）积极参与社会活动，提升品牌价值。

直接参与社会捐赠活动，从票价中提取一部分费用进行捐赠。

5）盈利模式的风险评估和控制

我们可从以下几个方面分析春秋航空盈利模式的风险及应对需要采取的风险控制。

客户：目前的营运量差不多已到极限，规模如不扩大将无法满足更多客户的需求。除了低价运营以外，还需提供更优质、准时的航班服务。

合作伙伴：依托春秋旅游，必须寻找更有力的合作伙伴。妥善处理与其他公司的利益分配，谋求双赢。

竞争对手：发挥自身优势，提供优质、低廉的差异化服务。

政府公众：更好地与各级政府部门进行沟通与协调，保证各项政策的有序进行，并利用政策的指导性，实现企业的效益。

公司内部：进一步加强各职能部门之间的协调工作，全力服务于顾客群体。在公司的财务方面要形成良好的现金流量，运营所需资金可采取上市方式进行融资。

9.2　创新盈利模式

9.2.1　"淘金聚会（Home Party 服务）"盈利模式

1）案例概述

传统的聚会在中国是非常常见的，春节要聚会，中秋要聚会，像国庆和"五一"这样的长假也要聚会，这些一般是家庭聚会。而现在的年轻一代，生日聚会、交友聚会等等，现在甚至连失恋、发薪水、不加班也可以作为理由拿出来聚会一下。

但现在的年轻人觉得饭店里的聚会太俗气，酒吧里的聚会又太贵，希望能去一些特别点的地方聚会。这就使得设计聚会方式常要比聚会本身花费更多的时间，而对于白领来说时间就是金钱，休息的时间就更像生命般宝贵了。全球化消费本身就是追求更便利、快捷。

于是现在开始流行起 Home Party，俗称轰趴，喜欢唱歌的朋友一定知道一首歌，里面的歌词有句就是"等等去家里 home pa 要不要来"。这个在美国已经流行了大半个世纪的东西，在美剧里大家应该很熟悉了，例如在热门美剧《Friends》中，经常出现家庭聚会的场景。朋友们聚集到一起，喝着饮料聊着天，玩着聚会时的小游戏，这成为大家向往的生活方式。

而在聚会布置方面，是个费时又累人的事，而且经常在聚会开始后才发现布置时的不足。即使是美国,一些人数较多的 Home Party 也是请专业公司协助的,这样就算在聚会时发现什么不足也可以由协助公司尽快解决。而在中国,Party 协助型公司还未成型。自然这也是隐藏在聚会背后的利润区。

2）背景介绍

● 市场状况

Home Party 在台湾和香港也已经流行了十几年了,这阵风也渐渐向上海袭来。而在时下的上海,120 平方米以上的房子和复合别墅越来越多,完全具备举办 Home Party 的条件,而且这样的聚会不仅特别而且便宜。在经过了一个礼拜工作之后,难得的休息日里,在娱乐的同时,也可以为房奴朋友减缓点经济压力。

新一代的年轻人,在生活改善的同时,享乐主义也慢慢成型,最重要的一点,他们很懒,布置这种技术加体力活,他们肯定更希望能得到别人的帮忙。这种外国生活方式也是他们非常乐意接受的,他们将成为 Home Party 的主力军之一。

在这个市场上,竞争对手非常容易进入,基本没有什么行业壁垒。而且进入的初始成本不高,可以及时止损或者退出,对于创业选择还是相当理想的。

● 竞争环境

Home Party 的目标消费人群初定位为 32 岁以下的城市居住人群,这一消费群体受到一定的经济条件制约,且没有公款消费的条件。虽然有这样的限制,但这个消费群体的市场还是相当巨大的,利润的潜力也很大。图 9-7 为全国人口年龄分布图。

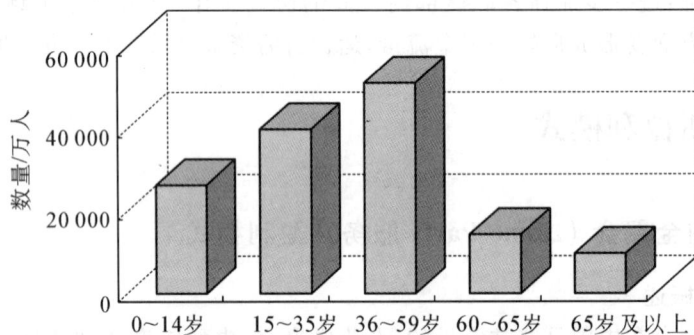

图 9-7　全国人口年龄分布

已存在的竞争对手,基本上包括一些外面的聚会场所,酒吧、KTV、茶馆、咖啡吧、浴场和一些价格实惠的饭店,等等。在 60 和 70 这一群体中,选择的聚会场所主要集中在 KTV、饭店和浴场。而更年轻的一代 80 和 90 则更多地选择 KTV、酒吧和夜总会等地方。

竞争中还包括一些潜在的竞争对手,比如一些对外的会场布置公司、婚庆公司、礼仪服务公司等等。它们本身就是从事相关的服务行业,对它们来说布置 Home Party 基本没有壁垒。但它们的费用动辄就是上千,而 Home Party 的价格绝对低廉。

还有网上的购物网站,比如淘宝也是 Home Party 的竞争对手,Home Party 预计的利润点其中之一就是在于布置时代购的一些用品和食品,相对零售商和便利店,Home Party 在价格上有一点优势,而相对网上的售价,Home Party 可能会出现一定的劣势。因为现在的网上购物,除非是拥有一定的垄断程度的货源,不然利润可以说是微乎其微,大家都是在通过量来提高利润。

还有一些让会员自主组织聚会的平台,比如大众点评网,里面除了部落、公会等,会定期组织一定的聚会。大家还可以自主组织聚会,提起号召,让不认识的人来参与。他们虽然在外面消费,但所有的消费都是以团购的形式,价格也相当低廉,形成了更有利的竞争能力。

可见,虽然这还是个未发展的市场,但这里的竞争也相当汹涌。

3）盈利模式

● 需求分析

Home Party 把初始的消费群体分为三类:喜欢夜晚在外面聚会场所的年轻人、宅在家里没有勇气出去的年轻人、家里本身就有很多家庭聚会和朋友聚会的人。

第一个目标群体,喜欢夜晚在外面聚会场所的年轻人,主要去的地方是 KTV、酒吧。我们都知道,市区的 KTV 晚上的价格一般是 70 元/3 小时每人,如果朋友一起去,以 10 个人来算,就要 700 元,而且一般唱的时间是超过 3 小时的,很多地方还超过这个价格。上海的酒吧属于偏贵的,卡座的最低消费是 1 500 元,包房的最低消费是 2 500 元,一瓶好点的酒动辄上千,一小瓶啤酒也卖到 50 元。大家平摊下来一晚上花掉 300～400 元是很正常的,花 1 000 也是常有的事。也许他们经济并不拮据,不过这样的开销应该也不便宜。所以,针对他们的大开销,Home Party 首先以国外时尚的生活方式来渲染他们,然后用价格优势打开他们的市场。

如果这类群体属于超有钱家庭的孩子那就更简单了,更加满足 Home Party 聚会协助布置的条件:有钱,家大,懒得自己布置。而且他们更喜欢带朋友来炫耀一下自己的家,体现出社会地位。

第二类人群也是现在社会上常见的一类人。随着互联网的发展,宅男宅女越来越多,沉迷于网络社区、网络游戏的人,他们只要有一台可以上网的电脑,甚至可以在一个小房间里待上一年。看上去他们不太可能成为聚会的目标客户群体,但这只是表象,往深层次看就会发现,他们也是一个很大的客户群。沉迷于网络说明他们缺少社会交流,甚至是缺少社交能力,没有自己的交流圈。有一部分人并不是不想聚会,他们有这样的需求和意愿,只是没有机会而已。这里 Home Party 可以他们缺少社会交流作为突破口,夸大缺少社交能力的危害等,甚至强化到心里层面的疾病上去,让他们意识到问题的严重,促使他们想要聚会。

第三类客户一般是有一个较大的家庭,或者是个大家族,各成员住的地方离得不远而且大家的关系很好,或者是朋友同学常聚在一起玩的。这些都已经符合 Home Party 的要素。打开他们的市场就要体现出 Home Party 优质而高效的服务,让他们体会到不用自己布置准备的轻松。

● 组织结构

Home Party 公司设立之初的组织结构要相对简单。总经理也要协助管理财务和人事,最好总经理亲自控制财务部。开始员工不用太多,可以打工学生为主。一个工作单位决定为 3～4 人,只要有一个正式员工管理,其他临时员工做辅助。这样能达到控制公司运营成本的目的,到了企业较为成熟之后再改变队伍的组成。培训方面要控制严谨,除了要认识公司的各类规章外,还要将大家一起创业的热情和公司的宗旨"优秀的服务"渗透下去。图9-8为公司组织结构图。

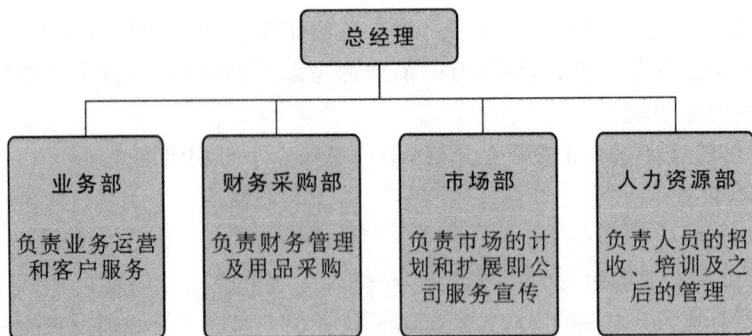

图9-8 公司组织结构图

采购方面可以模仿网购模式,去仓库进行批发协议,根据业务的需要去提货,这样既不需要自己的仓库,还可以提高自己的价格优势,这也是公司运作中的利润点之一。

在公司创立之初,市场部可以网上宣传为主,除了建立自己的网站和社区外,还要去聚会类的网站,如:易聚网、中国聚会网、东方聚会网,以及一些比较知名的年轻人社区论坛,在那里发表心得文章来进行宣传。拉拢他们到公司自己的网站进行会员注册,以早期优惠的策略发展成公司的顾客。在公司的网站上要对不同客户采取不同的策略。

● 运作模式

公司的宗旨以"优秀的服务"为主,先对员工进行培训,包括工作作风、礼仪、穿着等方面的培训。尤其是穿着方面要让顾客有一种干净、热情、统一的舒适感觉,公司有自己的工作服和一些配套的用具。员工培训之后就是寻找业务了。

首先可以通过网站等宣传方式寻找自己的业务。对通过网站和电话的订单作统一记录,然后根据业务的大小和位置、时间等因素派小队上门服务。

图9-9为公司运作模式图。

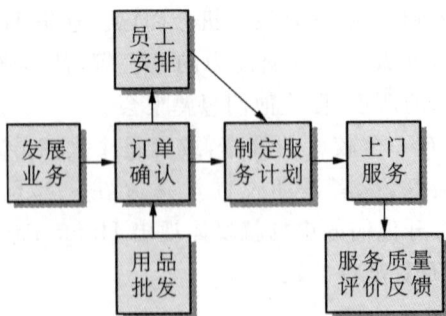

图9-9 公司运作模式图

● 盈利预测

本身这个盈利模式就是建立在降低成本的基础上,所以对于利润点的设定相当关键,关系到客户是否会寻找公司提供服务。

预想的利润点是对聚会用品的代购和一些聚会用具的租借。而在定价方面，公司力图做到的是用品比外面的零售价略低，其中的利润点是公司协议批发和零售之间的差额，虽然利润极低，但以量取胜。

表 9 - 7　预计收费和利润表

	用品代购（总花费）	用品代购（利润）	用具租借（总花费）	用具租借（利润）	服务费用（总花费）	顾客需要支付的费用	预计利润
小型聚会	100～500	20～100	0～200	0～60	100～200	200～800	100～200
中型聚会	500～1 000	100～200	0～500	0～150	100～400	600～1 800	200～450
大型聚会	1 000 以上	200 以上	500 以上	150 以上	200 以上	1 500 以上	400 以上

表 9 - 8　预计月利润表

	预计订单数量	预计发展小队数量	预计营业收入（元/月）	预计公司开支（元/月）	预测点利润（元/月）
第 1 个月	10～30	2	4 000～24 000	3 000～18 000	1 000～6 000
前 3 个月	120～240	5	2 万～12 万	18 000～80 000	2 000～40 000
前 12 个月	360～720	20	10 万～80 万	8 万～50 万	2 万～30 万

以上两个表格 9-7 和 9-8 是预测的收费和利润，以每月 4 个双休日共计 8 天来计算订单数量，所以公司日常只需要值班小组，大多数小组可以休息，这样就降低了公司开支。

在公司设立之初，重点是在扩大市场的前提下严格控制运营成本，并注重打造品牌。而等到品牌建设成一定规模后，再通过新扩展的其他业务进行盈利；而主营业务，即聚会服务始终以廉价为主，保持该市场的控制和业务生存能力。

● 控制风险

为了规避创业时的风险，公司刚设立时应尽量控制员工的数量，一些用于租借的工具，也只采购一部分，数量不足时也采用租用的方式。业务部的员工主要用兼职的打工学生为主，以避免业务不足造成的人力资源浪费。这样也可以在业务不稳定时及时减少亏损，等业务发展稳定后再进行员工的扩充和部门的扩充。

而公司开始时总经理要兼管财务部和人力资源部，并协助市场部、采购部和业务部的工作，完全控制好公司的收支情况和人力发展状况，并监督好公司发展的方向。要吸取宅急便的发展教训，切忌盲目扩张而导致资金流和业务流的断裂，要以稳扎稳打为主。

● 品牌建设

公司的品牌建设过程也是企业文化的树立过程。Home Party 公司的发展策略是"薄利多销"，为能在 Party 协助行业中占有一席之地就必须要做好品牌建设，这样才能持续稳定地增加业务量，同时增加企业收入和员工的自信心。在品牌建设中可以参考海底捞的品牌建设策略，让公司的品牌和优秀的服务联系到一起，利用品牌拉动客户，进而还要靠品牌的优势进军其他的业务。图 9-10 为品牌建设图。

图 9 - 10 品牌建设图

● **公司发展**

公司未来的发展将根据主营业务的发展程度择机而动,主要从已有业务和相关业务两个方面分头发展。

已有业务除了主营服务的全面化和多样化发展外,还要向其他城市发展,主要面向大型城市,比如北京、深圳等,中小型城市暂时不适合发展聚会业务,对其他城市的发展也是巩固前进。

对业务的多样化发展要以帮助聚会策划和聚会气氛营造为主。公司未来也将建立类似大众点评网的一个自主组织聚会的平台,方便大家聚会认识,并形成公司自己的会员公会群和部落群。

相关业务则是以上门服务为主题,以品牌为基础,抢占旅游聚会和家政服务等业务。上门服务也是城市化的一个特征,原来必须要出门完成的事将被上门服务所取代。图 9 - 11 为公司发展图。

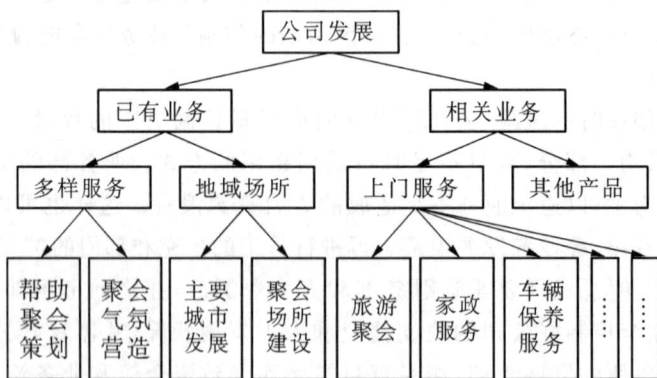

图 9 - 11 公司发展图

4)总结

公司的目标是一条龙的上门服务,这不仅符合现在消费的特征,方便快捷,同时也符合现代消费观的廉价和实用并重的特点。随着人们日益缺少交流机会和内心感到孤独,Home Party 的生活方式一定会有自己的生存空间。公司将通过努力在客户心中打造一个优质服务、聚会首选的烙印,一个深刻的品牌效应。伴随着服务业的发展,公司不仅仅是聚会协助布置公司,也将在其他行业占有一席之地。

9.2.2 "智汇中心"盈利模式

1）案例概述

从马斯洛需求理论中可见,有一份工作是支持人们在这个社会中良好生活的基础。然而,中国现在面临的就业压力越来越大,越来越多的能者被埋没。

"智汇中心"将给大家带来一种新型的就业形式。它不同于传统的职业介绍机构,即使你只是初生牛犊,即使你先天有所缺陷,即使你无法在人面前自由地表达你的想法,但是只要你有能力,那么,在智汇中心这个平台上总能展现出你的才华,并获得你所应该拥有的价值。

并且,对于用人单位企业而言,智汇中心也可以为其节省一笔不小的开支。

2）背景分析

● 宏观分析

经济:2007 年美国的次贷危机引发了全球性的金融危机。

社会:2009 年,我国人口已达到 12.48 亿人,且人口仍在不断增长中。如果没有新的政策出台,那么直到 2022 年,我国才能进入人口负增长时期。

政治:1999 年全国高校扩招了 48%。据有关数据称,2002 年,我国高等教育毛入学率达到 15%,2005 年,全国各种形式的高等教育在学人数达到 2 300 万人。2006 年有 100 多万未就业大军,另新增 82 万毕业生。而 2007 年的金融危机波及全世界,这也影响了中国的经济,未就业人数非常不容乐观。在此情况下,政府也采取了一系列积极措施应对,如推出支持创业的政策,鼓励创业从而带动就业。

技术:网络的发展,导致世界是平的,信息更为及时充分。

文化:对于没有工作经验的毕业生而言,用人单位在选择员工时,主要视其学历与学校品牌,其次还会凭借一些主观的标准进行选择。比如,人的外表是否得体,家庭背景是否过硬等。对于已就业的人员,则更多地看其经验,做过什么项目,有些什么能力。而对其是否有真才实学则更多的是碰运气,需要时间来验证。在公司里,则以年老者为尊,年轻者不论有怎样的能力,都不太会被重视。

● 行业分析

智汇中心是一家人才资源服务公司。就人才资源服务行业而言,截至 2008 年底,全国已有各类人力资源服务机构 27 368 家。其服务内容也在不断扩展中,覆盖人事行政、员工福利、人才招聘、员工关系、岗位外包、财务外包、咨询、培训、商务代理、外籍人员服务、海外劳务等多维领域的人力资源服务。同时,人力资源也更为专业化,实现直接针对企业客户和员工的信息速递、个人信息查询、在线招聘、问题答疑、增值服务等功能的专业官方网站。另外,有全国业务网上互动操作系统。

然而,在有限的岗位和更多求业者的驱动下,就业的模式会在将来有些微的变化来达到平衡。同时,在网络的发展下,人才不仅会在国内流动,国际化的趋势也会更加明显。

● 需求分析

个人角度

现象一:有些人,有固定的工作,但是仍有余力。社会的压力太大,所以,他们往往还要找寻些其他的途径争取额外的工资。

现象二：有些人，有能力，然而他们向往自由，他们认为长期的合同对于他们而言是种束缚。他们喜欢工作一段时间，积攒够钱后就辞职去做自己喜欢的事情，比如旅游，比如宅在家中……

现象三：有些人，他们刚从学校毕业，或者还没有从学校毕业，但是他们有才华、有能力。然而，面对数以百万计的失业人群，他们寻找工作更多的是碰运气。同时，供大于求的现状也使他们的付出与收获极大地不成比例。更有甚者，决然放弃了多年学习的专业，而做起了与所学风马牛不相及的行当。这个现状不禁让人惋惜。

现象四：每份简历都会要求附上一张照片。但是外貌是天生的，而才能是后天努力的。然而，用人单位面对着几百上千份求职函时，更多的是加入了自己的主观意愿。有才之人又一次面临被埋没的境地。

现象五：有好的机会去海外深造，但是海外的消费却大大超过了国内，学子们只能趁着空余时间去餐馆、超市打杂以赚取零用钱。可能在旁人看来，这是一种磨练，但如果有更好的机会，为何他们要如此身价大跌？

以上现象可表明，人们需要一份没有时间限制的就业合同。求职过程中，人们更多的是看他们的真才实学而非外貌。交流过程中，不需要面对面，即使远隔万里，同样可以展现才华并得到应有的报酬。同时，这份工作应区别于劳务工。这份工作应该是一份由能力来论薪资的工作。

企业角度

现象一："用时方觉少"。这句话不仅仅可以用在我们平时所学，同样也可以用在企业用人上。一个项目的开展往往要涉及很多知识，然而，人并非全才，所以，完成一个项目，我们往往需要一个团队共同作用。

很多公司就会面临这样的状况。因为缺少了某些有能之人，项目会存在一些缺陷或者无法运作下去。他们会急聘一些人才，然而为了这样一个项目的一个小小进程，他们却要和一个人签订至少一年的合同。而且，使用之人是否合拍，还要在长年累月中才能展现。

现象二："头脑风暴"是聚集了众人的意见得到了最适合的方案。同样，一个有创意的方案并非某人的专利，好的创意只要有心者，都有可能成为方案的主人。一千人看《哈姆雷特》会有一千个哈姆雷特出现。同样一个主题，参与的人越多，自然有创意者也会越多。这些并非一个企业内就可以产生的。

现象三：政府支持创业后，很多小企业相应而生。他们的资金有限，聘请专业人才对他们而言是一笔不小的开支。一个项目的实施，必定需要一个有才之人来引领。对于小企业而言，用人就好似赌博，是否用对人，投入是否等于产出全在选人时的运气问题。

现象四：某些企业的组织结构以项目来设定，人才较为流动。

以上现象可见，企业用人过程中虽然求职者大大超过供职数量，然而，人事不可能都是伯乐，在万千人群中寻找出真正适合的应聘者。同时，对于小企业而言，用人过程中的赌博牵连着企业的命运。而以项目来计算用人时间的企业，更多是在花无用的成本在养一群人。

3）盈利模式

● **针对个人**

建立平等的能力交流平台。当一切以能力来作为衡量的标尺，没有其他的因素来干扰决策者的决策时，那么，这个平台对于任何人都是公平的。

按照项目划定收费标准。用人的时长为一个项目的时长，项目式的划定方式可让人有更多可支配的时间。

提供职业指导、心理疏通服务：在职业道路上有所迷茫，不明自己的方向时，职业指导与心理疏通可以为其指明前进的方向。

建立高级专业人才库，为大型企业提供高级人才顾问团体。一个人的力量终究有限，所以，才需要团体。当智汇中心汇集了大量智者后，就可以充分利用这些能者，将其编成专业性团体，完成更高级的任务。

代理业务。即使你身在大洋彼岸，只要你有能力完成智汇中心提出的项目，那么就能为其做代理，共同完成项目，并让双方都获利。

法律支持。由于没有长期合同的支持，必定会有很多法律上的事务要处理。智汇中心会提供法律支持，保护每一个客户的应有利益不被侵害。

● **针对企业**

咨询服务。智汇中心可以为其提供招聘的整体方案。

应时性人才的输送。项目制的人才输送，给予企业的好处在于人才的充分利用，同时节省了不必要的开支。假设按照传统招聘程序而言，一个员工至少签订为期1年的合同。即使公司只需要利用其半年时间，但这一年中仍然要定期支付其高额的工资。而智汇中心提供的人才是按照项目长度提供的，即使公司需要支付的工资比原先计划每月提供的工资更多一些，但从总体看，还是为企业节省一笔不小的开支。

人才交流会。人与人在交流中，才会有更进一步的了解。智汇中心也会提供交流的机会，为企业招募长期合同工提供机会。

法律咨询。由于这种特殊的就业方式会导致不同的涉及商业上的问题发生，智汇中心可提供整体的法律建议，以协助项目的正常运行。

● **盈利运营**

智汇中心定位于人才资源服务企业，目标客户为寻找短期高级专业人才的企业以及有才能的个人。

新型模式的创立

智汇中心的核心部分在于网络。网上交流时，你不会知道对方是男是女，外貌如何，是否先天缺陷。网络提供给人们一个公平的能力交流平台。智汇中心将采用淘宝模式，建立网上能力交易平台。企业将项目任务化，发布至智汇中心的网站上，工资可明标也可暗标让投标者竞价。而作为个人，其可以通过拍任务来完成承接项目的手段，也可将自己的创意商品化，挂在智汇中心的网站上拍卖。当然，网上交易的整个过程将有智汇中心的法务部全程监督控制，以保证其合法性。同时，对于交易过程中涉及的商业机密和知识产权等，智汇中心也会逐一进行保护。而对于海外的人才或者企业，在呈交一定的资料后，智汇中心可为其做代理，让项目顺利完成。

传统模式的延续

智汇中心在线下也有其实体公司的运营。在实体公司中更多的是给企业出谋划策。企业可以不必使用网络上的新型模式,中心后台庞大的人才数据库也可以为其找到最适合的短期专业人才。当然,这种形式的招募费用稍高些。

智汇中心对于个人,还提供了专业的职业指导与心理疏通服务,当客户在职业的道路上有疑惑时,中心会给予其专业的指导。

智汇中心还会定期举办小型主题活动,让企业和有能之人有面对面沟通的机会。这种活动可以促进能者间知识的交流,也能为企业招聘长期人才打下基础。

● **组织结构**

智汇中心的组织结构见图 9-12。

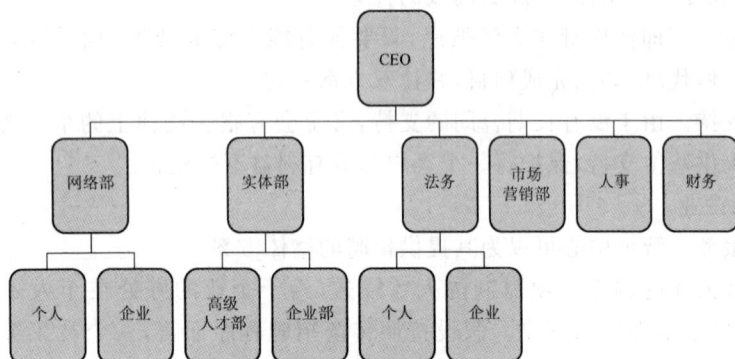

图 9-12 公司结构图

● **公司规划**

智汇中心公司规划见表 9-9。

表 9-9 公司规划表

	孕育期	成长期	成熟期
目标	让能者了解到智汇中心所推广的求职方式新模式;让企业使用这种招聘方式	扩大社会影响力,做大企业客户群;由知名企业带动人才的加入	精简组织结构,部分业务外包;维护长期客户间关系;结合之前阶段薄弱环节,不断创新
手段	• 完善交易网站 • 至各大高等院校进行宣讲,让这批未来的能者先使用起来。同时,这也为人才库建立基础 • 对于企业,由销售人员逐个突破,让部分大型企业进行免费的尝试 • 实行会员制	• 为社会弱势群体主动提供就职机会,以扩大品牌声誉 • 与经常往来的大型企业签订长期合同 • 对在企业中隐藏着的高手们主动出击,沿袭猎头公司的常用手段,将其纳入中心人才库	• 定期举办人才交流主题活动,使能者与企业在活动中有更深入的了解 • 开展有奖比赛,扩大社会影响力 • 推出增值服务,为客户提供更周到细致的服务
时段	2009.12~2010.5	2010~2012	2013~

● 收益分析

智汇中心的收入主要来源于：会员制的等级收费、项目搭桥成功后的佣金、代理费以及增值服务所带来的收益及后期企业的赞助收益。

智汇中心的支出主要去向：员工的固定工资、网站维护费用、市场营销费用以及部分项目外包费用。表 9 - 10 是对盈利模式的分类及利润预测。

表 9 - 10　收益表

收入来源模式	网 络 承 接	实 体 项 目
适用企业类型	适用于项目外包型企业	适用于大型项目或零星业务
收费内容	会员费、佣金	佣金、代理费
收费标准	根据项目所处行业平均净利水平计算会员费及佣金	按项目标的最高 10％收取，根据不同行业项目微调
雇员形式	外包	团队临时组合
成本控制	不高于承接价格的 80％	按市场工资水平及费用标准控制
盈利预计	净利 20％左右	净利 20％以上

● 风险控制

由于项目和能力都被文字化，那么固然会涉及一个知识产权的问题。如何让个人与企业能安心将自己的项目与创意挂在网上公布，这将直接影响着智汇中心能否顺利运营，这也是智汇中心正式运营后所要不断努力的地方。

而对于智汇中心本身而言，独特的目标客户与运行方式是公司的一大特色，也是公司盈利的来源。但其缺乏技术性，较易被他人复制，是其最大的弱点。面对智联招聘这类大型的网络招聘公司，它是否会因这块蛋糕的丰厚而另辟蹊径，这不得不加以防范。

品牌效应：从智汇中心成立伊始，就需要创立品牌，让人们在求职中不忘还有一种增加额外收入的方式，让人们在工作与生活中体验另一种和谐的搭配方式。

低成本策略：以网站入手，低成本运营。

3）小结

智汇中心以其独特的招聘求职方式面向社会，给予那些有能力但却因其他种种原因而无法施展才能的人一个展现自己真正能力的舞台，给予那些努力拼搏的，却苦于无法寻觅到合适的人才而烦恼的企业一个更为方便合理的觅才之道。

当社会上所提供的职位越来越少，求职人员越来越多，智汇中心所推举的新形式的招聘求职方式必定大受欢迎。

9.2.3 "主题公园"盈利模式

旅游产品的实质就是一种经历（体验），即旅游者对旅游资源以及相关有助于丰富其体验的服务在特定时间和空间条件下的互动结果。

而在本文中的主题公园是以经济盈利为目的，根据选定的文化背景，主要依托人造景观和设施使游客获得体验的封闭性景点和景区。

1) 背景资料

● 一般旅游景区盈利模式

一般来说旅游景区(主题公园)的盈利方式主要有以下几种,而其盈利模式就是这几种盈利方式的混合。

(1) 提供初级体验(经历)的机会出让,比如:出售门票。

(2) 提供有助于丰富体验(经历)的相关服务以及相应的服务体验本身,比如:提供餐饮、住宿服务。

(3) 出让围绕旅游者(潜在旅游者)的消费能力所带来的可能的收益机会,比如:旅游区内的招商、景区节庆活动商业赞助。

(4) 获取资本投入后在旅游项目所在地溢价收益的其他商业开发,比如景区,旅游目的地的房地产开发。

(5) 出让、出售具备知识产权特点的商品,比如:玩具,旅游工艺品,纪念品等。

(6) 提供保证旅游景点景区内居民可以市场化的公共服务,比如:供水,供电等。

以上六种主要的盈利方式是建立在游客已经处于景区中这一基本事实之上的,即便是建立在景区附近居民的景区消费基础之上的盈利方式,也需要通过游客的到来实现相对的规模经济。

首先,对以上六种主题公园的盈利模式进行分析,不难发现,目前国内的主题公园存在盈利模式单一的问题,有很多主题公园几乎只有门票收益一种盈利方式来构建其盈利模式。这样来看,主题公园产业的衰退就并不奇怪了。

其次,从投资的角度看,单一的盈利模式本身就是一种风险,这使得主题公园管理者很难获得有效的融资成果,而设立在主题公园内部的各种固定资产,在没有客流的情况下几乎一文不值。因而有必要重新认识主题公园。

● 主题公园再认识

主题公园是文化企业,如果把主题公园作为一种旅游产品(体验)的制造商来分析,我们会发现主题公园应该,或者说能够提供给游客的产品(体验)大致有以下几种功能:

(1) 教育传播功能:娱乐或者游戏功能(尤其是游客可以参与其中的活动,比如竞技体育活动)。

(2) 审美或者情绪满足功能:体验一种氛围或者说与游客特定心理需求相吻合的环境,如:投身影视剧环境。

(3) 文化活动展示功能:关于人的独特的价值观念所表达出来的行为,比如观看表演。

按照马斯洛的心理学理论,以上功能可以归结为:爱、自我认知、自我实现三个层面的心理需求,而各种文化对如何满足这三种需求的形式乃至相应的文化行为是在一个共性基础上的极端差异化。比如教育:可以是课堂教学,也可以是试验,甚至是通过行为本身来表现的。所以,主题公园应该是一个提供文化产品的组织,或者以旅游为表现形式的文化产品(体验)制造商。

2) 国际知名主题公园的盈利模式

● 迪斯尼模式

迪斯尼乐园的投资者是世界知名的迪斯尼公司,迪斯尼公司本身就是一家文化企业,它以提供文化产品(美国风格的动画片)而闻名。当游客来到迪斯尼乐园,他们所体验到的正是他们认为自己进入迪斯尼动画(卡通)世界所应该体验到的东西,这正是迪斯尼乐园所提供产品的核心,其余关于游乐、购物等辅助服务都是为了完成(或者说加强)这一核心体验。

其盈利方式有:门票、餐饮、商铺租金、具有知识产权特点的旅游纪念品销售,以及其他收费的服务构成。整个盈利模式的架构是:以不断提升的品牌知名度吸引游客,在获得门票收入的同时,通过出售具有知识产权特点的旅游纪念品获得二次盈利,又由于旅游纪念品的发售进一步扩大迪斯尼品牌的影响力,这一盈利模式使迪斯尼乐园具备一种顽强的生命力。

迪斯尼乐园的其他收入有:影视剧、有线电视运营、广播电视运营动画形象周边产品、收费网络资源、并联型主题产品经营等。

由于文化冲突的原因,迪斯尼乐园在法国曾一度遭到失败,这一案例正好印证了主题公园是以旅游方式经营文化产业的判断。美国式的快餐文化与法兰西文明在文化价值取向上的差异导致游客对主题公园产品的选择差异。这本质上是一种文化认同风险所导致的投资失败。

因此,从这个意义上来说:主题公园首先是一种文化企业,其次才是旅游企业,主题公园所提供的产品是一种以旅游方式被消费的文化产品。

● **嘉年华模式**

作为一家移动"游乐场",嘉年华给中国游乐业带来了全新的经营理念。它在空间上是移动的。对于固定游乐场来说,旅游的淡旺季投资回报相差很大,淡季里设施空置,维护成本很高,投入大产出少,造成资源浪费。20世纪90年代,国内曾掀起建造主题游乐场的风潮,但多数经营不善,被动等待、设备老化和项目缺乏新鲜感是它们的致命伤。

移动游乐场则不然,它的经营场所是在全球范围内选择。以巡回的方式,主动出击,制造了持续的旺季,避开了淡季主办方单方面出资维护设备,资金只出不进的命运,使得一年四季设备都能得到充分利用,并因此而获得投资回报。

尽管设施在运往全球各大城市之时,要付出相当高的费用,但嘉年华依靠不断更新的项目,所到之处无不掀起一股"欢乐旋风",这股旋风同时也会卷来大把的钞票。

嘉年华的移动概念会给人们带来一种过时不候的感觉,会促使人们抓紧时间及时玩乐。而固定的游乐场,无论怎么好,人们总认为它会一直在那儿,什么时候去都行,结果反而没有人去。

嘉年华的选址独具慧眼:选经济发达地区,和政府双赢。

(1)嘉年华是一种运营成本较高的娱乐形式,要保本还要盈利,首先需要一个消费力强劲的市场作为平台,这个市场必须有大量具有一定消费能力的消费群体,这个群体必须能够接受嘉年华的游乐方式,上海就是这样一个市场。上海常住人口有1 700万,每年人均娱乐方面的投入较大,比较容易接受外来文化,追求时尚和流行。嘉年华香港吸引了600万市民中的190万,主办方乐观地估计上海总体消费力必定会超过香港。

（2）得到政府支持也是嘉年华决定选址上海浦东的重要原因。浦东开发13年，成绩举世瞩目，但与所有的新兴开发区一样，浦东缺少文化底蕴和氛围。浦东政府为了聚集人气，增加文化氛围，十分支持开展各种文化交流和活动。政府提供的帮助包括：在最短的时间内向国家文化部请示并通过了上海市文广局的审批；税收优惠；在游艺设备入关时实施现场监管简化手续、保证金优惠；协调有关部门提供地理位置较为优越、交通便利的空地；在人员组织、安全保障、卫生检疫等各方面统筹协调。政府得到的包括：没有一分钱投入，在塑造浦东形象、推广浦东品牌和创造税收、就业岗位上得到很大收益。

嘉年华的盈利特色：创造花钱的氛围，让参与商家争抢付费。

（1）嘉年华盈利模式主要是让游人参与到整个活动中，感受氛围的同时即兴消费。环球嘉年华不收门票，只收可换取6个代币的最低消费金30元，对于这最低消费金的花费，游人有绝对的自主权，要玩什么，要怎么玩，都由他们自己决定，无论是谁都可以自由地选择快乐的方式，这就是环球嘉年华品牌的魅力所在。

但是，游客进入园中就会发现，6个代币实在不够用，刺激类项目如弹射椅和惊呼狂叫价格分别为70元和60元，一般项目如诡异迷城和摩天轮价格为35元和25元。总的来讲，价格比国内许多相似项目要高很多，但为什么人们还趋之若鹜呢？奥妙就在代币上。

场内的代币兑换处随处可见，人们在狂欢、惊喜、刺激的氛围中很容易忘记原来代币就是人民币。代币兑换的便利和要排很长队等待刺激和狂欢的感觉让人不知不觉地往外掏钱。

（2）嘉年华的流动性和设备租赁模式保证了游艺设备的新奇感。游乐场占地面积不是很大，但灵活性和紧凑性很大，在游乐机的安排上，嘉年华分为儿童类、家庭类和成人类。现在人们一提起嘉年华，印象中就会出现一个充满欢乐、刺激以及有着各种小摊位的游乐场，这种印象的形成也正是嘉年华在全球经营上的成功。

（3）嘉年华除了营造气氛和节奏感的游戏项目外，还准备了大量美食摊位和免费表演。上海嘉年华主办方提供了40个小吃摊位，每个摊位9平方米的租金大约在2.5万元左右，但尽管租金很高，40个摊位还是被一抢而空。

嘉年华良好的品牌效应，潜在的巨大人流还吸引了众多商家的注意：统一成为上海嘉年华活动中的唯一茶饮料提供商，而可口可乐也抢在百事可乐之前垄断了活动中的汽水市场，尽管企业前期要花费近80万元的投资，但预计收入将远远超出这个数字。以450万元赢得活动冠名权的上海永达汽车销售集团表示，冠名将为永达打造"面向全球，创造世界级服务品牌"提供绝好机会。

环球嘉年华的虚拟资源运用对企业有重要借鉴意义。①设备虚拟：作为最为直接的、不可或缺的盈利工具游戏设备，环球嘉年华采用了租赁的方式，这种方式的好处是市场化和避免淡季维护，虽然运输和租赁费用非常高，但只要投入产出比合理，还是非常合算的；②人员虚拟：本次操作上海环球嘉年华活动的正式工作人员只有20多人，其他人都是临时雇来的，在操作方案既定的情况下，人员只是流水作业环节中的工具，平时不需要养着；③地点虚拟：只选择最好的城市搞活动是环球嘉年华制胜的一张王牌，在人均收入高、流量有保证、政府支持的城市开展狂欢活动，盈利是必然的,不盈利才是偶然的;④附加值虚拟:眼球经济已被企业认可,一件被广泛关注的事情肯定具有极大的附加值,在环球嘉年华的盈利计划中早已将冠名权、专卖权之类的虚拟盈利写入了自己的盈利计划中。

3) 我国主题公园发展现状描述

● 整体状况

从公园类型来看

目前,我国各种主题公园类型丰富。不仅有许多各种人为塑造的游乐园,比如华侨城、宋城、民俗文化村、科幻城、大观园、影视城等;也有各种以自然人文资源为基础衍生的各种公园,包括各种森林公园、动植物园、地质公园、温泉公园、文化公园、海洋公园、历史文化公园和城市公园等。可以说,我国主题公园的类型基本涵盖了科学、历史、文化、生态、游乐等门类。

从绝对数量来看

据有关资料统计:目前,我国各类主题公园大约有6 000余座左右,这个数字和欧美及日本等西方发达国家相比虽然有一定的差距,但是随着我国经济快速发展,以及1996年以后我国第二轮主题公园热的兴起,我们认为:我国的主题公园数量在2010年左右还会有一个较大的增长期。

从地域分布来看

根据兴建主题公园的内外条件分析,主题公园兴建主要有两个必须条件:一是经济发展水平;二是自然人文资源的稀缺性。所以,我国主题公园基本呈三级阶梯结构:东部沿海分布较多规模较大,中部分布次多且规模不大,西部分布较少且规模较小(当然,不排除中西部个别省份主题公园的数量较多和规模较大,如四川)。

从经营模式来看

从我国主题公园的经营模式来看,也主要有三种模式:华侨城模式、吴文化园模式和第三极模式。华侨城模式是在东部深圳这个自然资源比较缺乏、但经济发达的城市,运用强大的经济手段,把国内和国外的世界著名景点移到一起,形成世界微缩景观的一种模式。吴文化园模式则利用自身的深厚文化底蕴,挖掘地方文化因子。所谓第三极模式,实际上是指我国其他大多数主题公园的经营模式:通过简单的关起门来收门票的模式。在这三种模式中,目前华侨城模式最为成功。

从盈利状况来看

我国主题公园的数量虽大,类型虽多,但从经营效果来看,还不太乐观。目前我国主题公园经营盈利中,呈金字塔式:即70%的主题公园处于亏损状态、20%是持平,只有10%达到了盈利,形势较为严峻。

● SWOT分析

优势分析

我国是一个有着五千年世界文明的国家,可以说,文化深厚、自然多彩。各种历史传统、地域风情,著名人物、神话传说、文学遗产、宗教故事以及各地的自然风光、地质奇貌、植物观赏,可谓主题丰富。同时,在现代文明的今天,我国的传统文化怎么同现代旅游相结合,同主题公园相结合,可以通过主题公园这一大众化的休闲方式来作为传承我国传统文化和现代文化的载体,通过这个载体来体现社会的内涵和文明的进步,使旅游与文化都得到应有的发展与发扬。所以,从这一角度来说,要充分运用我国丰富的文化资源作为依托来加快我国主题公园的发展,这是主题公园发展新的契机和转折。

不足分析

我国主题公园的主要不足是:规模较小、模式单一、主题趋同。尽管我国主题公园数量大,类型多,但规模较小。从与国外发达国家比较来看,我们也还有一定的差距。比如在美国称为大型主题公园,投资至少要在 8 000 万美元以上。所以,我国主题公园发展规模相对来说还比较小。从发展模式来看,我们现在有两类主题公园的发展尤其值得关注。一类是在传统计划经济体制下的城市公园,它们的出现是由于当时的政治经济发展需要。但是由于体制的困扰,它们面对市场往往缺乏主动,和市场不合拍。有的公园本身就是地方长官意志下的产物。另一类是在市场经济体制下,由于一时的市场热度,跟风冒进的主题公园。它们往往缺乏可行的市场调查分析。从主题建设上看,我国主题公园的主题趋同化建设现象比较明显。比如,北京市共有16家起名"宫、馆、洞、祠"的主题公园。全国有类似北京"世界公园"、深圳"世界之窗"的主题公园 10 多家,有"西游记宫"近 40 家。

机遇分析:主题公园面临转型升级

随着我国旅游经济的不断深入,人们对休闲化产品需求的不断升级,主题公园作为集观赏、运动、教育、娱乐、休闲等多种功能的旅游产品,必将得到重视和关注。同时,经过第一轮主题公园建设的探索,我国现在主题公园的建设亟待转型和升级。从以前单一、行政的开发路子转向多元化、市场化的开发路子上来,运用改造、提升、创新的手段来搞好我国现今的主题公园建设。另外,在第一轮的主题公园建设中,我国也已经积累了相当的经验和教训,这些经验和教训将在今后的主题公园建设中发挥直接的借鉴作用。这些因素对我们现在的主题公园建设是一个很好的机遇。

挑战分析:国外主题公园纷纷进入,共同参与竞争

从中国加入 WTO 的那一刻,我国旅游产业就开始了和国外对手的直接竞争,从允许我国旅行社有外资进入,到国外旅游集团投资我们的旅游景区。而主题公园市场方面:目前世界上三大主题娱乐公司之一环球影城娱乐公司已进入中国市场。所以,在中国的主题公园市场,已经出现了与狼共舞的局面。如何在这场竞争中突围,将是广大主题公园运营者面临的重要课题。当然,我们也有深圳的"世界之窗"、北京的"世界公园"、苏州的"苏州乐园"、昆明的"世界园艺博览园"、杭州的"宋城"、桂林的"乐满地"等大型主题公园成功运营的经验。

4) 主题公园盈利模式设计

● 探寻市场化商业运作模式

资源资本化模式(RCM)

资源资本化模式主要是针对一些自然和人文资源本身比较丰富的主题公园而设计,它是利用主题公园资源本身的不可替代性通过资本化的手段展开经营。其资本化的部分包括土地、林产、水资源等。首先明确旅游资源的所有权归国家所有,国家只转让经营开发权,由于主题公园作为旅游资源的外部性,所以其行政管理权、规划权和文物保护权就必须由政府行使。但可以在其收入中划拨一部分固定费用加

以维护。而转让的开发经营权包括公园管理权、开发权、招商权、门票收益权、经营项目开发与收益权等。旅游经营权本身可以抵押,门票收益权可以相关金融机构贷款,而土地使用权可以质押贷款。这样的形式应由法律形式加以确认(杨光,2004)。比如森林公园和温泉公园以及一些有特殊文化吸引力的公园,它们的设计都可以采取资源资本化模式去经营。

独特性产品吸引模式(UPAM)

独特性产品吸引模式是在资源本身不够形成游客吸引力的情况下,通过注入性的产品打造来设计出游客吸引力。这种模式的运用需要结合四个方面因素加以考虑:一是所在地经济发展水平;二是旅游目的地的形象感知;三是主题公园产品的无替代性或稀缺性;四是决策者行为。在分析以上四个方面的因素后,可结合当地实际,创造性地挖掘本地并吸收外来文化元素,打造独特性的产品。比如江苏的吴文化公园和深圳的华侨城就是典型的例子。

价值链模式(VIM)

美国作业成本科技公司及美国供应链局曾联合界定何谓价值链:价值链是一种高层次的物流模式,它由原材料作为投入资产开始,直至原料售予顾客的所有过程为止,当中所有的增值活动都可包括在价值链中组成部分。

现在价值链的分析已经作为企业和其他经营主体一个重要的分析根据。在主题公园发展模式分析中,我们也试图通过它找到有益的价值点,以求得最佳的投资运营方案(最佳价值链结构)。

我们认为,主题公园的价值链包括主体链、分支链和子链三个部分,其中主体链包括门票、游乐项目;分支链包括餐饮、住宿、旅游纪念品;子链包括公园会展、对外招商和其他对外盈利服务。

● 设计全新游憩方式

目前,我国各种主题公园发展参差不齐,其原因为我国大部分主题园的开发者大多是地方政府部门和相关投资机构,他们往往从本地区和本部门的利益出发,从而导致选题、规划、选址、运营等各方面的错位,缺乏相互协调、互动关联。

我们认为,主题公园作为一种大众化的休闲产品,必须改变以往那种单一的主题设计、旅游者参与性不强、体验不足的被动局面。所以,主题公园的规划设计应该需要专业的旅游规划、策划智力机构,为主题公园的发展把好主题脉、策划出可行的方案、创造出全新的游憩方式、设计合理的商业运作模式,指明发展方向。

在游憩方式设计过程中,应遵循人本主义、审美凸显与独特吸引力、情境化与体验化、游乐产品化等四大原则(杨程波 2004),追求实用可操作、独特奇异的创意观念。把主题公园的观赏、运动、教育、娱乐、休闲等各种功能元素加以通盘考虑,形成主题公园的独特吸引点(UAP)。

例如,一座西部旅游城市的主题公园曾设计出一项"在这里,给你一个支点,你可以撬动地球"的游乐项目:即运用科学的物理原理和物理结构,设计出一个杠杆,只要你手指轻轻一动,在杠杆另一边,硕大的"地球"就被撬起来的娱乐场景体验区。不仅让游客学到了趣味的科学知识,了解了神秘的历史典故,还体验到了一种崭新的游乐方式,基本满足了游客的各个层次的游乐心理需求。可以说,主题公园的游憩方式设计成功与否,关系到主题公园的吸引力打造,也直接关系到主题公园的运营收益。

● **树立整合营销传播理念**

具备了良好的市场运作方式,设计了全新的游憩方式以后,下一步就是主题公园营销。我们觉得,主题公园的营销应该树立"整合营销传播"的理念,它发源于20世纪80年代中期以来的"传播合作效应(Communication Synergy)"概念,但直到90年代才得到了广泛的关注。目前,整合营销传播的理念已经受到我国旅游营销界的大力追捧。

它的本质含义是:它注重对营销信息传播手段的整合以及对传播效率的评价,而不是像传统营销理论注重营销的所有环节。我国主题公园的整合营销传播,主要是注重营销策略的思考、媒体投放的选择这两个方面的运用。在营销策略的思考方面,主要注重营销的目的、方法、过程、测评和效果。在媒体投放选择方面,则应该潜心研究报纸、广播、电视、杂志、互联网等之间的投放次序和轻重,以达到预期的目的。

● **加快公园经营管理人才开发**

目前,我国公园数量众多,类型齐全,但是作为主题公园的运营者,我国主题公园经营管理人才还相当匮乏。而且目前我国也还没有建立专门的旅游运营人才培养体系。所以,我们认为,对主题公园是运营人才的培养是十分迫切的。关于我国主题公园的旅游人才开发,主要是三全开发,即全员开发、全程开发、全能开发,就是对全体员工进行平等而有序的开发,进行全员培训和人力资源的整合。全程开发,主要包括员工全程开发和项目全程开发,根据不同的人力资源情况和项目进展情况,实施不同的开发策略。全能开发,即是对员工知识技能的横向开发和员工职业生涯的纵向开发。

● **实现多元化主题公园盈利模式**

通过投入相关经济要素后获取经济收入的方式和获取其他物质利益手段的结合,其核心是主题公园获得现金流入的途径组合。

从对主题公园产品系列的横向和纵向的挖掘深度来说:主要有以下几种盈利模式(按产品开发深度顺序排列):

(1)旅游门票盈利模式:即通过简单的圈起来收取门票的模式,这是主题公园最基本和最初级的盈利模式。

(2)游憩产品服务盈利模式:即提供有助于丰富体验(经历)的游憩服务以及相应的服务体验来实现盈利的模式,它是主题公园的核心盈利模式。

(3)旅游综合服务盈利模式:即在主题公园区,通过旅游者的餐饮、住宿、购物等相关外延服务来获取盈利的模式,这是主题公园的外延盈利模式。

(4)公园商业盈利模式:即通过自身的节庆活动和对外招商以及其他会展、广告等一系列对外服务而达到盈利目的的盈利模式的组合。这是主题公园的深度开发盈利模式。

(注:本章六大"盈利模式设计"顺利完成,有赖于上海交通大学史玉婷博士指导,上海交通大学国际营销FY0718班级54位同学实地调研、收集数据、构思模式。这些同学是:胡以顺、吴懿卿、司熠雯、徐春丽、徐雨辰、张华、吴旭东、黄宇洲、方琪;

吉劼、鲁蓓琳、朱夕寅、吴秋元、张觅、李浩捷、吴燕婷、方莉、姚永亮、滕倩颖、陈卓君、周广婧、周晓婷；张利华、吴伟俊、杨圣保、杜佳伟、张建慈、杨侃、解斐、孟宇栋、顾华红、金元；孟庆华、肖丹丹、王懿、赵静；张俊伟、丁忆春、季琛、沈祺、王燕、屠鸿远、张晓鸣、任蓓雯、杨晓嬿、张硕；包剑军、孙伟、朱佳菁、陆玮婷、惠慧、范婷婷、徐海霞、付瑶。）

本章参考文献

[1]　王方华,徐飞.盈利胜经[M].上海:上海交通大学出版社,2005.
[2]　王方华,徐飞.盈利模式 3.0[M].北京:机械工业出版社,2009.

附录 《孙子兵法》

孙 武

始计第一

孙子曰：

兵者，国之大事，死生之地，存亡之道，不可不察也。

故经之以五事，校之以计，而索其情：一曰道，二曰天，三曰地，四曰将，五曰法。道者，令民于上同意，可与之死，可与之生，而不危也；天者，阴阳、寒暑、时制也；地者，远近、险易、广狭、死生也；将者，智、信、仁、勇、严也；法者，曲制、官道、主用也。凡此五者，将莫不闻，知之者胜，不知之者不胜。故校之以计，而索其情，曰：主孰有道？将孰有能？天地孰得？法令孰行？兵众孰强？士卒孰练？赏罚孰明？吾以此知胜负矣。将听吾计，用之必胜，留之；将不听吾计，用之必败，去之。

计利以听，乃为之势，以佐其外。势者，因利而制权也。兵者，诡道也。故能而示之不能，用而示之不用，近而示之远，远而示之近。利而诱之，乱而取之，实而备之，强而避之，怒而挠之，卑而骄之，佚而劳之，亲而离之，攻其无备，出其不意。此兵家之胜，不可先传也。

夫未战而庙算胜者，得算多也；未战而庙算不胜者，得算少也。多算胜少算，而况于无算乎！吾以此观之，胜负见矣。

作战第二

孙子曰：

凡用兵之法，驰车千驷，革车千乘，带甲十万，千里馈粮。则内外之费，宾客之用，胶漆之材，车甲之奉，日费千金，然后十万之师举矣。

其用战也，胜久则钝兵挫锐，攻城则力屈，久暴师则国用不足。夫钝兵挫锐，屈力殚货，则诸侯乘其弊而起，虽有智者不能善其后矣。故兵闻拙速，未睹巧之久也。夫兵久而国利者，未之有也。故不尽知用兵之害者，则不能尽知用兵之利也。

善用兵者，役不再籍，粮不三载，取用于国，因粮于敌，故军食可足也。国之贫于师者远输，远输则百姓贫；近师者贵卖，贵卖则百姓财竭，财竭则急于丘役。力屈中原、内虚于家，百姓之费，十去其七；公家之费，破军罢马，甲胄矢弓，戟盾矛橹，丘牛大车，十去其六。故智将务食于敌，食敌一钟，当吾二十钟；萁秆一石，当吾二十石。故杀敌者，怒也；取敌之利者，货也。车战得车十乘以上，赏其先得者而更其旌旗。车杂而乘之，卒善而养之，是谓胜敌而益强。

故兵贵胜，不贵久。

故知兵之将，民之司命。国家安危之主也。

谋攻第三

孙子曰：

夫用兵之法，全国为上，破国次之；全军为上，破军次之；全旅为上，破旅次之；全卒为上，破卒次之；全伍为上，破伍次之。

是故百战百胜，非善之善也；不战而屈人之兵，善之善者也。故上兵伐谋，其次伐交，其次伐兵，其下攻城。攻城之法，为不得已。修橹轒辒，具器械，三月而后成；距堙，又三月而后已。将不胜其忿而蚁附之，杀士卒三分之一，而城不拔者，此攻之灾也。故善用兵者，屈人之兵而非战也，拔人之城而非攻也，毁人之国而非久也，必以全争于天下，故兵不顿而利可全，此谋攻之法也。

故用兵之法，十则围之，五则攻之，倍则分之，敌则能战之，少则能逃之，不若则能避之。故小敌之坚，大敌之擒也。

夫将者，国之辅也。辅周则国必强，辅隙则国必弱。故君之所以患于军者三：不知军之不可以进而谓之进，不知军之不可以退而谓之退，是谓縻军；不知三军之事而同三军之政，则军士惑矣；不知三军之权而同三军之任，则军士疑矣。三军既惑且疑，则诸侯之难至矣。是谓乱军引胜。

故知胜有五：知可以战与不可以战者胜，识众寡之用者胜，上下同欲者胜，以虞待不虞者胜，将能而君不御者胜。此五者，知胜之道也。故曰：知己知彼，百战不殆；不知彼而知己，一胜一负；不知彼不知己，每战必败。

军形第四

孙子曰：

昔之善战者，先为不可胜，以待敌之可胜。不可胜在己，可胜在敌。故善战者，能为不可胜，不能使敌之必可胜。故曰：胜可知，而不可为。不可胜者，守也；可胜者，攻也。守则不足，攻则有余。善守者藏于九地之下，善攻者动于九天之上，故能自保而全胜也。见胜不过众人之所知，非善之善者也；战胜而天下曰善，非善之善者也。故举秋毫不为多力，见日月不为明目，闻雷霆不为聪耳。古之所谓善战者，胜于易胜者也。故善战者之胜也，无智名，无勇功，故其战胜不忒。不忒者，其所措胜，胜已败者也。故善战者，立于不败之地，而不失敌之败也。是故先胜而后求战，败兵先战而后求胜。善用兵者，修道而保法，故能为胜败之政。

兵法：一曰度，二曰量，三曰数，四曰称，五曰胜。地生度，度生量，量生数，数生称，称生胜。故胜兵若以镒称铢，败兵若以铢称镒。

称胜者之战民也，若决积水于千仞之溪者，形也。

兵势第五

孙子曰：

凡治众如治寡，分数是也；斗众如斗寡，形名是也；三军之众，可使必受敌而无败者，奇正是也；兵之所加，如以碫投卵者，虚实是也。

凡战者，以正合，以奇胜。故善出奇者，无穷如天地，不竭如江海。终而复始，日月是也。死而更生，四时是也。声不过五，五声之变，不可胜听也；色不过五，五色之变,不可胜观也;味不过五,五味之变,不可胜尝也;战势不过奇正,奇正之变,不可胜穷也。奇正相生,如循环之无端,孰能穷之哉!

激水之疾,至于漂石者,势也;鸷鸟之疾,至于毁折者,节也。故善战者,其势险,其节短。势如扩弩,节如发机。纷纷纭纭,斗乱而不可乱;浑浑沌沌,形圆而不可败。乱生于治,怯生于勇,弱生于强。治乱,数也;勇怯,势也;强弱,形也。

故善动敌者,形之,敌必从之;予之,敌必取之。以利动之,以卒待之。故善战者,求之于势,不责于人故能择人而任势。任势者,其战人也,如转木石。木石之性,安则静,危则动,方则止,圆则行。

故善战人之势,如转圆石于千仞之山者,势也。

虚实第六
孙子曰:

凡先处战地而待敌者佚,后处战地而趋战者劳。故善战者,致人而不致于人。能使敌人自至者,利之也;能使敌人不得至者,害之也。故敌佚能劳之,饱能饥之,安能动之。出其所必趋,趋其所不意。

行千里而不劳者,行于无人之地也;攻而必取者,攻其所不守也。守而必固者,守其所必攻也。故善攻者,敌不知其所守;善守者,敌不知其所攻。微乎微乎,至于无形;神乎神乎,至于无声,故能为敌之司命。进而不可御者,冲其虚也;退而不可追者,速而不可及也。故我欲战,敌虽高垒深沟,不得不与我战者,攻其所必救也;我不欲战,虽画地而守之,敌不得与我战者,乖其所之也。故形人而我无形,则我专而敌分。我专为一,敌分为十,是以十攻其一也。则我众敌寡,能以众击寡者,则吾之所与战者约矣。吾所与战之地不可知,不可知则敌所备者多,敌所备者多,则吾所与战者寡矣。故备前则后寡,备后则前寡,备左则右寡,备右则左寡,无所不备,则无所不寡。寡者,备人者也;众者,使人备己者也。故知战之地,知战之日,则可千里而会战;不知战之地,不知战日,则左不能救右,右不能救左,前不能救后,后不能救前,而况远者数十里,近者数里乎!

以吾度之,越人之兵虽多,亦奚益于胜哉!

故曰:胜可为也。敌虽众,可使无斗。故策之而知得失之计,候之而知动静之理,形之而知死生之地,角之而知有余不足之处。故形兵之极,至于无形。无形则深间不能窥,智者不能谋。因形而措胜于众,众不能知。人皆知我所以胜之形,而莫知吾所以制胜之形。故其战胜不复,而应形于无穷。

夫兵形象水,水之行避高而趋下,兵之形避实而击虚;水因地而制流,兵因敌而制胜。故兵无常势,水无常形。能因敌变化而取胜者,谓之神。故五行无常胜,四时无常位,日有短长,月有死生。

军争第七
孙子曰:

凡用兵之法,将受命于君,合军聚众,交和而舍,莫难于军争。军争之难者,以迂为直,以患为利。

故迂其途,而诱之以利,后人发,先人至,此知迂直之计者也。军争为利,军争为危。举军而争利则不及,委军而争利则辎重捐。是故卷甲而趋,日夜不处,倍道兼行,百里而争利,则擒三将军,劲者先,疲者后,其法十一而至;五十里而争利,则蹶上将军,其法半至;三十里而争利,则三分之二至。是故军无辎重则亡,无粮食则亡,无委积则亡。故不知诸侯之谋者,不能豫交;不知山林、险阻、沮泽之形者,不能行军;不用乡导者,不能得地利。故兵以诈立,以利动,以分和为变者也。故其疾如风,其徐如林,侵掠如火,不动如山,难知如阴,动如雷震。掠乡分众,廓地分利,悬权而动。先知迂直之计者胜,此军争之法也。

《军政》曰:"言不相闻,故为之金鼓;视不相见,故为之旌旗。"夫金鼓旌旗者,所以一民之耳目也。民既专一,则勇者不得独进,怯者不得独退,此用众之法也。故夜战多金鼓,昼战多旌旗,所以变人之耳目也。

三军可夺气,将军可夺心。是故朝气锐,昼气惰,暮气归。善用兵者,避其锐气,击其惰归,此治气者也。以治待乱,以静待哗,此治心者也。以近待远,以佚待劳,以饱待饥,此治力者也。无邀正正之旗,无击堂堂之陈,此治变者也。

故用兵之法,高陵勿向,背丘勿逆,佯北勿从,锐卒勿攻,饵兵勿食,归师勿遏,围师遗阙,穷寇勿迫,此用兵之法也。

九变第八

孙子曰:

凡用兵之法,将受命于君,合军聚合。泛地无舍,衢地合交,绝地无留,围地则谋,死地则战,途有所不由,军有所不击,城有所不攻,地有所不争,君命有所不受。

故将通于九变之利者,知用兵矣;将不通九变之利,虽知地形,不能得地之利矣;治兵不知九变之术,虽知五利,不能得人之用矣。

是故智者之虑,必杂于利害,杂于利而务可信也,杂于害而患可解也。是故屈诸侯者以害,役诸侯者以业,趋诸侯者以利。故用兵之法,无恃其不来,恃吾有以待之;无恃其不攻,恃吾有所不可攻也。

故将有五危,必死可杀,必生可虏,忿速可侮,廉洁可辱,爱民可烦。凡此五者,将之过也,用兵之灾也。覆军杀将,必以五危,不可不察也。

行军第九

孙子曰:

凡处军相敌,绝山依谷,视生处高,战隆无登,此处山之军也。绝水必远水,客绝水而来,勿迎之于水内,令半渡而击之利,欲战者,无附于水而迎客,视生处高,无迎水流,此处水上之军也。绝斥泽,唯亟去无留,若交军于斥泽之中,必依水草而背众树,此处斥泽之军也。平陆处易,右背高,前死后生,此处平陆之军也。凡此四军之利,黄帝之所以胜四帝也。凡军好高而恶下,贵阳而贱阴,养生而处实,军无百疾,是谓必胜。丘陵堤防,必处其阳而右背之,此兵之利,地之助也。上雨水流至,欲涉者,待其定也。凡地有绝涧、天井、天牢、天罗、天陷、天隙,必亟去之,勿近也。吾远之,敌近之;吾迎之,敌背之。军旁有险阻、潢井、蒹葭、小林、蘙荟者,必谨覆索之,此伏奸之所处也。

敌近而静者,恃其险也;远而挑战者,欲人之进也;其所居易者,利也;众树动者,来也;众草多障者,疑也;鸟起者,伏也;兽骇者,覆也;尘高而锐者,车来也;卑而广者,徒来也;散而条达者,樵采也;少而往来者,营军也;辞卑而备者,进也;辞强而进驱者,退也;轻车先出居其侧者,陈也;无约而请和者,谋也;奔走而陈兵者,期也;半进半退者,诱也;杖而立者,饥也;汲而先饮者,渴也;见利而不进者,劳也;鸟集者,虚也;夜呼者,恐也;军扰者,将不重也;旌旗动者,乱也;吏怒者,倦也;杀马肉食者,军无粮也;悬甀不返其舍者,穷寇也;谆谆谕谕,徐与人言者,失众也;数赏者,窘也;数罚者,困也;先暴而后畏其众者,不精之至也;来委谢者,欲休息也。兵怒而相迎,久而不合,又不相去,必谨察之。

兵非贵益多也,惟无武进,足以并力料敌取人而已。夫惟无虑而易敌者,必擒于人。卒未亲而罚之,则不服,不服则难用。卒已亲附而罚不行,则不可用。故合之以文,齐之以武,是谓必取。令素行以教其民,则民服;令素不行以教其民,则民不服。令素行者,与众相得也。

地形第十

孙子曰:

地形有通者、有挂者、有支者、有隘者、有险者、有远者。我可以往,彼可以来,曰通。通形者,先居高阳,利粮道,以战则利。可以往,难以返,曰挂。挂形者,敌无备,出而胜之,敌若有备,出而不胜,难以返,不利。我出而不利,彼出而不利,曰支。支形者,敌虽利我,我无出也,引而去之,令敌半出而击之利。隘形者,我先居之,必盈之以待敌。若敌先居之,盈而勿从,不盈而从之。险形者,我先居之,必居高阳以待敌;若敌先居之,引而去之,勿从也。远形者,势均难以挑战,战而不利。凡此六者,地之道也,将之至任,不可不察也。

凡兵有走者、有驰者、有陷者、有崩者、有乱者、有北者。凡此六者,非天地之灾,将之过也。夫势均,以一击十,曰走;卒强吏弱,曰驰;吏强卒弱,曰陷;大吏怒而不服,遇敌怼而自战,将不知其能,曰崩;将弱不严,教道不明,吏卒无常,陈兵纵横,曰乱;将不能料敌,以少合众,以弱击强,兵无选锋,曰北。凡此六者,败之道也,将之至任,不可不察也。

夫地形者,兵之助也。料敌制胜,计险隘远近,上将之道也。知此而用战者必胜,不知此而用战者必败。故战道必胜,主曰无战,必战可也;战道不胜,主曰必战,无战可也。故进不求名,退不避罪,唯民是保,而利于主,国之宝也。

视卒如婴儿,故可以与之赴深溪;视卒如爱子,故可与之俱死。厚而不能使,爱而不能令,乱而不能治,譬若骄子,不可用也。

知吾卒之可以击,而不知敌之不可击,胜之半也;知敌之可击,而不知吾卒之不可以击,胜之半也;知敌之可击,知吾卒之可以击,而不知地形之不可以战,胜之半也。故知兵者,动而不迷,举而不穷。故曰:知彼知己,胜乃不殆;知天知地,胜乃可全。

九地第十一

孙子曰：

用兵之法，有散地，有轻地，有争地，有交地，有衢地，有重地，有泛地，有围地，有死地。诸侯自战其地者，为散地；入人之地不深者，为轻地；我得亦利，彼得亦利者，为争地；我可以往，彼可以来者，为交地；诸侯之地三属，先至而得天下众者，为衢地；入人之地深，背城邑多者，为重地；山林、险阻、沮泽，凡难行之道者，为泛地；所由入者隘，所从归者迂，彼寡可以击吾之众者，为围地；疾战则存，不疾战则亡者，为死地。是故散地则无战，轻地则无止，争地则无攻，交地则无绝，衢地则合交，重地则掠，泛地则行，围地则谋，死地则战。

古之善用兵者，能使敌人前后不相及，众寡不相恃，贵贱不相救，上下不相收，卒离而不集，兵合而不齐。合于利而动，不合于利而止。敢问敌众而整将来，待之若何曰：先夺其所爱则听矣。兵之情主速，乘人之不及。由不虞之道，攻其所不戒也。

凡为客之道，深入则专。主人不克，掠于饶野，三军足食。谨养而勿劳，并气积力，运兵计谋，为不可测。

投之无所往，死且不北。死焉不得，士人尽力。兵士甚陷则不惧，无所往则固，深入则拘，不得已则斗。是故其兵不修而戒，不求而得，不约而亲，不令而信，禁祥去疑，至死无所之。

吾士无余财，非恶货也；无余命，非恶寿也。令发之日，士卒坐者涕沾襟，偃卧者涕交颐，投之无所往，诸、刿之勇也。故善用兵者，譬如率然。率然者，常山之蛇也。击其首则尾至，击其尾则首至，击其中则首尾俱至。敢问兵可使如率然乎？曰可。夫吴人与越人相恶也，当其同舟而济而遇风，其相救也如左右手。是故方马埋轮，未足恃也；齐勇如一，政之道也；刚柔皆得，地之理也。故善用兵者，携手若使一人，不得已也。

将军之事，静以幽，正以治，能愚士卒之耳目，使之无知；易其事，革其谋，使人无识；易其居，迂其途，使民不得虑。帅与之期，如登高而去其梯；帅与之深入诸侯之地，而发其机。若驱群羊，驱而往，驱而来，莫知所之。聚三军之众，投之于险，此谓将军之事也。

九地之变，屈伸之力，人情之理，不可不察也。

凡为客之道，深则专，浅则散。去国越境而师者，绝地也；四彻者，衢地也；入深者，重地也；入浅者，轻地也；背固前隘者，围地也；无所往者，死地也。

是故散地吾将一其志，轻地吾将使之属，争地吾将趋其后，交地吾将谨其守，交地吾将固其结，衢地吾将谨其恃，重地吾将继其食，泛地吾将进其途，围地吾将塞其阙，死地吾将示之以不活。

故兵之情：围则御，不得已则斗，过则从。

是故不知诸侯之谋者，不能预交；不知山林、险阻、沮泽之形者，不能行军；不用乡导，不能得地利。四五者，一不知，非霸王之兵也。夫霸王之兵，伐大国，则其众不得聚；威加于敌，则其交不得合。是故不争天下之交，不养天下之权，信己之私，威加于敌，则其城可拔，其国可隳。

施无法之赏，悬无政之令。犯三军之众，若使一人。犯之以事，勿告以言；犯之以害,勿告以利。投之亡地然后存,陷之死地然后生。夫众陷于害,然后能为胜败。

故为兵之事,在顺详敌之意,并敌一向,千里杀将,是谓巧能成事。是故政举之日,夷关折符,无通其使,厉于廊庙之上,以诛其事。敌人开阖,必亟入之,先其所爱,微与之期,践墨随敌,以决战事。是故始如处女,敌人开户;后如脱兔,敌不及拒。

火攻第十二

孙子曰:

凡火攻有五:一曰火人,二曰火积,三曰火辎,四曰火库,五曰火队。

行火必有因,因必素具。发火有时,起火有日。时者,天之燥也。日者,月在箕、壁、翼、轸也。凡此四宿者,风起之日也。凡火攻,必因五火之变而应之:火发于内,则早应之于外;火发而其兵静者,待而勿攻,极其火力,可从而从之,不可从则止。火可发于外,无待于内,以时发之,火发上风,无攻下风,昼风久,夜风止。凡军必知五火之变,以数守之。

故以火佐攻者明,以水佐攻者强。水可以绝,不可以夺。

夫战胜攻取而不惰其功者凶,命曰"费留"。故曰:明主虑之,良将惰之,非利不动,非得不用,非危不战。主不可以怒而兴师,将不可以愠而攻战。合于利而动,不合于利而止。怒可以复喜,愠可以复说,亡国不可以复存,死者不可以复生。故明主慎之,良将警之。此安国全军之道也。

用间第十三

孙子曰:

凡兴师十万,出征千里,百姓之费,公家之奉,日费千金,内外骚动,怠于道路,不得操事者,七十万家。相守数年,以争一日之胜,而爱爵禄百金,不知敌之情者,不仁之至也,非民之将也,非主之佐也,非胜之主也。故明君贤将所以动而胜人,成功出于众者,先知也。先知者,不可取于鬼神,不可象于事,不可验于度,必取于人,知敌之情者也。

故用间有五:有因间,有内间,有反间,有死间,有生间。五间俱起,莫知其道,是谓神纪,人君之宝也。乡间者,因其乡人而用之;内间者,因其官人而用之;反间者,因其敌间而用之;死间者,为诳事于外,令吾间知之而传于敌间也;生间者,反报也。故三军之事,莫亲于间,赏莫厚于间,事莫密于间,非圣贤不能用间,非仁义不能使间,非微妙不能得间之实。微哉微哉!无所不用间也。间事未发而先闻者,间与所告者兼死。凡军之所欲击,城之所欲攻,人之所欲杀,必先知其守将、左右、谒者、门者、舍人之姓名,令吾间必索知之。敌间之来间我者,因而利之,导而舍之,故反间可得而用也;因是而知之,故乡间、内间可得而使也;因是而知之,故死间为诳事,可使告敌;因是而知之,故生间可使如期。五间之事,主必知之,知之必在于反间,故反间不可不厚也。

昔殷之兴也,伊挚在夏;周之兴也,吕牙在殷。故明君贤将,能以上智为间者,必成大功。此兵之要,三军之所恃而动也。

《孙子兵法》介绍

中国古代最著名的兵书,列为《武经七书》之首。又称《吴孙子兵法》、《孙子》。《隋书·经籍志》载为"吴将孙武撰"。它是世界公认的现存最古老的军事理论著作。全书共13篇,5 900余字。

该书历代都有著录。1972年山东临沂银雀山汉墓出土的竹书《孙子兵法》及《史记·孙子吴起列传》均有"十三篇"《孙子兵法》的明确记载。《汉书·艺文志》作"《吴孙子兵法》八十二篇,图九卷"。《隋书·经籍志》著录则有二卷、一卷的不同卷本。《旧唐书·经籍志》、《新唐书·艺文志》作"《孙子兵法》十三卷"。《宋史·艺文志》则有多种注本的著录,但不论卷数多少均为13篇。

银雀山竹书《孙子兵法》为迄今最早的传世本,惜为残简,不能窥其全貌。现存的重要版本有南宋宁宗时所刻《十一家注孙子》三卷足本,宋刊《武经七书》本;另有西夏文本以及其他明、清以来各家注本五十余种。现有日、法、英、俄、德、捷等译本流传。

《孙子兵法》是中国由奴隶制向封建制转变的社会大变革时代的产物,反映了新兴地主阶级的军事思想。它继承、发展前人的战争经验和进行兼并战争的军事理论,揭示了战争的若干客观规律,具有朴素的唯物论和辩证法思想,被誉为"兵经",在世界军事史上也占有突出的地位。

（资料来源:节选自 http://www.confucianism.com.cn/html/lishi/8815045.html 作者:郭化若）